Redaktion: Doris Mosbach und Rainer Werning
Umschlaggestaltung: Jürgen Holtfreter unter Verwendung von Fotografien von Lutz Schubert und Axel Krause
Hinteres Umschlagfoto: Axel Krause
Layout: Ulrike Lange
Satz: VA Großhaus, Schmidt & Partner, Berlin
Lithografie: Spönemann, Berlin
Druck: Tribüne Druck GmbH, Berlin

EP 369
ISBN 3-88520-369-3
Printed in the Federal Republic of Germany

ELEFANTEN PRESS
Oranienstraße 25
W-1000 Berlin 36

CIP-Titelaufnahme der Deutschen Bibliothek
Philippinen : Paradies in Aufruhr / Rainer Werning ; Mary Lou U. Hardillo (Hrsg.). - Berlin : Elefanten Press, 1991
(EP ; 369 : LänderBilderLeseBuch)
ISBN 3-88520-369-3
NE: Werning, Rainer [Hrsg.]; GT

Wir danken den folgenden Verlagen und Rechtsinhabern für die freundliche Abdruckgenehmigung:

dem Peter Hammer Verlag in Wuppertal für: Hanns F. Groeschke, »Kokos-Historien: Des Lebens Elixier und Fluch«, Hanns F. Groeschke, »Millionen-Heer. Straßenhändler in Metro Manila« und Visitación R. de la Torre, »Borgen – eine philippinische Leidenschaft«, alle entnommen aus Hanns F. Groeschke »Baum des Lebens – Alles über die Kokosnuß«, herausgegeben von Bernd Schütze, Diakonisches Werk Westfalen;

der Asia-Pazifik Infostelle/Radio LoRa in Zürich für: »Cordillera – Entwicklung nach eigenem Gusto«, entnommen aus »Philippinen: Eindrücke, Informationen und Interviews zum Befreiungskampf«.

Bildnachweis:

Michael Bau: 51, 57, 97, 173
Diakonisches Werk Westfalen: 6
Roland Dusik: 25, 81 o., 99, 102 u., 125 o., 127, 128, 131, 165
Hans-Martin Große-Oetringhaus: 111, 114 u., 119, 120, 176
Sven Hansen: 59, 61, 109, 138, 141
Leslie Haslam: 48, 58, 67, 68, 69
aus: Fedor Jagor, Reisen in den Philippinen (Berlin 1873): 9, 35, 36, 38, 40
KALAYAAN (Osnabrück): 27
Gebhard Körte: 30, 70, 87, 113, 117, 122, 156, 162
Michael Kottmeier: 28, 39, 41, 45, 46, 47, 49, 50, 52, 53, 54, 65, 72, 79, 84, 85, 89, 90, 91, 95, 112 u., 123, 125 u., 126, 140 u., 172
Axel Krause/LAIF: 1, 22, 82, 88, 93, 112, 143, 149, 151, 152, 153, 155, 157, 158, 166, 168, 170
aus: Malaya, 25.2.1989: 164
Eduardo Masferré: 37
Mindanao Interfaith People's Conference (1983), Davao City: 110
philippinenbüro e.V.: 108, 140 o.
Ulrich Rotthoff aus: »Demokratie aus der Wundertüte« (Münster 1987): 134
Joel Santiago: Manila Times 6.5.1990: 66
Lutz Schubert: 73
Bernd Schütze: 42, 60, 71, 75, 76, 86, 92, 98, 100, 130, 146, 147, 159
Rüdiger Siebert: 14, 17, 18, 21, 29, 102 o., 104, 105, 107, 114 o., 118, 129, 136, 139, 142, 144, 145, 163, 164
Andreas Watzek: 31, 32

Rainer Werning / Mary Lou U. Hardillo (Hrsg.)

Philippinen
Paradies in Aufruhr

ELEFANTEN PRESS

Inhalt

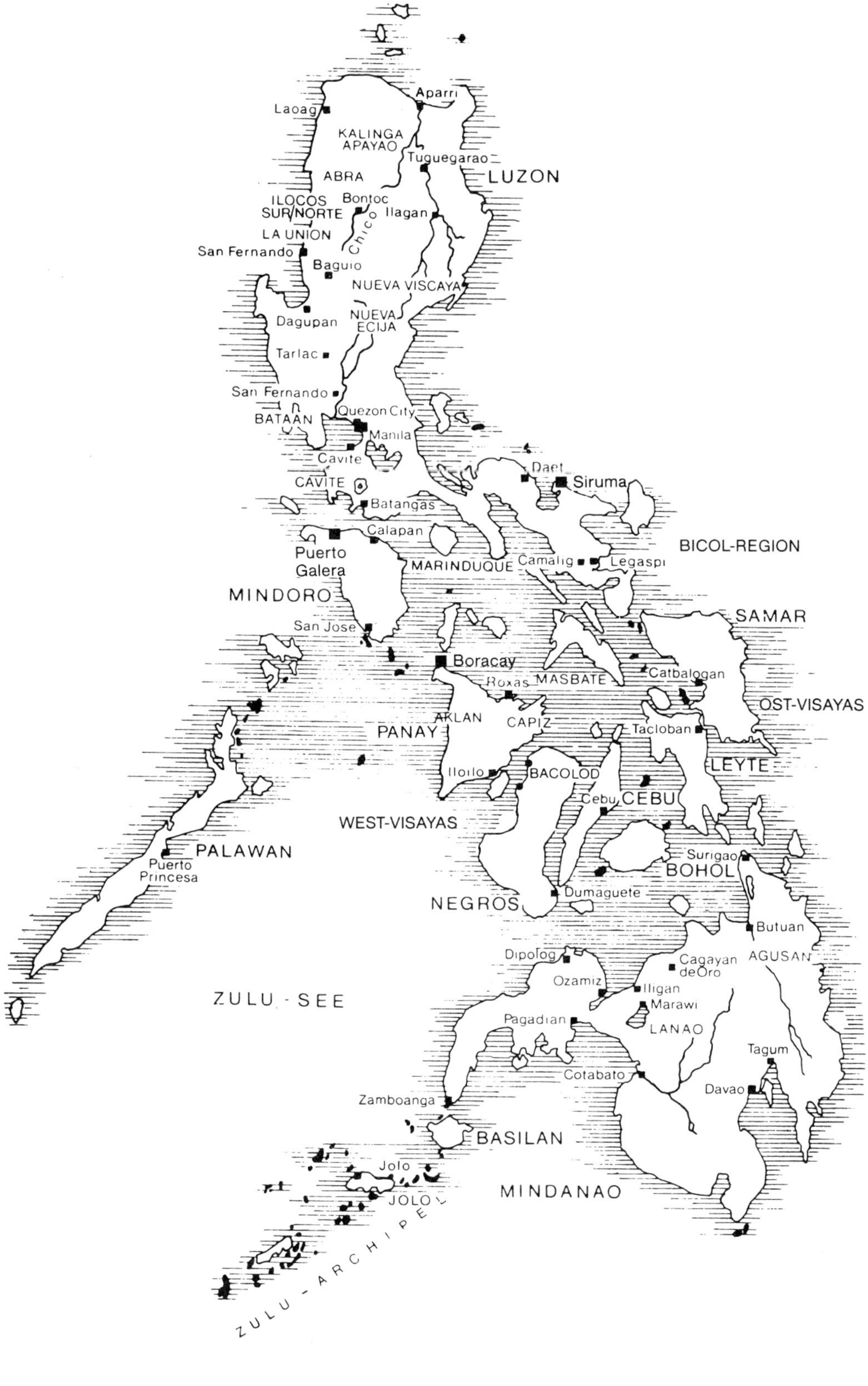

Aparri
Laoag
KALINGA APAYAO
Tuguegarao
LUZON
ABRA
ILOCOS SUR/NORTE
Bontoc
Ilagan
Chico
LA UNION
San Fernando
Baguio
NUEVA VISCAYA
Dagupan
NUEVA ECIJA
Tarlac
San Fernando
BATAAN
Quezon City
Manila
Cavite
CAVITE
Daet
Siruma
Batangas
Calapan
Puerto Galera
BICOL-REGION
MARINDUQUE
Camalig
Legaspi
MINDORO
SAMAR
San Jose
Boracay
Roxas
MASBATE
Catbalogan
OST-VISAYAS
AKLAN
CAPIZ
PANAY
Tacloban
LEYTE
Iloilo
BACOLOD
Cebu
CEBU
WEST-VISAYAS
PALAWAN
Puerto Princesa
Surigao
BOHOL
Dumaguete
NEGROS
Butuan
Dipolog
Cagayan deOro
AGUSAN
Ozamiz
Iligan
ZULU - SEE
Marawi
Pagadian
LANAO
Tagum
Cotabato
Davao
Zamboanga
BASILAN
Jolo
JOLO
MINDANAO
ZULU - ARCHIPEL

Rainer Werning / Mary Lou U. Hardillo

»Philippinen« oder Die Inseln, die sie meinten

Aperçus zu einer insularen Sprachverwirrung

Suchen noch heute hartnäckige Fragen – »Was ist philippinisch?«, »Wer ist ein Filipino?«, »Wodurch zeichnet sich das Pilipino aus?« – kluge Antworten, um wieviel schwieriger mußten sich erst in den vergangenen Jahrhunderten die Versuche erweisen, einem Archipel, der sich im Sommer 1946 unter der offiziellen Bezeichnung *Republika ng Pilipinas* als neuer unabhängiger Staat konstituierte, überhaupt (einen) Namen zu geben?

Portugiesische Seefahrer hätten sich unter *Mait* wenig vorstellen können. Kopfschütteln wäre wohl die zwangsläufige Reaktion gewesen, hätte ein Spanier von Aufzeichnungen über Kontakte mit *Roson* Kunde erhalten. Ein chinesischer Handelsreisender, hätte man ihm das eigentümliche Gebaren der Heiden auf den *Islas del Poniente* in schillernden Farben ausgemalt, wäre in Ratlosigkeit gestürzt worden. Womöglich hätten japanische Kriegsherren ungehalten reagiert und den Erzähler gedrängt, sich klarer über einen Flecken zu äußern, den man zeitweilig *Felipina* getauft hatte. Vielleicht hätten ja all diese – weit mehr als hundert – begrifflichen Anpirschversuche der Fremden den zeitgenössischen »Filipinos« Entzücken, gar Stichwortgeber für humorvolle Anekdoten entlockt, wäre da ein großer Weißer namens Magellan nur mit einem Kreuz an ihre Ufer gespült worden. Doch alles der Reihe nach.

Nomen est omen?

Der große Gelehrte und Kosmograph Claudius Ptolemäus, der von etwa 90 bis 160 unserer Zeitrechnung im damaligen Kulturzentrum der sogenannten zivilisierten Welt, im ägyptischen Alexandria, lebte und dort auf die umfangreichen Bestände der renommierten Bibliothek zurückgreifen konnte, gab einigen »östlichen Inseln« den Namen *Barussae*. Nach Magellans »Entdeckung« und aufgrund der Berichte der Überlebenden der »Victoria« nahm Gerard Mercator an, daß es sich hierbei um Mindanao, Cebu, Leyte, Samar und Panay gehandelt haben könnte.

Islas de San Lázaro hatte Magellan den Archipel getauft, weil er ihn am Sankt-Lazarus-Tage sichtete. Gebräuchlich auch war unter den Spaniern des 16. Jahrhunderts die Bezeichnung *Islas del Poniente* (Inseln des Westens). Giovanni Battista Ramussio fügte seinen 1554 in Venedig in 2. Auflage erschienenen *Delle navigationi et viaggi racolte de Maximiliano Transilvano* erstmalig eine Karte bei, auf der die Insel *Filipina* eingezeichnet ist. Der Autor stützte sich auf das 1523 in Rom (als Raubdruck in Köln – sic!) herausgegebene Werk *De Moluccis Insulis* aus eben der Feder von Maximilianus Transylvanus. Und dieser wiederum hatte seinerseits auf Aufzeichnungen des Chronisten Pigafetta zurückgegriffen und das Privileg genossen, just am spanischen Hof in Valladolid geweilt zu haben, als die Überlebenden der Magellan-Expedition ihre Erlebnisse schilderten.

In anderer Sicht reduzierten sich die »Philippinen« auf *Luçoes*, das Tomé Pires, ein vom Apotheker zum ersten portugiesischen Botschafter in China avancierter Kosmopolit, als erster Europäer in seinem 1513 verfaßten *Suma Oriental* (Östliche Aufzeichnungen) beschrieb. Etliche europäische Kartographen sollen das heutige Luzon (von dem der spanische Jesuit Pedro Murillo Velarde meinte, es leite sich vom Tagalog-Wort *lusong* her, worunter ein hölzerner Mörser zum Reisstampfen verstanden wird) fortan *Luconia* ausschreiben. Um *Luconia* die »harte« Aussprache zu nehmen, besann sich der in Diensten König Louis XIV. stehende französische Geograph Nicolas Sanson d'Abbeville im Jahre 1654 darauf, es – um des weichen Klanges willen – mit einer Cedille – *Luçon* – zu versehen.

Da das Japanische nicht über den »l«-Laut verfügt, nannten Japaner die Insel, mit der sie Handelsbeziehungen unterhielten, *Roson* oder *Ruson*. Was hat all das mit *Ma-yi* zu tun, das chinesische Schiffe bereits vor der Jahrtausendwende, zumindest von Fukien aus, ansteuerten?

Magellan, der »Entdecker« der Philippinen

Südliche Inseln im chinesischen Meer

Obgleich arabische Reisende (darunter der berühmte muslimische Chronist Ibn Battúta), javanische Seeleute, Abenteurer aus Champa und dem südlichen Annam, japanische Kriegsherren und chinesische Händler lange vor der Ankunft der Europäer regelmäßig in »philippinischen« Gewässern aufkreuzten, waren es chinesische Kaufleute und Geographen, die ihren Landsleuten Kunde vom Leben im »südlichen Meer« gaben. Chinas Interesse an den südlichen Inseln wuchs, nachdem die Herrscher der Sung-Dynastie (960–1279) ab 1127 in den Süden des Yangtze-Flusses abgedrängt wurden. Vor allem waren es Keramikgegenstände, die im »Philippinen«-Handel benutzt wurden. So sehr umstritten bleibt, ob das javanische Madjapahit-Reich Teile des Archipels während des 14. Jahrhunderts unter seine Kontrolle brachte, so unbestritten wie kurzlebig war der Unterwerfungsversuch durch den Ming-Kaiser Yung Lo im frühen 15. Jahrhundert. Eine gewaltige chinesische Flotte unter dem Befehl Admirals Cheng Ho soll zwischen 1405 und 1410 mit über 60 Schiffen und 27000 Mann die Buchten von Lingayen und Manila sowie Mindoro und Sulu angesteuert und später gen Südindien und dem Persischen Golf weitergesegelt sein. Für *Liu-sung* (Luzon), so wird in den Ming-Annalen berichtet, soll selbst ein Gouverneur bestimmt worden sein. Doch der Tod Cheng Hos im Jahre 1435 und das Ende des Yung Lo-Regimes rückten anstelle politischer Herrschaftsambitionen wieder rein kommerzielle Beziehungen in den Vordergrund, wie sie Jahrzehnte und Jahrhunderte zuvor bestanden hatten: Sulu-Perlen, »weißer und runder als jene Indiens«, dienten in China als hochgeschätzter Kopfschmuck, während aus dem Reich der Mitte neben Porzellan bevorzugt Seide und Kupfer»geld« bezogen wurden.

»Sie haben keinen König« – Die Portugiesen

Geschichte, einmal überliefert, gerinnt in der Regel zur Geschichtsschreibung der Sieger. Für die spanischen Kolonialherren gebührte das Verdienst der »Entdeckung« des Archipels ausschließlich ihnen selbst. Dabei konnten es (abgesehen von Magellan) sehr wohl Portugiesen gewesen sein, die, als Afonso de Albuquerque, Generalgouverneur Indiens, im Jahre 1511 eine Flotte nach Banda und den Molukken entsandte, als erste Europäer auf Mindanao an Land gingen. In dem bereits erwähnten Opus *Suma Oriental* (1513) schrieb Tomé Pires: »Die *Luçoes* liegen etwa zehn Tagesreisen von Borneo entfernt. Dort sind nahezu alle Heiden; sie haben keinen König, vielmehr werden sie von Gruppen der Ältesten regiert. Sie sind ein robustes Volk, wie man es sich in Malacca kaum wird vorstellen können. Sie verfügen, wenn es hoch kommt, über zwei oder drei Dschunken. Sie bringen Waren nach Borneo und von dort weiter nach Malacca. Die Leute von Borneo besuchen das Land der *Luçoes*, um Gold, manchmal auch Nahrungsmittel zu erwerben. Und das Gold, das sie nach Malacca bringen, stammt von den *Luçoes* und den umliegenden Inseln, derer es zahlreiche gibt. Alle treiben sie mehr oder minder Handel miteinander. Und das Gold dieser Inseln, wo sie Handel treiben, ist von minderer Qualität – ja, von sehr geringer Qualität. Überreich hat die Natur die *Luçoes* mit Nahrung, Wachs und Honig gesegnet.« Pires schildert sie als harmonieträchtige und betriebsame Leute, von denen sich bereits einige hundert in Malakka niedergelassen und dort Häuser und Geschäfte errichtet hätten.

Kastilische Grandezza – Die Spanier

Unter der Besatzung der von Afonso de Albuquerque gen Osten entsandten Armada (Ende 1511) befand sich mit Francisco Serrão ein Cousin und Busenfreund Magellans (Fernão de Magalhães), dessen spätere Biographen gar vermuteten, dieser könne aufgrund seiner engen Kontakte zu dem handels- wie unternehmungslustigen Serrão bereits 1512 die »Philippinen« angesteuert haben – also bereits neun Jahre bevor er sie für die spanische Krone »entdeckte«. Jenseits der Spekulationen war Magellans Trip indes ein Ergebnis jener Kontroverse, die im Vorfeld und selbst nach Abschluß des Vertrags von Tordesillas (1494) entbrannt war. Um wachsende Querelen zwischen Spanien und Portugal zu dämpfen und einen Krieg zwischen diesen beiden christlich-europäischen Seemächten um territoriale Gebietsansprüche zu vermeiden, hatte Papst Alexander VI. durch zwei Bullen im März und Mai 1493 verfügt, daß die noch verbliebenen Reviere der unbekannten Welt unter den Kontrahenten aufzuteilen seien. Entsprechend dem 1494 geschlossenen Vertrag wurde der 46. Längengrad als Demarkationslinie (raya) zwischen der (westlich davon) spanischen und der (östlich davon) portugiesischen kolonialen Interessensphäre festgelegt, was freilich künftige Auseinandersetzungen nicht ausschloß.

Unter den spanischen Geographen jener Zeit ragte gewiß Alonso de Santa Cruz (1490–1567) aus Sevilla heraus. 1545 präsentierte er dem spanischen König sein Werk *Islario General de Todas las Islas del Mundo*, das erst vor gut 80 Jahren in der Nationalbibliothek in Madrid wiederentdeckt wurde und lange Zeit, da sein Manuskript der überschriebene Name Andrés Garcia Céspedes zierte, eben diesem späteren königlichen Kosmographen zugeschrieben ward. Neben einem Atlas mit 120 Blättern enthält dieses Opus ausführliche Beschreibungen der bis dato dem spanischen Reich einverleibten Gebiete. Es heißt darin u.a. über die Philippinen:

»Mendanao (d.h. Mindanao; d.Hg.) ist von *gentiles* (offensichtlich sind zivilisierte Einwohner im Gegensatz zu ›Kannibalen‹ gemeint – d.Hg.) bewohnt, bekleidet in einer Weise, wie wir es aus Java Minor kennen. Sie kultivieren sehr gute Gewürze, Zimt ist in großen Mengen vorhanden, und sie bringen sie nach Malacca und anderen Plätzen. Sie verfügen über alles zum Leben Notwendige; sie haben Reis und Fleisch – ebenfalls viel Gold. (...) Südwestlich dieser Insel befindet sich eine andere, Tanguima (Basilan; d.Hg.) mit Namen, die von Schwarzen bewohnt ist. Sie verfügen über viel Eisen, womit sie Schwerter und andere Waffen fertigen, die sie sodann zu den Moluccas und anderen Plätzen im Austausch gegen Handelswaren transportieren. (...) Cubiene (von der Beschreibung her dürfte Cebu gemeint sein; d.Hg.) ist dicht besiedelt von götzenverehrenden *gentiles*, deren Hautfarbe nicht sehr dunkel ist; Männer und Frauen laufen nackt herum. Sie pflegen kaum Kontakt mit anderen Menschen. Das Land ist rauh und gebirgig; sie haben dort Elefanten, Einhörner und etliche andere Tiere. Diese Insel hat einen König, den Magellan nebst seinen Gefolgsleuten zu Christen bekehrte. (...) Alle diese Inseln haben einen König, dem sie gehorchen. Die Einwohner sind braun und von mittlerer Größe. Sie besitzen Gold, Perlen und wertvolles Gestein; es gibt viel Reis und verschiedene Sorten von Fleisch, hauptsächlich Ziegenfleisch. Praktisch laufen sie nackt umher. (...) Im Süden dieser Insel und Matans (Mactans; d. Hg.) liegen viele kleine Inseln, darunter eine Negros, eine andere Bohol mit Namen, welche von Schwarzen ohne Gesetz oder König bewohnt sind. Sie leben überwiegend von Reis und etwas Fleisch.«

Die bekannteste Philippinen-Karte (*Carta Hydrographica y Chorographica de las Islas Filipinas*, 1734 in Manila veröffentlicht) und einfühlsame Schilderungen des sozialen Lebens auf dem Archipel stammen vom Jesuitenpater Pedro Murillo Velarde, einem »cathedrático de canones sobre las mapas y relaciones méjores que han salido« – Universitätsprofessor für kanonisches Recht, die Landkarten und die besten Chroniken des Archipels –, mithin *die* Autorität zum Thema. 1696 in der Provinz Granada im südlichen Spanien als Sproß einer Konquistadorenfamilie geboren – sein Vater hatte sich an den Eroberungsfeldzügen in

Zentral- und Südamerika beteiligt, während seine Mutter dem Geschlecht des Pedro de Valdivia entstammte, das Chile unter die Knute Spaniens gepreßt hatte –, besuchte Murillo die Jesuitenschule in Murcia und Toledo, um dann auf die Universität von Granada und Salamanca überzuwechseln. Als 22jähriger trat er dem Jesuitenorden bei, für den er sich 1723 auf die Philippinen begab.

Zeitgenossen dürfte die »liberale Seele« Murillo, als die ihn spätere Chronisten porträtierten, unbequem gewesen sein; er schien wenig geneigt, den Ordensleuten und konservativen Elementen auf den Inseln (von denen es freilich nur so wimmelte) Auge in Auge gegenüberzutreten. In Murillos 1749 in Manila veröffentlichter *Historia de la Provincia de Philipinas de la Compañia de Jesus* attackierte er die Machenschaften seiner Landsleute und zeigte Sympathie für die sich gegen Schikanen wehrenden Filipinos in Silang (Cavite) und San Mateo (Morong). Mit beißendem Spott übergoß er die Horde spanischer Abenteurer, die nicht auf die Inseln kamen, um sich dort gesittet niederzulassen, sondern – zeitgemäß gewendet – als rowdyhafte Zugvögel ihr Unwesen zu treiben.

So kritisch Murillo seinen Landsleuten gegenüberstand, so ausgeprägt muß sein Gespür gewesen sein, die Vitalität und Vielfältigkeit des Lebens auf dem Archipel zu erfassen und diese durch tagalische Illustratoren und Graveure bildhaft dokumentieren zu lassen.

Von links oben im Uhrzeigersinn sehen wir nebenstehend:

(1) Chinesische Residenten, *sangleyes* oder *sangleys* genannt: einen konvertierten Christen mit Bart, der bis auf seine Schuhe einem Europäer gleicht; einen Händler, in einer Hand einen Fächer, in der anderen einen Sack voll Gold haltend; einen Fischer mit einem aus Palmblättern gefertigten Regenüberhang und mit Helm und schließlich einen Arbeiter. Die drei letzten haben ihr Haar zu »Zöpfen« geflochten.

(2) Ein in der Manier Louis XIV. gekleideter Spanier mit wallendem Überhang und gelockter Perücke, den ein Diener mit aufgespanntem Schirm vor der Tropensonne schützt – eine Persiflage der hochmütigen Klein-Tyrannen in öffentlichen Stellungen. Daneben erscheint ein »Neger«, Kreole, in dandyhafter Kleidung. Unter »Neger« verstand Murillo eine Person von brauner Hautfarbe, nicht so dunkel wie die *indios*. Zwei Einheimische gehen ihrer Lieblingsunterhaltung, dem Hahnenkampf, nach, während im Hintergrund ein Paar Aëtas, »Bergwilde«, mit Pfeil und Bogen auftaucht.

(3) Ein mit einem Perser verwechselter Armenier raucht die Wasserpfeife. Ein »Mogole«, »nicht so dunkel wie jene von Hindustan«, trägt

einen Bart und Turban und ein Malabare aus Indien einen Turban und Ohrringe.

(4) Eine typische Straßenszene: ein barfüßiger *indio* mit einem *lambon* oder schwarzem Gewand und eine Einheimische mit Schleier auf dem Wege zur Kirche; eine Straßenverkäuferin, die *Guavas* in einem auf dem Kopf getragenen Korb feilbietet; zwei Jungen, einer nackt, der andere mit einem Lendenschurz bekleidet, die ein Bambusstück (vielleicht mit Essig oder Milch gefüllt) und eine Krabbe tragen. Rechts steht ein Visaya mit einem Dolch und *balarao* oder regionalem Messer. Der Hintergrund zeigt drei Einheimische, von denen

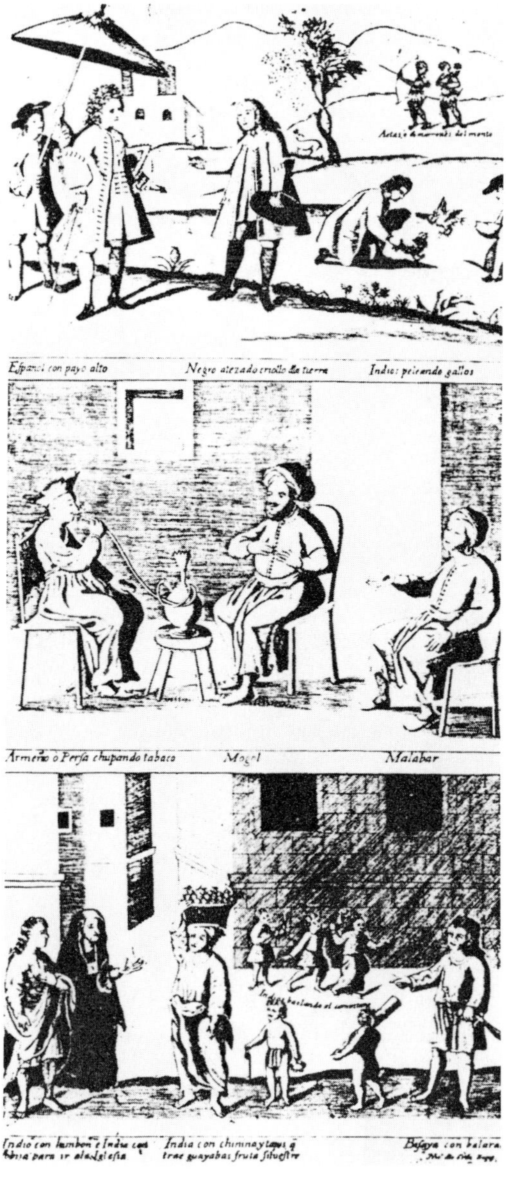

einer Mandoline spielt und die beiden anderen den *comintang*, einen alten Tanz, aufführen.

(5) Neben den *mestizos*, einer spanisch-philippinischen Familie, erscheint ein *Mardica*, ein ursprünglicher Bewohner Ternates in den Molukken, mit Schwert, Speer und Schild. Nach Spaniens Rückzug aus den Molukken (1662) emigrierten die *Mardicans* nach Maragondon und Ternate in Cavite, im südlichen Teil der Manila-Bucht gelegen. Ein Japaner mit geschorenem Kopf und Samurai-Schwert »verblaßt« dagegen.

(6) Die Bezeichnung *cafres* oder *Kaffirs*, Einheimische Afrikas, wurde einer Vierergruppe gegeben, von der drei Glöckchen an ihren Fußgelenken tragen und offensichtlich tanzen. Vollgekleidete Einheimische Indiens hießen *canarin*, Bewohner von Canara, so benannt nach einem alten Königreich nahe Mangalores. *Lascar* nannte man gemeinhin indische Seeleute.

Kastiliens imperial-verklärtes Welt- und Sinnbild – ließe es sich jemals trefflicher gravieren, als es dem im Auftrag der spanischen Kolonialherren tätigen tagalischen Künstler Laureano Atlas in Vicente de Memijes »Aspecto Simbólico del Mundo Hispánico…« (1761) glückte? Das spanische Weltreich erscheint in Gestalt einer Frau (Königin oder Gottesmutter Maria?), deren Kopf das iberische Kernland ist und deren Füße die Philippinen darstellen. Ein flammendes Schwert durchschneidet England (in Vorahnung des Krieges mit diesem Rivalen?), während ein von zwei Cherubinen getragener Abendmahlskelch Europa symbolisiert. Die lateinische Inschrift auf dem Schwert ist der Bibel (Psalm 58 : 13) entnommen: »Und sie sollen wissen, daß Gott Jakob und alle Enden der Welt regieren wird.« (Folglich sei Spanien und nicht England dazu auserkoren, den »Heiden« das Wort Gottes zu verkünden!) Die Falten, die das Gewand wirft, markieren die verschiedenen transpazifischen Seerouten, welche die Manila-Galeonen zu unterschiedlichen Jahreszeiten wählten. Als Halskette trägt sie einen Kompaß auf der Brust. Die verschiedenen Regionen Spaniens sind auf der Krone vermerkt. Die am unteren rechten wie linken Rand postierten und jeweils mit einem Globus versehenen Säulen tragen die Aufschrift »plus ultra«.

Kein Wunder, daß Laureano Atlas und seine tagalischen Künstlerkollegen selbst aus dem Munde Murillos mit höchstem Lob bedacht wurden. Dieser schrieb in seiner *Geographia Historica de las Islas Philipinas* (Madrid 1752): »Die Filipinos sind in jedem Handwerk äußerst begabt – sie sind vorzügliche Sticker, Maler, Silberschmiede und Graveure, deren Arbeit überall in den Indies ihresgleichen sucht, und die in Paris wie Rom als elegant gelten würde. Ich habe Gemälde, Zeichnungen und Karten gesehen, schöner, feiner und ausgefeilter als solche in Paris.« (Vol. VIII, S. 37)

Weltkarte des Laureano Atlas in Memijes »Aspecto Simbólico del Mundo Hispánico«, 1761

Rüdiger Siebert

Von Magellan bis Marcos

Etappen einer Fremdbestimmung

Symbolträchtiges auf einen Blick: In vielen Orten der Philippinen stehen Denkmäler, die dem Nationalhelden José Rizal (1861–1896) gewidmet sind, dem prominentesten Vorkämpfer für die philippinische Unabhängigkeit und brillantesten Geist, den das Land zum Ende des 19. Jahrhunderts hervorgebracht hat. Wo immer sich solch ein Monument erhebt, ist in der Nachbarschaft auch eine Werbetafel für *Coca Cola* oder ein ähnlich beziehungsreiches Produkt amerikanischen Ursprungs zu sehen. Das Nebeneinander wirkt wie eine Illustration philippinischer Verhältnisse. Sie haben sich entschieden anders entwickelt, als es José Rizal und seine Mitstreiter einst erhofft hatten. Es gibt keinen anderen Staat Asiens, der so von Europa bevormundet und später von den USA gegängelt wurde (und wird!) wie die Philippinen.

Der Name geht auf den spanischen König Philipp II. zurück. Die staatlichen Grenzen sind koloniale Hinterlassenschaft. Der Katholizismus als Religion der überwiegenden Mehrheit der Bevölkerung ist es auch. Die Filipinos haben lange Zeit gehabt, Überlebenstechniken zwischen Widerstand und Anpassung zu erproben; sie sind wahre Meister in dieser Kunst geworden.

Schon Ferdinand Magellan, portugiesischer Seemann in spanischen Diensten, mußte diese Erfahrung machen. 1521 war er mit seinen Schiffen in der philippinischen Inselwelt aufgekreuzt, der erste Europäer, der den Seeweg in diesen Teil der Welt gefunden hatte. Epochemachend hatten die von Magellan befehligten Segler zum ersten Mal in der Geschichte den ganzen Globus umrundet. Die Durchfahrt um Südamerika herum war gefunden worden. Monate des Hungers und der Einsamkeit im Stillen Ozean lagen hinter den europäischen Seemännern, als sie in Cebu endlich vor Anker gehen konnten. Sie trafen auf freundliche Menschen. Das Kreuz wurde aufgepflanzt. König Humabon und seine Untertanen auf Cebu ließen sich taufen. Magellan verlangte eine Unterwerfung unter die spanische Krone. Humabon ließ es geschehen, kaum ahnend, welche historischen Folgen dies haben sollte. Nur der Rajah auf Mactan, dem kleinen benachbarten Eiland, widersetzte sich. Magellan wollte ihm eine Lektion erteilen und erhielt selber eine – eine tödliche.

Es mochte den Mactanern so klar nicht gewesen sein, gegen wen sie in den Morgenstunden des 27. April 1521 zu Felde zogen. Aber daß Mactans Männer die weißen Eindringlinge von ihrer Insel fernhalten, daß sie sich keinesfalls dem für sie unvorstellbaren spanischen Königshaus unterwerfen wollten – das steht außer Zweifel. In den Geschichtsbüchern des Abendlandes wird das von den Europäern ausgelöste Gemetzel auf Mactan mit der Gloriole eines welthistorischen Datums versehen. Unter dem 27. April 1521 sind nur ein Name und ein Ereignis registriert: »Fernão de Magalhães, auch Magellan genannt, fiel im Kampf gegen die Eingeborenen.« So steht's im Großen Brockhaus und anderen einschlägigen Werken: der Held des Abendlandes, niedergemacht von »primitiven Wilden«.

So verkürzt kann man den Tod auf Mactan sehen, so einseitig hat es der Westen stets gesehen. Aber es gibt auch die Sicht der Betroffenen oder genauer: der Erben der Betroffenen. In den Geschichtsbüchern des heutigen Asien ist neben Magellan ein zweiter Name zu lesen: Lapulapu, der Fürst, unter dessen Führung sich die Männer Mactans gegen den Überfall gewehrt hatten. Einige philippinische Autoren gehen heute soweit, in eben diesem Lapulapu ihren ersten Nationalhelden zu feiern, der den Europäern die Stirn geboten hat. In jüngerer Zeit wurde neben das pompöse Magellan-Monument aus der spanischen Kolonialzeit ein Denkmal an den Strand von Mactan gestellt, das Lapulapu in hünenhafter Drohgebärde zeigt: das Schwert erhoben, den Blick aufs seichte Meer gerichtet, das einst den Mitstreitern Magellans ein so ruhmloses Schlachtfeld bot und ihrem Kapitän im Kampf das Leben kostete. Allerdings: Lapulapus Widerstand konnte die spanische Bevormundung aufhalten, nicht aber verhindern. Darin liegt die Tragik der Philippinen. Seit Magellan ist ihre Geschichte von Etappen der Fremdbestimmung gekennzeichnet.

Wettlauf um Gewürze

Als die spanischen Eroberer im Gefolge des Ferdinand Magellan in der zweiten Hälfte des 16. Jahrhunderts damit begannen, erst von den zentralen Inseln der Visayas aus, dann mit Manila als Hauptstadt den gesamten Archipel unter ihre Herrschaft zu bringen, war der Widerstand gering. Es gab keine einheimischen Großreiche wie in Indonesien oder auf dem asiatischen Festland. Die Filipinos – die natürlich noch nicht diesen Sammelnamen trugen, sondern sich nach der jeweiligen Stammeszugehörigkeit nannten – lebten vor der Ankunft der Europäer in kleinen Gemeinschaften, den *Barangays*, und folgten Naturreligionen. In den südlichen Regionen der Inselwelt hatte sich bereits seit dem 13./14. Jahrhundert der Islam verbreitet; es bestanden Sultanate, die ihren Einfluß bis nach Manila geltend machten und in enger Beziehung zu Brunei (Borneo) standen. In den islamisierten Völkern des Südens erwuchs den Spaniern die

Lapulapu

erste Gegnerschaft – ein Konfliktstoff, der bis in die Gegenwart wirkt. Die Mehrzahl der Filipinos aber ließ sich auf das neu importierte Christentum ein.

Der philippinische Historiker Renato Constantino schätzt, daß zur Zeit der Ankunft der Europäer nur 750000 Menschen im Archipel gelebt haben; eine ungemein dünne Besiedlung, vergleicht man diese Zahl mit der heutigen Bevölkerung von mehr als 60 Millionen. Eine andere Aussagekraft gewinnt die Größenordnung des 16. Jahrhunderts jedoch im Verhältnis zu der Handvoll Spanier. Nachdem Miguel López de Legazpi, mit seiner Flotte von Mexiko kommend, 1565 Manila zur Hauptstadt der neuen spanischen Besitzung ausbauen und befestigen ließ, folgten ihm seine Landsleute bald via Mittelamerika nach. Mehr als ein paar tausend sind es in jenen Jahrzehnten jedoch nie gewesen. Wie sie es schafften, sich dort zu halten, ihren Einfluß auszudehnen, zu missionieren und Geschäfte zu machen, gehört zu den philippinischen Besonderheiten.

Drei Gründe hatten die Spanier bewogen, sich auf das Abenteuer der ersten Weltumsegelung und die Vorstöße in den insularen Raum Südostasiens einzulassen: Sie wollten die portugiesische Konkurrenz im Gewürzhandel ausschalten und selbst die begehrten Gewürzinseln, die Molukken im östlichen Indonesien, beherrschen; sie wollten aus dieser Position heraus direkten Handel mit Japan und China treiben; und sie wollten das Christentum verbreiten. Die ersten beiden Ziele blieben unerreicht. Den Wettlauf um die Gewürze haben die Spanier verloren. Den indonesischen Archipel verleibten die Holländer ihrem Kolonialreich ein. Auf chinesischem oder japanischem Boden hatten weder die Holländer noch die Spanier Fuß fassen können. Einzig bei der Missionierung taten sich die Spanier in den Philippinen so gründlich und nachwirkend hervor, daß sich auf diesem klerikalen Stützpfeiler für drei Jahrhunderte ein koloniales Gebäude errichten ließ: das einzige dieser Art in ganz Asien.

Bis zum Ende des 18. Jahrhunderts hielten die Spanier das einträgliche Handelsmonopol zwischen China und Mexiko, den sogenannten Galeonen-Handel – benannt nach den bewaffneten Frachtenseglern jener Zeit, den Galeonen. Dieses Geschäft begann 1593 und ging auf ein Dekret Philipps II. zurück, der direkten Handel zwischen China und Amerika ausdrücklich verboten hatte und nur die Verbindung zwischen den Philippinen und Mexiko zuließ. Chinesische Produkte, vor allem die kostbare Seide, wurden nach Manila gebracht, dort auf spanische Schiffe verfrachtet und über den Stillen Ozean nach Mexiko geliefert, wo sie gegen das in Asien so geschätzte Silber reißenden Absatz fanden. Da die spanischen Behörden in Mexiko befürchteten, von chinesischen Waren überschwemmt zu werden, beschränkten sie diesen Handel auf den Hafen Acapulco, außerdem erlaubten sie nur zwei Galeonen pro Jahr, eine in jeder Richtung. Um diesen Galeonenhandel drehte sich alles in den spanischen Kreisen Manilas; und jeder war irgendwie daran beteiligt. In den philippinischen Gewässern, die bis dahin jedem offengestanden hatten, der dort Handel treiben wollte, herrschte das spanische Handelsmonopol. Manila wurde zum einzig international offenen Hafen erklärt und sollte für zwei Jahrhunderte der Dreh- und Angelpunkt zwischen dem asiatischen Festland und Mittelamerika werden.

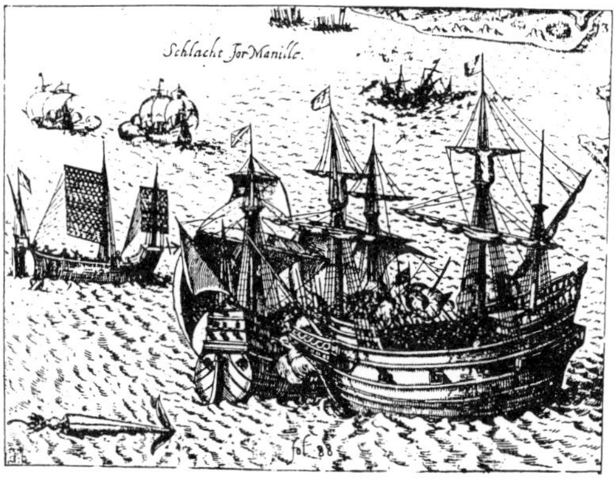

Johann Philipp Abelins »Schlacht for Manille« (1655)

Galeonenhandel

Der Galeonenhandel hatte für den Klerus gleich doppelte Bedeutung. Zum einen waren Mönche und Priester über eine Art Stiftung, die *Obras Pias*, direkt am Handel beteiligt – Kreuz und Kommerz pflegten ein inniges wechselseitiges Verhältnis. Zum anderen war es dieses ganz auf die Hauptstadt Manila und ihre spanischen Bewohner konzentrierte Überseegeschäft zwischen China und Mexiko, dem *Nueva España*, das den Ordensleuten gewissermaßen den gesamten, noch nicht vom Islam beeinflußten Archipel für die eigenen Zwecke zur Verfügung stellte. An Kolonisierung und persönlicher Präsenz in abgelegenen, Manila fernen Inseln waren die zivilen Spanier kaum interessiert. Die meisten von ihnen lebten in der Hauptstadt, geschützt von Mauern, woran der alte Stadtteil *Intramuros* noch heute erinnert: die Stadt hinter den Wällen. Nur wenige Beamte taten irgendwo in den nach spanischem Verwaltungsmuster eingerichteten Provinzen Dienst. Zur Durchsetzung spanischer Macht reichte ihre Zahl keineswegs aus. Ein Posten außerhalb Manilas galt als

Strafversetzung. Anders sahen dies die Ordensleute. Sie waren von Anfang an bei der Entdeckung und Eroberung der Philippinen beteiligt gewesen. Mangels Durchsetzungskraft administrativer Lenkung blieb es den Kirchenleuten überlassen, in Doppelfunktion von weltlicher Herrschaft und geistlicher Missionierung den Archipel bis zur Grenze des Islam nach ihren Vorstellungen zu gestalten. Was die Eintreibung der Abgaben betraf, kannten die überall mit ihren Helfern präsenten Ordensbrüder keine Nachsicht. Es wurden Kirchen gebaut, die bald die Ortsbilder prägten und jedem klarmachen sollten, zu welch höherem Lob es gereichte, den Spaniern zu dienen. Zu einer wirtschaftlichen Entwicklung kam es aus diesen Gründen kaum. Im Gegenteil: Manila absorbierte so sehr die spanische Verwaltung, daß von dort zwar Steuern eingefordert, aber keine Neuerungen bei Anbautechniken oder anderen Verbesserungen der Landwirtschaft in Gang gesetzt wurden. Die Landbevölkerung, von Ordensleuten gegängelt, mußte Manila miternähren. Dies führte zur Verarmung vor allem der Gebiete im Einzugsbereich der Hauptstadt.

Nach dem Niedergang des Galeonen-Geschäftes wurden mit Zwangsarbeit und der Vergabe von Latifundien an Spanier und Mestizos die Grundlagen der Landbesitzverhältnisse geschaffen, die bis in die Gegenwart das Einkommensgefüge der Philippinen bestimmen. Das *Encomienda*-System, das im Ansatz wenig an der bisherigen Lebens- und Landwirtschaftsweise der Filipinos änderte, hat langfristig zu den sozialen Ungerechtigkeiten geführt, die das Land nicht mehr zur Ruhe kommen lassen sollten. *Encomienda* wurden die Ländereien genannt, die ehemalige Soldaten und Seeleute und andere Spanier als eine Art Treueprämie für ihre der Krone geleisteten Dienste erhielten. Damit war den Veteranen ebenso die Bewirtschaftung übertragen worden wie die Pflicht zur sozialen Fürsorge gegenüber den dort ansässigen Filipinos. Beide Aufgaben überforderten diese Männer, die in ihren neuen Besitztümern, die aus den Dorfgemeinschaften gelöst wurden, einzig eine Quelle von Reichtum sahen. Die meisten von ihnen lebten ohnehin in Intramuros und ließen die den Landleuten abgepreßten Erträge durch einheimische Mittelsmänner eintreiben. Die Filipinos – vor allem in den fruchtbaren Ebenen von Luzon – mußten für die fremden Herren schuften, ohne selbst etwas davon zu haben. *Polo* hieß die eine Bürde, die Pflicht zur unentgeltlichen Arbeitsleistung zu bestimmten Zeiten des Jahres; und nur mit Geld konnten sich die Angehörigen der einheimischen Oberschicht, nunmehr *Principalia* genannt, davon loskaufen. *Vandala* oder *Bandala* hieß die andere Bürde, genau festgelegte Abgaben zu liefern. Bei der Eintreibung und Überwachung von *Polo* und *Vandala* waren der Willkür der Beamten, Mönche und der einheimischen Verbindungsleute der *Principalia* keine Schranken gesetzt. Korruption und Vetternwirtschaft haben ihre Wurzeln in diesem Stadium europäischer Herrschaft.

Aus den Kreisen der Mestizos und dem einheimischen Klerus, geistig in spanischer Tradition und abendländischen Werten, moralischen wie materiellen, erzogen, formierten sich gegen Ende des 19. Jahrhunderts die Gegner der spanischen

José Rizal

Kolonialherrschaft. Männer wie José Rizal, westlich gebildet und beeinflußt von den okzidentalen Ideen der Menschenrechte, brachten die nationale Bewegung voran. Der Arzt und Dichter Rizal hatte jahrelang in Europa gelebt und in Deutschland studiert, war in Leipzig, Dresden, Berlin, Heidelberg der geistigen Elite begegnet. Heimgekehrt nach Manila, trug er wesentlich dazu bei, das philippinische Nationalbewußtsein zu fördern und den Widerstand zu schüren; von seinem Naturell mehr Hamlet als Revolutionär, doch anregend für jene, die die Revolution wagen wollten. 1896 wurde Rizal, von den Spaniern des Aufruhrs beschuldigt, standrechtlich erschossen. Der Funke nationalen Aufbegehrens ließ sich indes nicht mehr austreten.

Für 20 Millionen Dollar an Washington verschachert

Am 12. Juni 1898 wurde die Unabhängigkeit ausgerufen und die erste philippinische Republik proklamiert, die erste Republik überhaupt, die in

Südostasien entstand. Aber die Zeit war noch nicht reif. Zwar war die Position der Spanier ramponiert, doch eine neue aufsteigende Weltmacht meldete Ansprüche an: die USA. Nach kriegerischen Auseinandersetzungen einigten sich die Konkurrenten: Am 10. Dezember 1898 verschacherte Spanien die philippinischen Inseln für 20 Millionen Dollar an Washington. Der einheimische Widerstand wurde von der waffentechnisch überlegenen amerikanischen Armee niedergebombt. Die Inseln und ihre Wirtschaft gerieten in die amerikanische Interessensphäre. Fortan bestimmte *Uncle Sam*, was zu welchem Preis produziert, exportiert und importiert werden sollte. Die einheimischen Zuckerbarone und Feudalherren, zumeist aus den Kreisen der Mestizos stammend, schafften es erfolgreich, sich vom großen Kuchen ordentliche Stücke abzuschneiden. Das Spanisch der früheren Obrigkeit verlor an Bedeutung. Das Englisch/Amerikanisch der neuen Bosse wurde landesweit vermittelte Zweitsprache. In der Umarmungsphilosophie der Amerikaner wurden die Filipinos als »kleine braune Brüder« bezeichnet, deren Kulturen, Sprachen, Religionen unter und hinter der von den Spaniern aufgetragenen Tünche die neuen Kolonialherren ebensowenig interessierte wie die alten.

Das Jahr 1934 markiert eine nächste Etappe: Die USA billigten den philippinischen Inseln den Status *Commonwealth of the Philippines* zu, erlaubten die Wahl einer eigenen Regierung, behielten aber mit ungleichen Verträgen weiterhin die Oberaufsicht. Es war die späte Neuauflage des altbewährten Kolonialprinzips der indirekten Herrschaft. Ob das damals mit dem *Tydings-McDuffie Act* niedergelegte Versprechen, die Philippinen nach einer Übergangsperiode von zehn Jahren in die tatsächliche Souveränität zu entlassen, je verwirklicht worden wäre, bleibt offen. Der Zweite Weltkrieg mischte auch in Südostasien die machtpolitischen Karten neu.

Fiktive Unabhängigkeit

Ende 1941 landeten japanische Truppen auf philippinischem Territorium. Die Amerikaner kapitulierten. Philippinische Partisanen, kommunistisch beeinflußt, schlossen sich in der Widerstandsbewegung *Hukbalahap* zusammen, kurz *Huk* genannt,

Vigan, alte spanische Kirche

MAGELLAN'S CROSS

und leisteten den Japanern während der dreijährigen Besatzungszeit Widerstand. Die Söhne Nippons spielten sich mit skrupelloser Grausamkeit als die neuen Herren im Lande auf. 1943 sahen sie sich veranlaßt, *Good Will* zu zeigen. Tokio gewährte eine fiktive Unabhängigkeit. Am 14. Oktober 1943 durfte eine Marionetten-Regierung etabliert werden. Auf diese Weise wurde bereits der dritte philippinische Präsident installiert, der wie seine Vorgänger seit 1898 keine tatsächliche Macht ausüben konnte. Es war José Laurel, der Vater des seit 1986 amtierenden Vizepräsidenten Salvador Laurel. Politik war und ist in den Philippinen eine Familienangelegenheit, ein Geschäft der Clans aus der *Principalia*-Tradition.

Erst im Februar 1945 eroberten die Amerikaner ihre Stützpunkte auf den Philippinen zurück. Ein Jahr danach war das Instrumentarium zurechtgezimmert, das die Philippinen auch weiterhin zu treuer Gefolgschaft zwang, der *Bell Trade Act*, der den Amerikanern weitreichende Rechte im Wirtschaftsleben, in der Politik und beim Ausbau militärischer Stützpunkte einräumte. Auf dieser Grundlage wurde am 4. Juli 1946 die Unabhängigkeit proklamiert, gewissermaßen zum vierten Male innerhalb eines halben Jahrhunderts und bezeichnenderweise am Tag der amerikanischen Unabhängigkeit. Es war in der Tat die Souveränität von Gnaden der USA. Die Philippinen gaben sich eine Verfassung nach amerikanischem Vorbild. Der Präsident vereinte in seiner Person eine vergleichbare Machtfülle wie der US-Kollege – jedenfalls theoretisch und vor allem auf die Innenpolitik bezogen, soweit es den Interessen Washingtons und der multinationalen Konzerne nicht schadete. Außenpolitisch blieben die Philippinen Vasall der USA. Ob im Koreakrieg oder im Vietnamkrieg – stets kämpften Filipinos an der Seite der GIs.

Fünf Präsidenten hatte die Republik bis 1965. In 20 Jahren scheinbarer Unabhängigkeit war keine tiefgreifende Entwicklung in Gang gekommen, die dem Land einen eigenständigen Platz in der asiatischen Völkerfamilie erlaubt hätte. Linksgerichtete Ex-Partisanen, liberale Kleriker, bürgerliche Politiker, die auf einen wirklichen Neubeginn gehofft hatten, sahen sich getäuscht. Die sogenannten kleinen Leute waren ausgebeutet wie eh. Die innenpolitischen Spannungen nahmen zu. Die Clan-Streitigkeiten um Macht und Pfründe eskalierten an Gewalt. Jede Familie von Einfluß hielt sich eine Privatarmee.

Magellan-Kapelle in Cebu-City

Präsident im Zwielicht

In dieser Phase wachsender Schwierigkeiten trat ein Mann ins Scheinwerferlicht des Landes, dessen Name zur Personifizierung der philippinischen Probleme werden sollte: Ferdinand E. Marcos, 1917 geboren. Ein Mann aus dem Norden, Rechtsanwalt, Sohn eines Provinzpolitikers, aufgewachsen in der Atmosphäre der gerissenen Winkelzüge philippinischer Polit-Machenschaften. Schon als Jurastudent an der Universität der Philippinen tauchte er in jenes Zwielicht der Skrupellosigkeit ein, das seine Handlungen fortan umgeben sollte. Marcos, so schien es bei seiner Wahl zum Präsidenten der Philippinen 1965 immerhin vielen seiner Landsleute, werde dem Land endlich zu eigenem Wege verhelfen. Daß dieser Ruf auch vier Jahre später anhielt, zeigte die Wiederwahl. Wenn auch damals mit gezinkten Karten und Manipulation gespielt wurde, so bewies sein Verbleiben im Amt, daß die Filipinos von Marcos noch einiges erwarteten. Er hatte versprochen, die »Neue Gesellschaft« zu verwirklichen. Als er mit eisernem Besen daran ging, gegen Korruption zu kämpfen, die konkurrierenden Clans zu entmachten, als er schließlich 1972 das Kriegsrecht ausrief, um an der Macht bleiben zu können, und als er die pseudodemokratischen Institutionen ins Abseits verwies, war ihm noch ein Teil populärer Unterstützung gewiß. Doch Marcos kannte keine Grenzen mehr in seiner diktatorischen Machtbegehrlichkeit. Der Kongreß wurde aufgelöst, Zehntausende von Kritikern wurden verhaftet, die Massenmedien unter Kuratel gestellt, Streiks generell verboten, die bisherigen Parteien der Liberalen und der Nationalisten ausgeschaltet und später durch seine in den Parteienstatus erhobene Hausmacht der »Bewegung der Neuen Gesellschaft«, KBL, ersetzt. Bald mußten die Filipinos feststellen, daß das Etikett *New Society* nur ein anderer Name für die alten Verhältnisse war. Marcos gebrauchte seine Machtfülle immer rigoroser. Der Ausverkauf des Landes an amerikanische und zunehmend auch an japanische Investoren ging weiter. Die Philippinen gerieten immer mehr in die verhängnisvolle Wechselwirkung von staatlicher Repression und Militarisierung einerseits und sich formierenden Gegenkräften andererseits. Im Süden flackerte der uralte Streit zwischen den muslimischen Völkern und der christlich dominierten Staatsmacht wieder auf. Im Untergrund bildete sich eine kommunistisch beeinflußte, im Geiste Maos kämpfende *New People's Army*, NPA. Bürgerinitiativen, soziale Hilfsdienste, bürgerliche Opposition machten von sich reden. Mit der philippinischen Wirtschaft ging es stetig bergab. Die Auslandsschulden wuchsen. Die weltweite Rezession der siebziger Jahre mit sinkenden Preisen für Rohstoffe, die die Philippinen zu bieten haben, und steigenden Preisen für Rohöl, das das Land einführen muß, beschleunigten den ökonomischen Niedergang des Staates. So sehr sich Marcos außenpolitisch um einen Ost-West-Ausgleich bemühte, so wenig vermochte er es, die alten Abhängigkeiten abzubauen.

Mit manipulierten Referenden und Wahlbetrügereien konnte er jahrelang den Anschein einer quasi-demokratischen Amtsführung wahren. Die Amerikaner und ihre westlichen Verbündeten ließen sich ebenso davon täuschen wie die Staaten der östlichen Lager. Für die einen ging es um die Fortsetzung wirtschaftlicher Vorteile und die Beibehaltung militärischer Stützpunkte. Die anderen versprachen sich mit Marcos einen potentiellen Verbündeten, um die amerikanischen Einflüsse in Südostasien einzudämmen. Marcos reiste gleichermaßen in die USA wie in die Sowjetunion und nahm Kontakte mit der Volksrepublik China auf. Dabei ging immer wieder Präsidentengattin Imelda Marcos, selbst kräftig mitmischend im Zentrum der Macht, auf diplomatische Dienstreisen. Eine Annäherung an die Blockfreien fand statt. 1967 wurden die Philippinen Gründungsmitglied der südostasiatischen Staatengruppe ASEAN, der sich Indonesien, Singapur, Malaysia, Thailand und 1984 auch das Sultanat Brunei anschlossen.

Der 21. August 1983 sollte zum politischen Wendepunkt im scheinbar unaufhaltsamen Aufstieg des Ferdinand E. Marcos werden. Was der Widerstand aus muslimischen und kommunistischen Kreisen sowie aus der katholischen Kirche nicht geschafft hatte, bewirkte ein politischer Mord. Der frühere Senator Benigno »Ninoy« Aquino kehrte aus amerikanischem Exil zurück: ein langjähriger Gegenspieler Marcos', ein Mann der reichen Oberschicht wie der Präsident selbst. Noch auf dem Flugplatz in Manila wurde Aquino erschossen. Endgültige Klarheit über die Drahtzieher steht bis heute aus; doch es gibt viele Anzeichen, daß der Anschlag in höchsten Kreisen des Militärs angeordnet worden war und Marcos zu den Mitwissern gehört hatte.

Mit dem Mord an Ex-Senator Aquino und den anschließenden Vertuschungsmanövern hatte das Regime Marcos überreizt. Es setzte eine beispiellose Bewegung populären Widerstandes ein. Weite Bevölkerungskreise, die Geschäftswelt in Manilas Business-Viertel Makati, bürgerliche Opposition, kirchlich motivierte Gegner, kommunistische Untergrundkämpfer, muslimische Gruppen, die Ärmsten der Slums näherten sich in außergewöhnlicher Gemeinsamkeit beim Ziel, Marcos und seine Gefolgsleute zu feuern. Als die Amerikaner die innenpolitische Stabilität immer mehr gefährdet sahen, verlor Marcos auch in Washington an Rückhalt.

Ein neues Kapitel?

Mit den für den 7. Februar 1986 kurzfristig angesetzten Präsidentschaftswahlen schien sich Marcos seiner alten Tricks, Wähler und öffentliche Meinung, vor allem der westlichen Länder, täuschen zu können, noch sicher zu sein. Daß ihm ausgerechnet in der Witwe des ausgeschalteten Widersachers Aquino, in Corazon »Cory« Aquino, die Herausforderin und Überwinderin seiner 20jährigen Herrschaft erwachsen würde, gehört zu den großen Überraschungen philippinischer Zeitläufte. Die aufgedeckten Wahlmanipulationen, die verzweifelten Versuche, auf dem Präsidentensessel zu bleiben, der Frontenwechsel langjähriger Kampfgenossen wie Verteidigungsminister Ponce Enrile, die Intervention Kardinals Sin, die Millionen Filipinos auf den Straßen, die amerikanische Regie im Hintergrund und die strahlende Witwe Aquino als personifizierte Hoffnungsträgerin der Nation – das alles mit der philippinischen Lust an theatralischer Selbstdarstellung hat die Welt in jenen Februartagen 1986 via Massenmedien live erleben können. Frau Aquino wurde mit breiter Bevölkerungsmehrheit am 25. Februar 1986 ins Präsidentenamt berufen. Marcos mit Familie und die engsten Vertrauten wurden mit amerikanischen Militärmaschinen ins Exil nach Hawaii befördert. Dort ist Marcos am 28. September 1989 gestorben. Mit Präsidentin Corazón »Cory« Aquino wurde ein neues Kapitel philippinischer Geschichte aufgeschlagen – so zumindest erhoffte es die Mehrzahl ihrer Landsleute. Doch sie wurden enttäuscht. Die alten Probleme, unter denen nach wie vor die kleinen Leute am meisten zu leiden haben, sind geblieben. Die Wirtschaft zerrüttet, verfault die politische Moral, radikale Widersprüche innerhalb von Staat und Gesellschaft. Die Fremdbestimmung aus der spanischen Kolonialverwaltung und den amerikanischen Eingriffen wirkt nach. 350 Jahre Konvent und 50 Jahre Hollywood, wie es Spötter nennen, haben tiefe Spuren hinterlassen – vor allem in Herz und Seele der Filipinos.

Das Mac-Arthur-Denkmal bei Tacloban/Leyte

Jörn Laue

Die Entdeckung neuer Meere jenseits des Festlandes

Annäherungen an ein Land, seine Literatur und den Poeten Jess Santiago

Ein Denkanstoß

Erwartet keine Ouvertüre der Fäuste,
Begleitet von knirschenden Zähnen.
Dies ist nur ein kleiner Wink für die Erinnerung
An Straßen und Plätze,
Abgetreten von verschlissenen Schuhsohlen,
Und versteinerten, nackten Füßen.
Es ist nur ein kurzer Schubs in den Rücken
Des Wächters, der einnickte und träumte,
Er sei nun frei, sich auszuruhn.

Oder sprechen wir von einer Tasse Kaffee,
Die uns wachhält,
Oder von ausgedörrten Papayablättern, die wir
Zu Zigaretten rollen, um die Moskitos damit
hinwegzupaffen,
Und die Kälte, denn:
Es ist Nacht bei uns.
Nebeneinander liegen sie, unsere Erinnerungen,
Haben Ausgangssperre
Auf dem Gehsteig.
Unsere Spuren wurden vom Blut übermalt,
Schweiß und Tränen, die die Straße besudelten,
Verschmolzen mit dem Regen,
Verschwunden in den Abflüssen,
Nichts blieb von ihnen
Nur die Bruchstücke eines Hirns,
Das sich im Ufergestrüpp verfing.

Nein,
Erwartet keine Pasodoble
Für Eure stampfenden Füße:
Mein Lied ist nur ein kleiner Denkanstoß
Zur Erinnerung,
Einem Nadelstich ähnlich,
Der die Vene trifft, und anschwillt
Unter der Haut,
Tief in Deinem Leib.

Jess Santiago

Buchtitel brachten mich auf den Weg: *Risse im Paradies*, *Keine Zeit für Tränen* und *Die Philippinen zwischen Unterdrückung und Befreiung*; und Kapitelüberschriften: z.B. »Übergriffe des Militärs«, »Folter«, »Strategische Wehrdörfer«, »Kulturzerstörung«, »Widerstand der Kalingas«, »Streik der Tabakarbeiter«, »Zucker ist nicht immer süß«.

Andere Wegweiser kommen mit Vokabeln aus dem Erdkunde- und Biologieunterricht: Tropenklima, Monsun, Taifune, bläuliche Berge, ausgedehnte Flußnetze, weite Strände, klare Wildbäche, Mangroven-, Eichen- und Kiefernwälder, Eidechsen und Schildkröten, Esel und Wasserbüffel, seltene Vögel und Fische, Bananen und Kokosnüsse, viele Begriffe zum Verlaufen, gespeist mit farbigen Fernsehbildern und prächtigen Attributen. Viele Holzwege führen ins Ophir, das »Sehnsuchtsland im Osten«, mit seinen 7107 Inseln, die, zusammengeschweißt, so viel Erdquadrate ergeben wie Italien, umspült vom Wasser des Pazifik, des »Stillen Ozeans«.

Bescheidener: der Wegweiser »Philippinische Märchen«. Dort erfahren wir, wie ein Vogel ein Bambusrohr aufpickte und darin plötzlich zwei nackte Menschen lagen, Juan und seine Frau. Und Juan lief erschrocken in den Wald, versteckte sich und suchte sich einen Lendenschurz zusammen. Bekleidet mit den Blättern des Waldes, traute er sich wieder hervor, wandte sich gen Osten und sprang in die Tiefe des Meeres. Als er auf den Grund kam, fand er drei Perlen. Er nahm sie mit hoch, und sie wuchsen und wurden zu drei großen Inseln: Luzon, Visayas und Mindanao, das Land der Philippinen.

Die Kultur

»300 Jahre haben wir unter den Spaniern in einem Kloster gelebt, 40 Jahre unter den Amerikanern in Hollywood, vier Jahre unter den Japanern in einem Konzentrationslager, und über zehn Jahre lebten wir unter Marcos in einem Gefängnis. Wir sind die Kinder zu vieler Mütter.« (Francisco Sionil José)

Für die europäische Geschichtsschreibung betraten 1521 das erste Mal Menschen das Land der vielen Inseln: Magellan und seine Männer. Für die Anthropologen begann die Besiedlung etwas eher: 20000 v. Chr. Von der Südostküste Asiens kamen im Laufe der Jahrtausende Völker vom Festland auf ihrem Weg zum Pazifik vorbei und blieben, wie die dunkelhäutigen Aetas um 10000 v. Chr., wie die Malaien, 4000 v. Chr. Ihnen folgten die Inder, die Chinesen, die Araber und zuletzt die Europäer. Die Malaien, sie wurden die Familiengründer der Kalingas und Ifugaos in den Bergen, der seefahrenden Badjaos an den Küsten und der Ilocanos und Pampangos im Tiefland, schufen die so unterschiedlichen Kulturen der Tausug und Maguindanao, der Maranao und T'boli. Nach der Ankunft getrennt, wohnten sie schließlich so isoliert voneinander wie Erde und Mond. So entstanden mehrere Welten mit eigenen Götterdynastien, Sagen und Märchen, Gesetzen und Riten, lebendige Körper voller Gesänge, Tanz und Theater, kunstvolle Bauten, Gräber, Geräte, erzählte, gesungene, getanzte Epen, Balladen und Gedichte, geschaffen, gepflegt und aufgeführt von einer Gemeinschaft, ohne »Individualisten« oder »Originalität« im einzelnen, für eine Gemeinschaft von kompetenten Fachleuten, das Volk.

Ist das *die* philippinische Kultur? Und damit soll sich nun der moderne Bewohner Manilas identifizieren? Drei Tage lang sollen die Kalinga die Köpfe der von ihnen getöteten Tiere aufgespießt auf Lanzen in den Dörfern herumstinken lassen. Hexensabbate soll es dort geben, Teufelselixiere, kein Strom, kein Bad! Statt im bequemen Wasserbett schlafen die noch auf nackter Erde! Da können der Facharbeiter vor seiner elektronischen Schaltanlage und der Angestellte vor seinem Computer im neunten Stockwerk eines Hochhauses nur lächeln. Die einfachen Arbeiter in den Lagern der ausländischen Produktionszonen oder die Bewohner der Slums, die mögen sich vielleicht dorthin zurücksehnen, aber der Mittelstand? Der Bankangestellte, der Ingenieur, der Lehrer? Philippinische Kultur, wirklich nicht mehr als das jahrtausendealte Echo der Ifugao-Gongs?

Das spanische Element: 1565 war ihr offizieller Dienstantritt, da die Portugiesen »verzichtet« hatten. Sie verdrängten weitgehend die Chinesen, Araber und Inder aus dem Handel, setzten sich in der bereits bestehenden Metropole Manila fest und ergriffen selber die Fäden des Welthandels. Sie schoben das traditionelle Handwerk und die ursprüngliche Landwirtschaft ebenso beiseite wie die traditionelle Kleidung und die alten Religionen. Dafür brachten sie ihre Kleidung und vor allem ihre Religion mit: den Katholizismus mit seiner Schuld-Manie, seinen Fabeln, den »Zehn Geboten«. Nur im Süden des Landes, auf Mindanao, trotzte ihnen während der ganzen Zeit ein Volk: die islamischen Moros.

Nun mußte Spanisch lernen, wer etwas darstellen wollte, mußte europäisch gekleidet sein, mußte auf die alten Überlieferungen, Epen, Theaterstücke und Tänze verächtlich herabsehen und sich für die neuen Formen, die Sinakulos und Komedyas auf den erhöhten Brettern begeistern, die vom Leben eines jungen Juden aus Nazareth oder von Liebe und vom Kampf eisern klappernder

Ritter und ihrer Burgfräuleins handelten. Einige Filipinos begannen das schöne, sanfte Braun ihrer Haut zu verachten und ihre kleinen Nasen zu verwünschen: ein später Sieg der klassischen Sprungschanzennasen! Aber es schimmerte bereits eine der wichtigsten philippinischen kulturellen Eigenschaften durch alle diese Imitationen hindurch: eine unzähmbare, tolerante Neugierde und das Gefühl für die Symbiose fremden und eigenen Kulturgutes.

Ein weiteres Gewürz: Mexiko. Der dortige Vizekönig regierte im Auftrag Spaniens 250 Jahre über die Inseln. Ein Einfluß, der heute wieder an Bedeutung gewinnt, vor allem in der Malerei, der Literatur und der Musik. Chiles Kultur und Nicaraguas Weg stehen im Mittelpunkt des Interesses vor allem bei der Opposition. Während Demonstrationen werden die Lieder des ermordeten Chilenen Victor Jara gesungen. So blieben ein Ohr und ein Auge auf Lateinamerika gerichtet, und in jeder Frage werden auch Antworten von dort gesammelt.

Nach einem Mord- und Plünderintermezzo 1762 durch die Briten nahte die große Wende, an deren Ende Spanien das Land für immer verließ. Aufstände durchzogen das Land, kleine, immer häufiger aufflackernde Feuerstellen. *Noli me tangere*, ein literarisches Feuer auf Papier, der erste bedeutende Familienroman eines Filipino, des Arztes und Schriftstellers Dr. José Rizal, das Eintrittsbillet der Philippinen in die Weltliteratur. »Berühre mich nicht«, wie der in Berlin auf spanisch geschriebene Roman gegen die Herrschaft der Spanier auf deutsch heißt, »handelt von Dingen, die bis dahin in unserem Lande von niemandem ausgesprochen wurden«, wie Rizal selber es sphynxhaft beschrieb. 1896 wurde er in seinem Heimatland als Aufrührer hingerichtet, getreu dem von ihm verbliebenen Zitat: »Man stirbt nur einmal, und wenn nicht für eine gerechte Sache, dann ist eine gute Gelegenheit unwiederbringlich dahin.«

Zwei Jahre später kämpften aufständische Filipinos und Amerikaner zusammen gegen die Spanier. Am 12. Juni 1898 wurde die 1. philippinische Republik ausgerufen. Vielleicht wären einige Filipinos skeptischer gewesen, hätten sie die Frage des vor Manila ankernden US-Admirals Dewey an Washington mitbekommen: »Habe Philippinen erobert. Was machen wir nun damit?« Der amerikanische Präsident McKinley bekannte im August 1898 in einer Ansprache gar: »In Wahrheit wollte ich die Philippinen nicht, und als wir sie als Geschenk der Götter bekamen, wußte ich nichts mit ihnen anzufangen ... Ich lief Abend für Abend bis Mitternacht im Weißen Haus herum; und ich schäme mich nicht zu gestehen, daß ich niederkniete und den Allmächtigen mehr als einmal um Licht und Führung bat. Und eines Abends spät wurde mir auf diese Weise – ich weiß nicht wie, aber es wurde mir bewußt: 1. daß wir sie nicht an Spanien zurückgeben könnten – das wäre feig' und unehrenhaft; 2. daß wir sie nicht an Frankreich oder Deutschland – unseren Handelsrivalen im Osten – übergeben könnten – das wäre schlechter Geschäftsstil und diskreditierend; 3. daß wir sie nicht sich selbst überlassen könnten – sie wären unfähig zur Selbstregierung, und sie hätten dort drüben bald schlimmere Anarchie und üblere Zustände als unter Spanien; und 4., daß uns nichts übrigblieb, als sie alle zu übernehmen und mit der Gnade Gottes das Allerbeste für sie zu tun, für unsere Mitmenschen, für die Christus auch gestorben ist. Und dann ging ich zu Bett und schlief gut.« Und was machten die Amerikaner? Erst einmal räumten sie mit der Republik auf, dann führten sie die Demokratie ein: Vier Prozent der Filipinos durften nun an der Wahl zu ihrem bedeutungslosen Parlament teilnehmen.

Die Amerikaner brachten ihre Werte und ihre Vorstellungen von Ordnung mit, verpackt in hübsche, bunte Schulbücher über amerikanische Geschichte und Weltsicht, illustriert mit amerikanischen Jungen und Mädchen, alle blond, weiß, blauäugig, brachten ihre Feste mit, die »Weiße Weihnacht«, »Thanksgiving Day«, den Traum vom Truthahn als Festtagsbraten. Sie brachten ihre Hobbys, ihren Sport, und bald schon spielten Filipinos Basketball und Baseball.

Also, was ist die »philippinische Kultur«? »... das ist, was die Geschichte aus ihr gemacht hat, auf einem malaiischen Nährboden in der Art von Inselnationen, und einer bäuerlichen Wirtschaft ... mit chinesischen, arabischen, indischen, mexikanischen, spanischen und amerikanischen und heutzutage auch internationalen und südostasiatischen Einflüssen, von unterschiedlicher Dichte ... eine Kultur, die durch die Dynamik der Geschichte geprägt wurde.« (Doreen G. Fernandez)

Die Literatur

Ein Anfang: José Rizal, der Name einer Generation und einer Zeit im Zeichen der Lokomotive nach der langen Zeit im Zeichen der Schnecke und vor der Zeit der Schildkröte. José, das siebte von elf Kindern, war ein Wurf in die Mitte, wie die Mischung seines Blutes: Chinesen, Japaner, Malaien und Spanier hatten ihre guten Gaben im Laufe der Familiengeschichte Rizal dazugetan. Zuerst bekamen diesen José die Jesuiten in ihre Schule, anschließend bekamen ihn die bekanntesten Städte der Welt in ihre Gassen und Universitäten:

So waren wir: Dichter des Regens

So waren wir: Dichter des Regens.
Wir achteten nicht auf die Gewalt des Sturms.
Für uns brachte das Auge des Taifuns
Ein Gedicht zustande. Gefallene Blätter,
Gebrochene Äste, Müll, der davonströmte
Mit den Gräben – das alles, so dachten wir,
Waren poetische Bilder.

So waren wir. Sogar wenn unsere Schuhe
Schwer wurden und niemand uns mitnahm,
Achteten wir nicht auf den Flug
Der Zeit. Wir entdeckten
Den Reim und die Mysterien von Donner
und Blitz.
Wir erforschten den Grad der Kälte
Durch die Kippen von Marlboro und Philipp.
Während unsere Körper zitterten,
Folgten unsere Augen dem Rauch
Bis er verschwand wie die Träume
Und Sorgen. So waren wir.
Regentropfen auf uns, das waren poetische Tupfer,
Jeder Husten war eine Metapher.

Und nun, auf der Bastmatte, gleichzeitig
Mit dem Rasseln der hervortretenden Rippen,
Mit bleicher, innig lechzender und hängender
Zunge
Verfolgen wir eine sonderbare Szene:
Unser Auge hat sich ebenfalls auf den Rücken
gelegt und sieht
Einen hustenden Jungen auf der Straße
Der einen hölzernen Karren davonschiebt.

Jess Santiago

Paris, Heidelberg, Hongkong und auch Berlin, wo er in einer Kammer am 21. Februar 1887 sein *Noli me tangere* beendete.

Rizal, ein literarischer Stern, der vor allem für den Aufbruch der bürgerlichen, antikolonialen, antifeudalen Asien-Kultur leuchtete. Für seine Filipinos bleib der Schöpfer der *Tagalog*-Grammatik der »deutsche Schriftsteller«, daran änderte seine Hinrichtung wenig, und die heutigen Ehrungen fördern eher den Abstand zu ihm. Er hatte kaum Kontakt zu den Filipinos, befürwortete deren Revolutionsbemühungen durchaus nicht und war während seiner Verbannung zum Pflanzen- und Vogelsammler geworden. Vielleicht verletzt sie sein Satz noch heute: »Wir Filipinos sind immer zu vorsichtig.« 1985 hieß eine der Parolen dieser Filipinos: »Wir können keine neuen Meere entdekken, wenn wir nicht den Mut haben, das Festland aus den Augen zu verlieren.« Sie könnte von Rizal stammen.

Als die Amerikaner die junge Republik in Blut erstickten, da brachen auch die jungen Federn der nationalen Literatur, und Rizals Stern mußte über viele Jahre einsam leuchten.

Im »KZ der Japaner« regten sich die Federn erneut, in den Schützengräben, während des zweiten Versuchs in diesem Jahrhundert, die Welt von einer Vorhölle in eine Haupthölle zu verwandeln. Jahrtausende erkannten ihre Kraft und leisteten Widerstand. *Noli me tangere*, das war noch in der Sprache der Herren, in Spanisch, geschrieben worden. Jetzt schrieb man *Tagalog*, Lieder und Geschichten, Märchen und Träume für die Kinder. Die Japaner, obwohl sie die Amerikaner vertrieben hatten, bekamen nun zu spüren, daß Uncle Sams Verrat während der Geburtswehen dieses Jahrhunderts den Filipinos nicht für alle Zeiten das Rückgrat gebrochen und sie nicht zu seelenlosen, modernen Sklaven gemacht hatte.

In den Sechzigern und zu Beginn der siebziger Jahre, wohl auch als Folge des Vietnamkrieges, wuchs der nationale Widerstand gegen die Amerikanisierung von Wirtschaft, Militär und Kultur. Die Straßen waren gefüllt mit jungen Protestsängern, die Parolen und Schlagwörter in ihren Texten ebenso verarbeiteten wie das Verhalten ihrer nationalen Bourgeoisie, die Situation der Arbeiterfamilien und der Bauern. Für sie waren die Massen, das Volk der Filipinos, der natürliche und gewünschte Held der Geschichte. Besonders bei den Studenten herrschte, ähnlich wie bei ihren Kommilitonen in Europa, Aufbruchstimmung. Auch im Mittelstand und bei den philippinischen Unternehmern und Großgrundbesitzern stieg der Ärger über die Ausplünderung ihres Landes. Das Kriegsrecht, 1972 von Marcos verhängt, fegte sie auseinander, brach diesem Optimismus vorläufig das Genick.

Aber die Leute auf der Straße, die *Jeepney*-Fahrer, die Kleinhändler, die Bettler und Schuhputzer, vergaßen die Lieder nicht. Sie akzeptierten deren Werke als Teil ihrer eigenen Kultur.

Viele dieser Künstler verschwanden: im Gefängnis, in den Slums von Manila, wurden ermordet wegen ihres politischen Engagements. Andere verzogen sich in die Berge, zur Guerilla, tauchten unter. Einige gingen in den Beruf, machten, wenn sie unbehelligt blieben, sogar Karriere, streiften abends durch die Bars und träumten bei Bob Dylans *»Blowin' in the wind«*, Peter, Paul & Mary's *»Cruel war«* oder summten Simon & Garfunkels Mini-Oper *»The Boxer«* mit. Protest wurde so legal konsumiert, und die amerikanische Schlagermaschine konnte sich noch mehr auf den Philippinen festsetzen.

Und wieder vollzog sich, diesmal schneller, ein allmählicher Prozeß des Herauswachsens, ähnlich wie bei uns, aus dieser Kultur. Bands, die zuerst englische Lieder nachgesungen hatten, begannen vorsichtig, eigene zu komponieren und auf *Tagalog* zu singen. Das alleine bedeutete schon Unterstützung des Widerstandes; jeder Schritt zu einer nationalen Kultur stellte einen Schritt auf dem Weg zur Einigung des Volkes dar.

Gedicht und Lied wuchsen in dieser Phase sehr eng zusammen. Politisch aktive und erfahrene Filipinos scheuten sich nicht, ihre Forderungen und Analysen in Gedichtform niederzuschreiben. Populär wurden Sänger wie Heber Bartolome, der in seinen Liedern von den heimatlosen Menschen erzählt. »Ich bin ein Sänger meiner Zeit«, schrieb er. »Einer Zeit von hungernden Menschen./ Ich brauche keine wunderbare Stimme zum Singen./ Um diejenigen von Euch zu unterhalten, die/ mir zuhören, brauche ich Willensstärke,/ zum Wachrütteln derjenigen, die schlafen.«

»Die Filipinos lesen«, fand der Filipino Ricardo G. Abad bei einer Untersuchung heraus. Und das bei »einer starken Tradition der mündlichen

Aber in unserer Einsamkeit

Wir erlebten das Aufkrempeln der Ärmel,
Das Platzen der alten Nähte,
Das Recken der Fäuste gen Himmel
Und das Krachen der Schüsse,
Als Lieder die Straßen entflammten.
Wir erlebten, wie fleißig die keimende Saat
In die ausgedörrten Herzen gepflanzt wurde.
Und wir, die wir die Ströme von Blut erlebt hatten,
Sahen uns nach Sicherheit um, zogen
In die Hölle unseres selbstgesponnenen Ichs,
Während an unserer Tür
Die morsche Kutsche unserer blutigen Geschichte vorbeirollte.

Heute sind wir froh, Zeuge gewesen zu sein
Bei der Prozession des Todes,
Denn wir atmen noch.
Aber in unserer Einsamkeit
Wärmt uns die Erinnerung
Mit der Glut vergangener Kämpfe.
Wir sollten in uns gehen,
Unseren Pulsschlag fühlen,
Den Wert jeder Entscheidung prüfen,
Dann werden wir entdecken,
Daß nicht jeder Strand eines Lebens Luxus ist,
Wohl aber die zu ängstliche Hoffnung
Bei der Verfolgung des fliehenden Lichts.

Wir sind froh, aber sie sind groß,
Sie, die die Felder der Arbeit durchwaten,
Sie, die die Tränen und das Blut verlieren in den Fabriken,
Sie, die die ausgedehnten Straßen durchkämmen,
Sie, die die Hoffung säen in Kopf und Herz
Der Unterdrückten.
Sie sind glücklich, denn sie haben etwas bewegt,
Nicht wir, die wir nur zusahen. Ihre Früchte sind es,
Die aufgehen werden im Spiel der Kinder
In der Zeit der Blüte.

Jess Santiago

Literatur«. »Aber«, schränkt die Studie ein, »wenn mehrere Massenmedien zur Auswahl da sind, dann greifen unsere Filipinos in der Mehrzahl lieber zu den ungedruckten Medien, oder die Stadtfilipinos greifen lieber zu einer Tageszeitung, einem Magazin oder Comic, statt zu einem Buch.«

Laut Abad sind Radio, Fernsehen und Tageszeitungen die populärsten Medien, die Bücher kommen an letzter Stelle, von ihnen werden bevorzugt gelesen: Sachbücher, allgemeine Nachschlagewerke, etwas weniger dann Bücher mit religiösem Inhalt. Ein kurzer Seitenblick auf die Buchherstel-

PETA – Philippine Educational Theater Association

lung: 1981 publizierten philippinische Hersteller knapp 700 Titel, in Thailand lag die Zahl bei 2500, in Indonesien bei 3500, bei uns in der BRD bei 59168. Unsere Verleger verkauften 18967 Buchtitel und 5058 Zeitschriftentitel nach Asien. Das heißt: auf 1000 Bundesbürger kommt ein Titel mit der Mindestauflage von 1000 Stück. Auf den Philippinen müssen sich 70714 Einwohner mit einem Titel zufrieden geben. Ein Vergleich der tatsächlichen Umsatzzahlen und Auflagen würde das Dilemma der nationalen Buchherstellung noch erschreckender verdeutlichen.

Vielleicht interessiert sich der deutsche Tourist doch für Bücher und trifft sich am nächsten Tag mit einem Studenten. Der würde ihn durch Läden führen, die unser Tourist auch aus der Fußgängerzone seines Heimatortes kennt, und wären die Titel in den Regalen nicht auf englisch, so wäre das Angebot fast identisch: amerikanische Bestseller oder *Die Blechtrommel* von Günter Grass. »Klassiker«, würde der Student erklären, »oder anspruchsvolle Literatur führen diese Läden kaum.« Und unser Tourist konnte nicken und an die Montanus-Kette oder die Bahnhofsbuchhandlungen denken.

Und dann würden sie vielleicht in einer dunklen Ecke an einem schmalen Regal ein blasses Pappschild entdecken: *Filipiniana*. Und beim Mittagessen wird der Student weitererzählen: »Filipiniana, das bedeutet zu 90 Prozent englischsprachige Literatur. Nur ein Prozent aller bei uns verkauften Bücher ist in unserer eigenen Sprache geschrieben.«

Und unser literaturinteressierter Tourist erinnert sich vielleicht daran, daß im 18. Jahrhundert der deutsche Adel schlechtes Französisch für das feinste Benimm und Latein neben Altgriechisch für die einzig vernünftige Sprache der Dichtkunst hielt. Und daran, daß in der Mitte des Jahrhunderts die »Stürmer und Dränger« die lateinischen Lobgedichte auf Gott und Fürst beiseitewarfen und wie Luther zu schreiben begannen.

»Wäre das vergleichbar mit der heutigen Situation auf den Philippinen?«

»Teils, teils«, könnte der Student antworten. »Wir können für unsere Poesie eine riesige Weltliteratur nutzen, und unsere Menschen sind politisch weiter, als Ihre Landsleute es im 18. Jahrhundert waren.«

Und dann spazieren die beiden auf dem Roxas Boulevard, wo 1980 die erste nationale Buchmesse stattfand. Sie hätten viel Gesprächsstoff – z.B. über die Situation der Autoren, die offiziell zwar zehn Prozent *royalty* von der verkauften Auflage bekommen sollen, aber häufig nie mehr als eine kleine Anzahlung erhalten. *Royalty* – das heißt Honorar und Königreich. Literatur und Kunst richteten sich fast immer nur an die städtische Öffentlichkeit, Studenten, Lehrer, Wissenschaftler, Manager oder den Landadel. Das wenige, das seinen Weg in die Provinzen, aufs Land und in die Berge fand, bestand aus kommerziellem Schund, in erster Linie den Comics in den regionalen Sprachen und Dialekten. Während des Bürgerkrieges von 1969 und vor allem seit der Verhängung des Kriegsrechtes 1972 hat sich das Zentrum, zumindest der »revolutionären Literatur und Kunst«, qualitativ und quantitativ von Manila weg auf das Land verlagert, dorthin, wo »die Hauptkraft der Revolution« jeweils im Kampf steht. Seitdem findet die junge Literatur dort einen frischen, unverbrauchten Nährboden. Schriftsteller und Künstler aus den Zentren gingen aufs Land, halfen, stellten sich für Workshops mit den Kämpfern, Bauern und Tagelöhnern zur Verfügung. Das Ergebnis ist ablesbar in dem 1984 erschienenen Buch: *Magsasaka: Ang Bayaning di Kilala* (Der Bauer: Der unbekannte Held).

Es enthält Texte vom ganzen Archipel, es ist kein Buch über Bauern von bürgerlichen Schreibern für ein städtisches Publikum. Die Geschichten, Gedichte, Lieder und Bilder entstanden aus und in dem Leben der bäuerlichen Bevölkerung,

besonders jener Regionen, in denen der härteste Widerstand organisiert ist: Cagayan-Valley, die Kalinga-Apayao-Region im Norden, das Quezon-Bicol Grenzgebiet, Samar auf den Visayas und der Insel Mindanao im Süden. »Diese Geschichten«, heißt es in einer Kritik, »sind daher auch nicht das Ergebnis der Vorstellungskraft eines kleinbürgerlichen Schriftstellers, der nur zusehen und nicht helfen kann, und sein kleinbürgerliches Bewußtsein in den bäuerlichen Charakter hineininterpretiert und eine Sprache benutzt, die die von ihm Porträtierten nicht nachvollziehen können.«

Die Anthologie soll den Vergleich und die Kommunikation zwischen den Regionen ermöglichen. Aber auch in den Städten bewegt sich sehr viel. Vierteljährlich bringen zum Beispiel Intellektuelle der Universitäten und »bereits bekannte Autoren« die Literaturzeitschift *Caracao* heraus und verlegten eine Gedichtanthologie des Protestes gegen das Marcos-Regime, *Sub Versu*. Gespeist werden diese Texte von dem Glauben an die Befreiung, im Gegensatz zu Verzweiflung und Not.

Die lebhafteste Stimme ist nach Meinung der Kritikerin Doreen Fernandez das Theater in der neuen Kulturszene. Hier werden verschiedenste Formen zusammengebracht. So verband das Stück *Pagsambang Bayan* (Gottesdienst des Volkes) Liturgie, Theater und Befreiungstheologie. *Nukleyar* beschäftigte sich in Opern-Art mit der Geschichte der Atomkraft und richtete sich vor allem gegen den »tödlichen, weißen Elefanten«, den Bau des Atomkraftwerks auf Bataan. In der Menschenrechtswoche im Dezember 1984 war ein Volksoratorium *Oratoryo ng Bayan* kultureller Höhepunkt. Auf Massenveranstaltungen und Demonstrationen »würzen« Straßentheater das Geschehen, alles als Bühne nutzend, was einen Blick auf den Akteur erlaubt. Erfolgreichstes Beispiel wurde PETA *(Philippine Educational Theater Association)*, nach dessen Vorbild sich vor allem auf Mindanao eine Reihe von Laienspielgruppen bildeten, mit dem Ziel der sozialen Aufklärung und Bewußtseinsbildung.

Gerade auf dem Land haben die kulturelle Entwurzelung und Entfremdung in Verbindung mit der Armut Landflucht, Prostitution und Kriminalität begünstigt. Die Schulen, denen hier eine zentrale Rolle zukäme, sowohl die philippinische Identität zu fördern, als auch bei den Kindern bereits kritisches Bewußtsein gegenüber der seichten Konsum-Kultur, Kreativität und Sinn für Ästhetik zu wekken, versagen in dieser Hinsicht völlig, weil die Lehrer selbst Opfer der vom Staat einseitig geförderten Kulturimporte sind. Ihre Aufgabe versuchen »Cultural Organizers« zu erfüllen, indem sie Kulturvereinigungen gründen, Erfahrungsseminare und Festspiele zum Thema »Volkstheater« organisieren.

Die Comic-Schwemme: 50 Comic-Magazine werden jede Woche auf den Philippinen veröffentlicht, mit einer Auflagenhöhe von über zwei Millionen Exemplaren, die alle ihre Käufer finden. Comics wandern von Hand zu Hand und werden an Straßenbuden sogar gegen eine Gebühr verliehen. Die Zahl der Comic-Leser wird auf ein Drittel der Gesamtbevölkerung geschätzt. Comics werden bewußt von den Verlegern auch in den Sprachen der Provinzen herausgegeben. Einzelne Autoren versuchen seit kurzem, selber »gute« Comics zu machen oder Semi-Bücher, eine Zwischenform von reinen Textbüchern und Comics, wie sie schon länger in Lateinamerika aus ähnlichen Gründen publiziert werden.

Andere Autoren arbeiten mit Kindergruppen, um sie möglichst früh an Bücher heranzuführen, und Verlage veranstalten Lesungen speziell für Kinder. Auch im Film stellen Autoren inzwischen die Situation ihres Landes dar. Zum Beispiel in

»Sister Stella L.«, der Geschichte einer Nonne, die ihr Kloster verläßt, um sich mit den streikenden Arbeitern einer Fabrik zu solidarisieren. Dargestellt wurde zudem der massive Widerstand nach der Ermordung des populären Oppositionspolitikers Benigno Aquino. »Bayan Ko« (Mein geliebtes Heimatland) gewann den britischen Filmpreis 1984, durfte aber wegen des »aufwieglerischen Textes eines Liedes« nicht in den philippinischen Kinos gezeigt werden. Für den neuen Film sind Schriftsteller wie Pete Lacaba die große Hoffnung. Der Maler und Dichter Alan Jazminez beschreibt das Bewußtsein von Literatur und Kunst auf den Philippinen: »Unsere heutige Gesellschaft ist voll Drama, viel davon spielt sich in den Straßen ab. Und nur die Gefühllosen, einschließlich der Verteidiger und Anhänger der alten Ordnung, lassen sich von der dramatischen Wende der Geschichte, die sich jetzt vor uns entfaltet, nicht inspirieren. Ist es noch ein Wunder, daß mehr und mehr Künstler und Schriftsteller nicht anders können, als betroffen und politisch zu sein und sogar zugeben, daß sie es sind? Ich glaube, darin erfüllen sie nur ihre gesellschaftliche Aufgabe, ebenso wie sie eins sind mit ihrem Volke.«

Mila Aguilar, am 6. August 1984 ohne Haftbefehl festgenommen, trotz Hinterlegung einer Kaution im Militärgefängnis Camp Bagong Diwa in Bicutan festgehalten, lieferte mit ihrer Anthologie *Why cage pigeons* (Warum Tauben einsperren) ein jüngeres Beispiel für diesen wichtigen Bereich: der Gefängnis-Literatur. Sie wird vor allem durch Funktionäre der Bewegung geprägt, und ihre Sprache dürfte dem Europäer am wenigsten »gefallen«: statt lyrischer Bilder, empfindsamer Melodien oder witziger Kabinettstücke produziert sie unförmige Gesteinsbrocken für klobige Festungen.

Er wurde geboren als der Sommer begann

Er wurde geboren als der Sommer begann
In Zentral-Luzon.

Als er krabbeln gelernt hatte,
Kroch er durch jedes der benachbarten Barrios.

Als er gehen gelernt hatte,
Durchquerte er die Städte und Landschaften.

Als er richtig laufen gelernt hatte,
Reiste er zu den fernen Landesteilen.

Und wenn er schwimmen gelernt hat,
Wird er unser ganzes Inselreich umrunden.

Jess Santiago

An einigen Stellen wirken die Texte wie Skizzen für einen späteren, ausgefeilteren Entwurf, als wenn die Autoren sich ihrer selbst, ihrer Sprache, deren innerer Logik und Grammatik erst vergewissern wollten, bevor sie richtig loslegen. Literarische Schlachtschiffe, schwerfällig und dick gepanzert.

Die *Buryong*-Symptome sind es, die Milas Gedichte als Sprossen im Chaos der Gefühle benutzen. *Buryong*-Gefangene verlieren sich in seidigen, mehrschichtigen Sätzen, verlangen nach diesen klobigen Balken auf Papier. Mila kämpft um den Verstand, um die Identität. Diese Gefangenenliteratur ist keine simple Agitationskunst. Sie ist Therapie, eine echte Hilfestellung. *Buryong*, das ist Haft ohne Ende, ohne Urteil, ohne Richter, ohne Anklage, gegen die sich die Gefangenen zur Wehr setzen könnten, ohne Gerichtstermin, auf den sie warten, auf den sie zuarbeiten und für den sie eine Verteidigung aufbauen könnten. *Buryong*, das ist die ironische Formel für diese Art der Haft: *buro* = Lebensmittel im Zustand der Fäulnis, *buong* = Psychosen.

Die Häftlinge und menschenunwürdigen Haftbedingungen im Land sind allen Filipinos bewußt, denn sie können die Zukunft eines jeden sein. Opposition reicht aus, um dort zu landen oder ermordet zu werden. Auch das ist ein Grund, warum die Gefangenenliteratur auf den Philippinen so wichtig ist. Wie übersteht man *Buryong*? Mila: »Die Nächte nahmen wir zum Sehen/ was immer auch zum Sehen war/ den vollen oder viertel Mond/ doch wer weiß, was das bedeuten kann/ gerade jetzt/ wen kümmert es?«

Jess Santiago

Er steht hier am Schluß, weil er am Anfang stand. Ohne ihn gäbe es diesen Artikel nicht. Im Dezember 1984 hatte er mir die Gedichte am Ende seiner Europatournee mit der Musikgruppe *Dingas* (Flamme) gegeben. Lange hatten sie dann bei mir rumgelegen, auf englisch, sehr weit von meinen Lesegewohnheiten entfernt.

Wer tagsüber an einer Demonstration mit anschließendem Rock-Konzert teilnehmen und danach ohne Angst durch menschenleere Straßen nach Hause und in sein Bett gehen kann, muß es dem nicht schwer fallen, sich in eine Sprache hineinzulesen, die fast erstickt unter der Alltäglichkeit von Folter oder Hunger, deren Bilder so einfach und genau sind wie die Wünsche und die Sehnsucht der Verfolgten, Unterdrückten und Hungernden? Die »Flamme der Freiheit« wärmt in unseren Breitengraden nicht sehr, und ihr Pathos trifft uns dort, wo noch immer unverdaut die Sprüche eines »Tausendjährigen Reiches« querliegen.

Ich las andere Autoren zum Vergleich, begab mich auf die Suche nach Informationen. Wie waren die vor mir liegenden Texte einzuschätzen, zu vermitteln, diese Sprache, ihre Bilder, das Leid, die hochgereckten Fäuste?

Da ist sein preisgekröntes Gedicht »Halina«, drei Strophen mit Refrain. Was machte es populär? Jede Strophe ein Opfer: Lina, die Arbeiterin, Pedro, der Bauer, die Familie von Aling Maria im

Jess Santiago

Slum. Drei Grabsteine der Trauer: deswegen? »Halina« heißt schlicht »Komm« und klingt doch wie ein schöner Name: deswegen? Oder ist es das Volk, sind es die großen Gruppen, die sich in den Strophen wiedererkennen? Ist das neue Kleid für Lina im Refrain das neue Kleid der Inseln? Ist die Hütte für Marias Familie das neue Haus für den Staat? Und ist das Land Pedros das Land der Philippinen, über das die Filipinos endlich selber bestimmen wollen? Welches Programm, welcher Roman verbirgt sich in diesem Gedicht?

Andere Autoren, andere Bilder, Schreie, Not und Namen. Aber wenig ist komponiert, wenig ist in neuen Bildern verarbeitet, der Weg des Entsetzens nahm den Sprung auf das Papier, ohne sich umzuziehen und zu sammeln. Gedichte wie Prosa. Erleichterte Rückkehr zu Jess: Seine Texte hielten dem Vergleich mehr als stand.

Jess Santiago, seine Lieder: etwas Westen, etwas Lateinamerika, etwas nordamerikanische Folklore, etwas Philippinisches, vor allem aber etwas Eigenes. Über ihn schreiben fällt mir schwer. Er ist zu nah, zuviel Fleisch und Blut in meiner Erinnerung.

Der Griff zu den wenigen, bekannten »Fakten«: verheiratet, drei Kinder, Frau berufstätig, ebenfalls Autorin, diverse Veröffentlichungen, zweimal mit dem *Makata ng Taon* (Dichter des Jahres)-Preis ausgezeichnet, als Student auf die Straße gegangen, dort zum »Poeten der Straße« geworden, nicht verkrochen, weiter gesucht, Dichterväter, lernbegierig, neugierig auf jedes Stück Literatur, ein Stadtmensch, griff zur Gitarre, damit die Bauern seine Gedichte hören können, wurde ohne Schallplatten, Fernseh- und Radiosendungen populär. Brillenträger, mit dem Gesicht des jungenhaften Intellektuellen. Irgendwie Ähnlichkeit mit dem englischen Sänger Cliff Richard, könnte aber auch Chilene sein oder Peruaner, übersetzte mit Erfolg Lieder von Victor Jara, einem singenden Bruder der Poesie.

Jess Santiago auf der Bühne: Sie macht ihn jünger, verschluckt seine schlanke Gestalt ein wenig, bis er sich, ruhig und konzentriert auf dem Stuhl sitzend, mit seiner Stimme befreit und starke Fäden zu seinen Zuhörern knüpft. Keine große, kräftig sich auf- und davonschwingende Stimme. Sehr leise und verhalten kommt sie aus ihm heraus. Bisweilen hat es den Anschein, als wäre sie irgendwo zwischen seinen Rippen eingeklemmt und vermöchte sich nur mühsam zu befreien, und sekundenlang scheinen Worte und Töne ihn ganz zu ersticken, bleiben halbe Sätze im Halse stekken.

Halina / Komm

Kennst du das Lied von Lina
sie arbeitet nachts in der Fabrik
obwohl es streng verboten ist
streikt Lina einfach mit
plötzlich ist sie verschwunden
es ging um Lohn und Brot
als man sie vor der Stadt gefunden
war Lina nackt und tot.
Das ist es, was wir dir heut' erzählen woll'n:

Halina – Halina
Komm, schließ mit uns die Reih'n
schließ Lina mit ins Herz
und wir kleiden sie neu ein.

Pedro ist ein Bauer
das Reisfeld ist sein Freund
eines Tages kommen Leute,
die seine Ernte haben woll'n
Pedro sagt: »Das kann ich nicht,
Ihr habt dazu kein Recht!«
Sie schießen Pedro in den Kopf
und nehmen alles weg.
Das ist es, was wir dir heut' erzählen woll'n:

Halina – Halina
Komm, schließ mit uns die Reih'n
schließ Pedro mit ins Herz
wir säen sein Feld neu ein.

Die Familie von Aling Maria
wohnt an der Halde dort aus Müll
die Hütten sollen verschwinden
für ein Hotel im neuen Stil.
Ein Bagger kommt und Männer
das Holz und Wellblech kracht
da sind Tausende Familien
ohne Wohnung über Nacht.
Das ist es, was wir dir heut' erzählen woll'n:

Halina – Halina
Komm, schließ mit uns die Reih'n
schließ Maria mit ins Herz
wir werden ihr eine neue Hütte bau'n.

Halina – Halina

Jess Santiago

Übersetzung: Frank Baier

Jess Santiago auf der Bühne, das ist Millimeterarbeit mit unzähligen Zwischentönen. Trotzdem bleibt die Stimme stets im Ton, tut ihre musikalische und erzählerische Pflicht. Keine Effekthascherei, keine gegaukelte Sentimentalität. Sie ist identisch mit den Texten und Akkorden, muß so sein wie sie ist, muß kämpfen, schmeicheln, zürnen, witzeln. Jess Santiago auf der Bühne, das überzeugt. Aber »Jess braucht vier Wände«, sagen die Filipinos. Im großen Open-Air-Konzert geht er unter, wirkt verloren und deplaziert. Der Poet ist kein Rockstar, kein Udo Lindenberg, aber auch kein Hannes Wader. Letzteren hört er gerne, lernte nach dessen Platten deutsche Arbeiterlieder. Auch diese wirken bei ihm erzählter, nicht hart und schmetterhaft.

Im geschlossenen Raum fängt Jess an zu erzählen. Und es gibt viel zu erzählen, Trauriges, Tote sind zu beklagen, ihre Namen sind dem Vergessen zu entreißen. Dann die Siege, die kleinen und mittelgroßen, das Schöne im Leben, die Liebe, die Hoffnung, Geburten von Kindern, die Begegnung mit Freunden. Die Musik verleiht seinen Gedichten Flügel, so kamen sie auch zu den Landarbeitern, den Reisterrassen, den Fischern, in die Fabriken, zu den Streikenden vor den Toren, in die zugigen Hütten Tondos. Und darum kann es unserem Touristen überall auf den Inseln geschehen, daß plötzlich die Zeit ihren Fluß anhält, die wilden Kampfhähne betreten zu ihren Besitzern torkeln, die jungen Frauen ihre Hände aus dem seifigen Wasser der Plastikschüsseln nehmen, weil irgendwo eine Gitarre und eine Stimme »Halina« singen. Nicht Jess Santiago, nein, irgendein Filipino, und alle hören zu, fast wie in der Kirche, denn dieses Lied gehört ihnen allen, gehört ihrem »Ophir«, ist ein kleiner Vogel, der ein Stück des ersehnten Morgens im Schnabel trägt.

Stefan Rohde-Enslin

»Sage den Palmen, ich gedenke ihrer in treuer Liebe«

Deutsche Philippinenforscher im 19. Jahrhundert

Am 13. April 1887 schrieb der Arzt, Dichter, Sozialreformer und Liebhaber der Blumen Heidelbergs José Rizal aus Berlin einen Brief an seinen langjährigen Freund Ferdinand Blumentritt, in dem es heißt: »›Finden Sie nicht‹, sagte ich meinem Landsmann, ›dass es ein wenig traurig ist, diese uns betreffenden Kenntnisse vom Auslande zu erhalten? Ja, Dank den deutschen Gelehrten bekommen wir eine genaue Nachricht über unser Volk, und wenn alles zu Hause zerstört sein wird, müssen wir nach Deutschland herschiffen, um die Museen zu besehen, um die deutschen Bücher zu durchblättern: das ist traurig, aber es muss so sein!‹«

Ob die Arbeiten der deutschen Philippinenforscher, wie es Rizals Brief nahelegt, tatsächlich international führend waren, sei dahingestellt. Beachtlich und unbestritten war dennoch ihr Beitrag, dem deutschsprachigen Publikum ein Land näher zu bringen, dem einige von ihnen – anfänglich mitunter skurriler Weltsichten zum Trotz – innige Sympathie schenkten und deren Bevölkerung sie als Geißelopfer der spanischen »Mönchsherrschaft« mit aufrichtigem Mitleid bedachten.

Apropos »deutsch« und »Philippinen«. Diese Begriffe bedürfen hier der Klärung. In den ersten Jahren des Wirkens der Akteure gab es kein Deutsches Reich. Berücksichtigt sind daher Forscher aus allen deutschsprachigen Gebieten. Philippinen heißt im fraglichen Zeitraum – »von Manila aus verwaltetes spanisches Territorium«. Die Marianen und Karolinen-Inseln wurden zu den Philippinen gerechnet, der Sulu-Archipel indes nur bedingt. In diesem südlichsten Gebiet, auf das Spanien koloniale Ansprüche erhob, setzte sich erst in der zweiten Hälfte des letzten Jahrhunderts die spanische Herrschaft langsam durch, wie denn auch die Eingliederung der Bergregionen Nordluzons, die Kolonialisierung Mindanaos (mit Ausnahme der Region um Zamboanga) sowie die Erschließung weiterer Inseln wie z. B. Mindoro in jenen Tagen stattfanden...

Staatlich geförderte Expeditionen Österreichs und Preußens

Die Philippinenforschung in Deutschland fand Förderung in politischen und militärischen Kreisen Berlins und Wiens. Im Rahmen der Auswertung der preußischen Expedition nach Ostasien in den Jahren 1860–1862 und der Reise der österreichischen Fregatte »Novara« (1857–1859) wurden die Philippinen wissenschaftlich bearbeitet.

Den beschreibenden Teil der *Reise der österreichischen Fregatte Novara um die Erde, in den Jahren 1857, 1858, 1859* verfaßte der spätere Konsul Österreich-Ungarns in Leipzig, Dr. Carl von Scherzer. Das dreibändige Werk gehört zu den häufig zitierten Quellen, es erschien auch in englischer Übersetzung.

Bereits 1860 veröffentlichte von Scherzer eine Arbeit, in welcher er einen Abriß über Ethnographie, Geschichte und Politik in den Philippinen gibt. Insbesondere befaßt er sich darin mit den katholischen Orden und ihrer Rolle in Politik und Wissenschaft. Den Einfluß der Orden auf weltliche Entscheidungen beschreibt er als außerordentlich groß. »›Man duldet uns hier‹, sagte ein Mönch zu mir in Manila, ›weil man weiß, daß ohne uns die spanische Regierung hier nicht geduldet werden würde.‹ (...) Welche großen Schwierigkeiten aus einem solchen Verhältniß für die Regierung, für die Entwicklung des Landes und seiner Bewohner hervorgehen, muß jedem einleuchten, der die Schwäche des weltlichen Regime's auf Luzon und die Intriguenstärke des spanischen Charakters kennt.«

Zwar könne niemand die Verdienste der Mönche bei der Christianisierung leugnen, doch ruhe im allgemeinen »auf dem spanischen Mönchsthum nicht mehr die geistige Weihe früherer Jahrhunderte.« Die meisten Forschungen der Mönche fänden sich im Bereich der Sprachforschung, doch auch hier seien die Resultate bereits vor 1800 erschienen und würden ohne wesentliche Veränderungen nachgedruckt.

Von Scherzer hat ebenfalls die Ergebnisse einer weiteren österreichisch-ungarischen Expedition veröffentlicht. Die *Fachmännischen Berichte* dieser 1868–1871 durchgeführten Expedition gleichen einer Studie über die wirtschaftlichen Potentiale Südost- und Ostasiens. Der Bericht über Manila setzt sich in erster Linie aus Tabellen zusammen, die die Ein- und Ausfuhr der Philippinen nach Produkten gegliedert verzeichnen, wie auch die Herkunftsländer der eingelaufenen Handelsschiffe registriert werden. Außerdem enthält der Bericht eine Liste der in Manila ansässigen bedeutenden nichtspanischen Handelshäuser sowie eine Reihe von Preisbeispielen für philippinische Produkte.

Während von Scherzer den beschreibenden Teil publizierte, oblag die Veröffentlichung der geologischen Resultate der Novara-Expedition Ferdinand von Hochstetter, der dieselben 1866 publizierte. Hochstetter, wie von Scherzer ein Teilnehmer der genannten Expedition, hatte 1859 aus Batavia einen Brief an Alexander von Humboldt geschrieben, der in den Sitzungsberichten der Akademie der Wissenschaften in Wien veröffentlicht wurde. Humboldt hatte im Auftrage »Sr. kais. Hoheit des durchlauchtigsten Erzherzogs Ferdinand Maximilian« für die Expedition ein Memoir verfaßt, in dem verschiedene Fragen über die Geologie Süd- und Südostasiens gestellt wurden. Hochstetter versucht einige dieser Fragen zu beantworten. In Hinsicht auf die Philippinen beschränkt sich die Darstellung auf eine Auflistung der Vulkane der Insel Luzon, die durch eine entsprechende Karte ergänzt wurde.

Die anthropologisch-ethnologischen Resultate der Reise der Novara zu veröffentlichen, wurde, soweit diese über Analysen von Schädelmaßen hinausgingen, dem Sprachgelehrten Professor Friedrich Müller, der nicht Mitglied der Expedition gewesen war, übertragen. Zunächst veröffentlichte Müller 1865 eine Arbeit *Über den Ursprung der Schrift der malayischen Völker*, in welcher er die verschiedenen Schriften buchstabenweise miteinander verglich und sie einschließlich der tagalischen auf altindische und Pali-Formen zurückführte. 1868 erschienen schließlich die ethnologischen Resultate besagter Expedition. Im Einklang mit dem damaligen Kenntnisstand sagte er hier, daß die Bewohner der Philippinen »von einigen Bi-

Der Vulkan Mayon

sayas, von anderen Tagalas genannt« werden. Friedrich Müller betrachtete die Polynesier als Malaien und beschäftigte sich an dieser Stelle mehr mit allgemeinen Beschreibungen der »malayischen Rasse«. 1873 veröffentlichte er eine *Allgemeine Ethnographie*, die auch ein Kapitel »Tagala« enthält. Müller schildert darin die Kleidung, Wohnung und Religion der »Tagala«, ihre Vergnügungen, ihre traditionelle soziale Organisation und ihre geistigen Anlagen, zu denen er anmerkt, es seien »die Tagala als ein ziemlich aufgewecktes, aber energieloses Volk zu betrachten. Zu allen Verrichtungen, welche auf Nachahmung und einem gewissen Geschick beruhen, zeigen sie sich vollkommen befähigt, während sie für Geschäfte, wo es auf selbständiges Denken ankommt, zu sehr beschränkt sind.«

Tagalin

Carl Semper

Den Großteil der deutschen Philippinenforschung in den ersten Jahren der behandelten Epoche leisteten jedoch private Reisende wie Carl Semper.

Carl Semper, ein Neffe Gottfried Sempers, des Architekten der berühmten Semper-Oper in Dresden, wurde 1832 in Altona als Sohn eines wohlhabenden Fabrikanten geboren. 1848 ging er zur Seekadettenschule in Kiel. 1850 nahm er am Krieg gegen Dänemark teil. Später besuchte er die Polytechnische Schule in Hannover. Dann entschloß er sich, nach Würzburg zu gehen, wo er vor allem Zoologie und Medizin studierte. Rudolf Virchow gehörte zu seinen Lehrern. Es folgte eine ausgedehnte Forschungsreise, in deren Verlauf er von 1859 bis 1861 in den Philippinen weilte, wo er als erster Europäer den Mount Data in Nordluzon bestieg. »Zu Neujahr 1862 trat der dann von Manila, wo er sich inzwischen verlobt hatte, mit einem kleinen englischen Schooner eine Reise nach den Palau-Inseln (einer Gruppe der Karolinen) an. Das Fahrzeug erlitt Havarie, daher zog sich der Aufenthalt des Forschers auf jenen Koralleninseln viel länger hin, als er angenommen hatte. Besonders interessant gestaltete sich hier auf den Palau-Inseln das Verhältnis des Reisenden zu den Eingeborenen. Er imponirte ihnen so, daß sie ihn zu einem ihrer ›Rupacks‹, d.h. Edlen oder Häupter machten. Eine ältere Häuptlingsfrau warf sich so zu seiner Adoptivmutter auf und wollte ihn sogar verheiraten. In Manila war man inzwischen über Semper's Schicksal besorgt geworden und hatte bei seiner Rückkehr schon ein Schiff gemiethet, um ihn aufsuchen zu lassen, und seine Braut hatte den Entschluß gefaßt, sich dieser Expedition anzuschließen.«

1863 heiratete er und unternahm mit seiner Braut eine wissenschaftliche Reise nach Bohol in der Visayasgruppe. 1864 bereiste er Mindanao, und 1865 kehrte er über China und Ceylon nach Würzburg zurück, wo er sich 1866 habilitierte und 1869 ordentlicher Professor für Zoologie und vergleichende Anatomie wurde. In den ersten Jahren nach der Gründung der Deutschen Gesellschaft für Anthropologie, Ethnologie und Urgeschichte, zu Beginn der 1870er Jahre, war er deren Generalsekretär. 1877 bereiste er im Rahmen einer Vorlesungsreise auch die USA. 1893 verstarb er.

In den Jahren 1867 bis 1902 erschien in Wiesbaden sein Hauptwerk über die Philippinen mit dem Titel: *Reisen im Archipel der Philippinen*. Es handelt sich um eine Reihe von Werken, die vornehmlich der Zoologie der Inseln gewidmet sind und,

von verschiedenen Autoren verfaßt, im Namen Carl Sempers herausgegeben wurden. Nur der erste Band dieser Reihe stammte aus Carl Sempers Feder. Sempers zoologische Resultate fanden Interesse in der Akademie der Wissenschaften in Berlin und in Sankt Petersburg. Zu seinen weiteren Arbeiten über die Philippinen zählen vor allem zwei Artikel, welche er von dort sandte und die in der *Zeitschrift für allgemeine Erdkunde* veröffentlicht wurden. Einer dieser Artikel bildete die einzige ethnographische Beschreibung der Kalingas am Oberlauf des Rio Katalangan in Nordluzon, bis William Henry Scott 1978 eine Forschungsreise zu dieser Ethnie unternahm, und, indem er seine Ergebnisse mit denen Sempers verglich, dessen Namen in Erinnerung rief. Auch in der *Zeitschrift für wissenschaftliche Zoologie* erschienen *Reiseberichte*, die er von verschiedenen Stationen seiner Reise verfaßte und in welchen er neben Darstellungen zoologischer Ergebnisse seine eigene Situation schildert. So schrieb er 1859 aus Zamboanga: »Ich kann aber durchaus nichts anderes thun, als arbeiten, von Morgens früh, bis Abends spät; denn an eine vernünftige Untherhaltung ist hier nicht zu denken. Die grösste Masse der Spanier ist rohes, ungebildetes Volk; und alle haben sie ganz andere Interessen, wie ich. Um Land und Leute bekümmern sie sich auch wenig, so dass man nur sehr wenig nützliche Notizen von ihnen erhalten kann. So beschränke ich mich ganz auf meine Bestien.« Neben einem Werk über die Palau-Inseln veröffentlichte er ein Buch unter dem Titel *Die Philippinen und ihre Bewohner*, das 1869 in Würzburg erschien. Semper widmete es seinem Schwager Moritz Herrmann in Manila, und er stellte dem Buch einen kurzen Brief an diesen voran, der mit dem Satz endet: »Sage den Palmen, ehe auch Du ihr Land verlässt, dass ich ihrer in treuer Liebe gedenke.«

Fedor Jagor

Etwa zur gleichen Zeit wie Carl Semper und kurz nach der Novara-Expedition weilte ein anderer deutscher wissenschaftlicher Reisender auf den Philippinen. Andreas Fedor Jagor (1818–1900) bereiste 1859 und 1860 eineinhalb Jahre lang verschiedene Teile der spanischen Kolonie. Fedor Jagor nahm dort die Gastfreundschaft verschiedener Briten und Spanier, aber auch von Mestizen und »Indiern« in Anspruch.

In einem Nekrolog auf Fedor Jagor heißt es: »Dr. Friedrich Jagor, der bekannte Weltreisende und Ethnologe, und eine der originellsten Gestalten aus dem wissenschaftlichen Leben Berlins, ist am 11. Februar an der Influenza gestorben, im Alter von 83 Jahren. Jagor war der Sohn eines im Anfange des vorigen Jahrhunderts aus Rußland nach Berlin gekommenen Kochs, der später in Berlin das vornehme Hotel de Russie errichtete. Der Sohn sollte des Vaters Nachfolger werden, doch bei einem Besuche in Paris gewann dieser für die damals eben aufblühende Ethnographie und die damit verbundenen ethnologischen Sammlungen, für die er besonders praktisch veranlagt war, solches Interesse, daß er sich auf ausgedehnte Reisen begab und statt Hotelbesitzer Forschungsreisender wurde. Namentlich Indien, Ostasien und die Inseln des Großen Oceans wurden das Forschungs- und Sammelgebiet Jagors. Einen großen Teil seiner wertvollen Sammlungen überwies er dem Museum für Völkerkunde in Berlin, dessen Sachverständigenkommission er in letzter Zeit angehörte. Zwei vortreffliche Reisewerke veröffentlichte Jagor: 1866 über *Singapore, Malakka, Java. Reiseskizzen* (Berlin), und 1873 *Reisen in den Philippinen* (mit zahlreichen Abbildungen und einer Karte, Berlin). Beide Werke zeichnen sich aus durch die Schönheit der landschaftlichen Schilderungen und durch umfassende Kenntnis der kunstgewerblichen Arbeiten der Völkerschaften des fernen Ostens. Für sein Philippinenwerk erhielt Ja-

Der Vulkan Bulusan

gor von der Berliner Universität die Doktorwürde. Jagor war nie verheiratet und führte in seinem als Museum eingerichteten Hause ein stilles, bescheidenes Gelehrtenleben. Ende der achtziger Jahre reiste er in hohem Alter noch einmal nach Java und dem Indischen Archipel, um seine früheren Forschungen in jenen Gebieten zu ergänzen.«

»Wenige Länder der Welt«, schrieb Jagor in seinem Werk *Reisen in den Philippinen*, »sind so unbekannt und werden so selten besucht wie die Philippinen und doch ist keines angenehmer zu bereisen, als jenes verschwenderisch ausgestattete Inselreich; kaum irgenwo findet der Naturforscher eine grössere Fülle ungehobener Schätze. Unbemittelte würden aus dem Verkauf von Sammlungen ihre Reisekosten reichlich decken.«

Und: »Von allen Ländern der Welt mögen die Philippinen wohl den Anforderungen an ein Schlaraffenland am meisten entsprechen. Wer das *Dolce far niente* nur von Neapel her kennt, hat noch keinen Begriff davon; es gedeiht nur unter Palmen.«

Die Reise Jagors führte ihn nach Manila und Umgebung, dann in den Süden Luzons, nach Bicol, und schließlich auf die Inseln Samar und Leyte. Die Bereiche, denen er sich in seiner Schrift widmet, sind vielfältig. Es finden sich Aussagen zur Geographie, Geologie, Geschichte, Ethnologie und Biologie. Auch die wirtschaftlichen Aspekte und die Kommunikationswege, die Arten der Erzgewinnung, die Techniken der Verarbeitung pflanzlicher Rohstoffe werden beschrieben. Zudem finden sich viele Preis- und Entfernungsangaben, die das Buch auch heute noch als Grundlage wissenschaftlichen Arbeitens nutzbar machen. Die Gewissenhaftigkeit, mit der sich Jagor seinen Themen widmete, zeigt sich z.B. bei seinen Auswertungen der Zeitungen in Manila, um festzustellen, wieviel Gewicht einzelnen Themen beigemessen wird. Jagors Bild von den »Indiern« ist hergeleitet aus der kolonialen Situation, er führt ihre Eigenschaften und Vorlieben nicht auf genetische, sondern kolonialpolitische und kolonialgeschichtliche Faktoren zurück. Im Vergleich mit britischen und niederländischen Kolonien in Südostasien schreibt er: »Die Völker aber, durch Spanien dem Katholizismus unterworfen, haben alles Ursprüngliche, Volksthümliche verloren; die fremde Religion ist bei ihnen nicht in's Innere gedrungen, es fehlt ihnen an moralischem Halt, und wohl kein zufälliges Zusammentreffen ist es, dass sich alle diese Völker mehr oder weniger kennzeichnen durch einen gewissen Mangel an Würde, große Leichtlebigkeit und selbst Liederlichkeit. Abgesehen von diesem Mangel an nationalen Eigenthümlichkeiten und überlieferten Gebräuchen, deren Vorhandensein vielen Ländern Ostasiens einen

Naturforscher bei Regenwetter

Hauptreiz verleiht, ist der Eingeborene höchst anziehend als Typus des Menschen unter bequemsten äusseren Verhältnissen.«

In diesen Worten klingt Sympathie und Verständnis für die »Indier« mit. Auch wenn er schreibt, wie er, was des öfteren geschah, bestohlen oder hintergangen wurde, verliert Jagor diese Sympathie in der Beschreibung nicht. Anders hingegen betrachtet er die Mestizen, über die er anmerkt: »Die Mestizen, besonders die von Chinesen und Tagalinen, bilden den reichsten, unternehmendsten Theil der einheimischen Bevölkerung; sie kennen alle guten und schlechten Eigenschaften des Eingeborenen und beuten sie rücksichtslos für ihre Zwecke aus.«

Um die in den Philippinen lebenden Spanier zu beschreiben, zitiert er den Jesuitenpater Pedro Murillo Velarde, dessen bereits 1749 gemachte Aussage er als treffend bezeichnet: »Die Spanier, die hierher kommen, betrachten diese Inseln nicht wie eine Heimath, sondern wie ein Wirtshaus.« Jagor fügt hinzu: »Sie kommen an ohne Kenntnisse des Landes, ganz unvorbereitet. Manche sind so faul, dass sie nie die Sprache lernen, selbst wenn sie sich im Lande verheirathen. ... Dass die

Insgesamt läßt sich Jagors Bild der Spanier in den Philippinen als »adelshochmüthig« kennzeichnen. Doch Fedor Jagor beschrieb nicht nur, analysierend sah er in diesen Zuständen eine Ursache für das Fehlen wirtschaftlicher Entwicklung und für Unruhen und Aufstände.

Die seinerzeit langsam einsetzende ökonomische Erschließung der Philippinen schreibt er den Mestizen, den Chinesen und Ausländern, insbesondere den Engländern, zu.

Vor allem in den durch die Spanier zurückgesetzten Mestizen und Kreolen sieht er das die Kolonialherrschaft bedrohende Element: »Härten und Taktlosigkeiten der Regierung und ihrer Werkzeuge, auch abergläubische Missverständnisse haben unter den Eingeborenen manchen Aufstand hervorgerufen, wohl keinen indessen von ernster Gefahr für die spanische Herrschaft.« (...) »Ein für die ferne Metropole viel bedenklicheres Element als die gleichgültigen, der augenblicklichen Eingebung folgenden, politisch zerrissenen, ziellosen Indier sind die Mestizen und Kreolen, deren Unzufriedenheit mit ihrer Zahl und ihrem Selbstgefühl zunimmt.«

Er geht in seiner Kritik soweit zu sagen, daß die

große Zahl der hiesigen ungebildeten Spanier, die alle die Herren spielen wollen, gleichviel welche Stellung sie zu Hause einnahmen, das Ansehen der Europäer sehr beeinträchtigen muss, ist leicht einzusehen. ... Das Leben in der eigentlichen Stadt soll nicht angenehm sein: Stolz, Neid, Stellenjägerei, Kastenhass sind an der Tagesordnung; die Spanier halten sich für besser als ihre Kreolen, welche wiederum jenen vorwerfen, dass sie nur in die Kolonie kommen, um sich satt zu essen, ebenso herrscht Hass und Neid zwischen Weissen und Mestizen.«

»alten Zustände (...) unter den veränderten Bedingungen der Gegenwart nicht mehr haltbar« sind. Eine neue Zukunft für die Philippinen sieht Jagor in den USA: »Die Amerikaner scheinen berufen, die von den Spaniern gelegten Keime zur vollen Entfaltung zu bringen. Als Conquistadoren der Neuzeit, Vertreter des freien Bürgerthums im Gegensatz zum Ritterthum folgen sie mit der Axt und dem Pfluge des Pioniers, wo jene mit Kreuz und Schwert vorangegangen.«

Aber noch auf derselben Seite sagt er: »Für die Eingeborenen scheint es wünschenswerth, dass die oben ausgesprochenen Ansichten nicht schnell zu Thatsachen werden, denn ihre bisherige Erziehung hat sie nicht genügend vorbereitet um den Wettkampf mit jenen rastlos schaffenden, rücksichtslosesten Völkern zu bestehen: sie haben ihre Jugend verträumt.«

Dieser letzte Satz des Buches klingt wie eine Vorwegnahme der Argumentation seitens der USA, die den Beginn ihrer Kolonialherrschaft (1898) mit der »Unreife der Eingeborenen«, sich selbst zu regieren, begründeten.

Hans Meyer

1883 besuchte ein anderer Reisender die Philippinen: Hans Meyer machte dort auf seiner Weltreise Station und fand für drei Wochen Unterkunft in der Apotheke von Vigan, bei dem einzigen dort ansässigen Deutschen.

Hans Meyer wurde am 22. März 1858 in Hildburghausen, Thüringen, geboren. Er war der älteste Sohn des Gründers des Bibliographischen Instituts. Nachdem er 1877 in Halle sein Abitur absolviert hatte, studierte er in Berlin, Leipzig und Straßburg Germanistik, Geschichte, Staatswissenschaften, Anthropologie und Botanik. 1881 erfolgte die Promotion in Straßburg. Von Herbst 1881 bis Mitte 1883 unternahm er eine Weltreise, in deren Verlauf er auch die Philippinen besuchte. Seine Reisenotizen wurden zuerst unter dem Titel *Blätter aus meinem Reisetagebuch 1881–83* für seine Familie und Freunde gedruckt, 1885 dann in wenig veränderter Form unter dem Titel *Eine Weltreise – Plaudereien aus einer zweijährigen Erdumseglung* der Öffentlichkeit zugänglich gemacht. Das Buch wurde in Leipzig in einem Verlag verlegt, in welchem Hans Meyer bald nach seiner Rückkehr Teilhaber geworden war. Von 1886 an führte er mehrere Expeditionen in Afrika durch, wobei ihm 1887 die Erstbesteigung des Kibo-Gipfels des Kilimandscharo gelang. 1915 zog er sich aus der Verlagsarbeit zurück und wurde Professor für Kolonialgeographie an der Universität in Leipzig. Noch im Alter von 70 Jahren, 1928, unternahm er eine weitere Expedition nach Afrika. Kurz nach der Heimkehr verstarb er.

Auf seiner Reise um die Erde weilte er vier Monate in den Philippinen und benutzte diesen Aufenthalt zu einer dreieinhalb Monate währenden Forschungsreise in die Bergregionen Nordluzons. Seine Forschungsergebnisse wurden als Anhang zur oben genannten Reisebeschreibung veröffentlicht.

Mit den Tingguian vergleicht er die Küstenbewohner und Spanier: »Hier gab es wieder eine Spur von sogenannter Zivilisation, d.h. San Jose hat eine christliche Tingianengemeinde, die unter der geistlichen Leitung eines ilocanischen Maestro schon ganz entnationalisiert und auch örtlich von der heidnischen Tingianengemeinde geschieden ist wie die Schafe von den Böcken. San Jose hat ferner ein Cuartel der Guardia civil mit fünf Mann Besatzung und endlich als Zentrum der Zivilisation einen spanischen Machthaber in Gestalt eines zwanzigjährigen Cabo (Korporal) dieser Besatzung. Wiewohl ich lieber direkt bei den heidnischen Tingianen mir ein Unterkommen gesucht hätte, konnte ich doch nicht umhin, dem Castila meine Aufwartung zu machen, fühlte mich aber von der liederlichen Wirtschaft, die der rohe Bursche in seiner schmierigen Behausung mit einem christianisierten Tingianenweib führte, dermaßen angewidert, daß ich schleunigst unter einem wissenschaftlichen Vorwand mich zu den Tingianen zurückzog und dort in der ersten besten Hütte die Nacht ungestört und in einer reinlichen Umgebung zubrachte.«

Diese Beschreibung, insbesondere der Spanier, ist typisch für Hans Meyers Sichtweise. Hierin unterscheidet er sich von Jagor, der zwar ebenfalls die Zustände kritisiert, ihnen jedoch – wenigstens für die Malaien – Gutes abgewinnen konnte. Zwar sieht dies (wiewohl eingeschränkt) auch Hans Meyer, doch fordert er deutlicher als Jagor Veränderungen: »Was könnte aus diesem Land gemacht werden von einer weniger engherzigen, weniger indolenten und weniger pfäffisch verfinsterten Regierung! (...) die Mehrzahl der Inseln ist bewohnt von kulturfähigen Malaien, die unter den Segnungen einer energischen liberalen Herrschaft aus dem Archipel ein wahres Paradies machen könnten. (...) Die Beamten sind in der Mehrzahl bestechliche Stellenjäger (...) und das Volk versumpft unter dem geistigen Zwang der allmächtigen Pfaffen und Mönche.«

Ferdinand Blumentritt

Das Auftreten Ferdinand Blumentritts leitet eine neue Periode der Philippinenforschung ein: In den Vordergrund der Fragestellungen rückte nun vor allem die Lebensweise der Igorot (Ilongoten), wobei die zuvor gebräuchlichen anthropologischen Methoden zunehmend von ethnographischen abgelöst wurden. Um Blumentritts vielfältiges Schaffen darstellen zu können und der Quantität seiner Arbeiten gerecht zu werden, sind Unterteilungen vorzunehmen. Blumentritt war zugleich Kartograph, Historiker, Nachlaßverwalter, Bibliograph, Biograph, Ethnograph, Übersetzer, Lexikograph und politischer Berichterstatter, in einem Wort: »Filipinologe«.

Ferdinand Blumentritt wurde am 10. September 1853 in Prag geboren, wo er auch ein Gymnasium besuchte und Geschichte und Geographie studierte. 1876 siedelte er nach Leitmeritz in Böhmen über und fand zunächst am Staatsgymnasium eine Beschäftigung. Bereits ein Jahr später wurde er Professor an der Leitmeritzer k.u.k. Oberrealschule, deren Direktor er von 1900–1911 war. Danach trat er in den Ruhestand. Am 20. September 1913 verstarb er. Neben seiner Mitgliedschaft in lokalen und regionalen Vereinen, z.B. im militärwissenschaftlichen Verein in Theresienstadt und der Gesellschaft zur Förderung deutscher Wissenschaft, Kunst und Literatur in Böhmen war er Mitglied zahlreicher internationaler, vor allem geographischer und ethnographischer Vereine.

Neben seiner wissenschaftlichen Tätigkeit steht die direkte persönliche Beziehung Blumentritts zu liberalen und revolutionären Filipinos seiner Zeit, insbesondere zu José Rizal, mit dem er einen regen Briefwechsel pflegte. Diese Freundschaft begann mit einem Brief Rizals und endete erst mit dessen Tod. Durch diese Bekannt- und Freundschaften, die ihm halfen, (teils rassistische) Vorurteile schrittweise abzubauen, wurde Blumentritt Teil der sich für politische Veränderungen in den Philippinen engagierenden Gemeinschaft von Filipinos in Europa. Heute wird das Andenken an ihn vor allem in den Philippinen aufrechterhalten, wo ihm zu Ehren Denkmäler errichtet und Straßen nach ihm benannt wurden.

Im März 1887 schickte Rizal seine gerade in Berlin gedruckte Novelle *Noli me tangere* an Blumentritt. Dieser veröffentlichte noch im gleichen Jahr eine Besprechung des Werkes in den *Verhandlungen der Gesellschaft für Erdkunde* zu Ber-

lin. »Es ist dies ein ganz eigenartiges Werk, das ich hier zu besprechen habe. Unter dem Gewande eines Romans birgt sich hier eine mit dem Herzblut des Patrioten geschriebene Darstellung der religiösen, sozialen und politischen Verhältnisse der von den Tagalen bewohnten Landstriche der Philippinen. Diese *Novela tagala* ist die grossartigste und eingehendste Schilderung des politischen und gesellschaftlichen Lebens in jenen Landen, die mir je vorgekommen... Ich beglückwünsche die Tagalen zu diesem glänzenden Geistesprodukte eines so hochbegabten und edelfühlenden Sohnes ihres Volkes und hoffe, dass dieses Buch auch in den leitenden Kreisen der spanischen Politiker jene eingehende Würdigung findet, die es mit Recht verdient.«

Blumentritt zeigte sich sehr beeindruckt von *Noli*. Er bat Rizal, ihm zu gestatten, das Werk zu übersetzen, ja er drängte ihn sogar, ihm diese Erlaubnis zu geben. Rizal antwortete, dies gereiche ihm zur Ehre. Daß Blumentritt mit der Übersetzung des Buches begann, belegt auch ein Brief, den Rizal aus Barcelona erhielt und in dem Blumentritt ihn nach der Bedeutung des Wortes *Sinigang* (säuerliche Fisch- bzw. Fleischsuppe mit Gemüseeinlagen – d. Hg.) fragte. Doch erst 1987 kam es zu einer deutschen Ausgabe des *Noli me tangere*. Blumentritt griff in die um dieses Werk einsetzende Debatte ein. 1889 wurde in Barcelona eine Schrift veröffentlicht, in der Blumentritt das Werk verteidigte. Diese Schrift wurde von Rizal aus dem Deutschen ins Spanische übersetzt und mit einem Vorwort versehen.

Die politische Lage der Philippinen behandelte Blumentritt ausführlich in einem 1889 erschienenen Artikel. Darin benannte er die Gründe für die wachsende Unzufriedenheit in den Philippinen. Der Artikel begann mit der Feststellung, daß die Geschichte der Philippinen weniger grausam und blutig gewesen sei als die Spanisch-Amerikas – aus dreierlei Gründen: »Die persönlichen Eigenschaften der ersten Statthalter, der vermittelnde Einfluß der Mönche und endlich die Intelligenz der Eingeborenen, welche rasch in die katholisch-spanische Welt sich hineinfanden.« Sodann nannte Blumentritt Beispiele für die Treue der »Indier« zu Spanien. Erhebungen und Rebellionen stellte er als vereinzelte (Militär)Revolten dar. Mißstände, die nach seiner Einschätzung Unzufriedenheit in den Philippinen hervorriefen, faßte er in drei Kategorien zusammen. Zunächst verweist er auf den spanischen »Nationalstolz und Rassenhochmuth«, dieser bilde »ein Haupthinderniß einer zufriedenstellenden Gestaltung der politischen Verhältnisse des Archipels, weil der übermäßige Nationalstolz keine Selbstkritik ausübt und fremde Kritik schroff ablehnt.« Weitere Mißstände sah Blumentritt in der Art und Weise der Durchführung der kolonialen Verwaltung, in der Korruption der Beamten, der Pressezensur, die verhinderte, daß sich die »Indier« gegen Angriffe wehren konnten, und in der Praxis der Verbannung, d. h. nächtliches Abholen und Deportieren ohne Gerichtsverfahren. Schließlich lagen viele Mißstände in der »Mönchsherrschaft« begründet. Gerade auf das Verhalten der Mönche ging Blumentritt in diesem Artikel ausführlich ein. Vorab betonte er, wie »deren vermittelnder Einfluß« den »Indiern« zugute kam, das aber habe sich geändert, nachdem die ursprüngliche Missionierung vollendet war. Die Orden hätten ihre Aufgaben seitdem vergessen und würden nach der Macht im Staate streben. Allein die Jesuiten seien ihrem Berufe treu geblieben. In verschiedenen Beispielen schilderte Blumentritt, wie die Mönche nach der weltlichen Macht in den Philippinen rangen und es schafften, sich selbst als die einzigen Bewahrer spanischer Hoheit über die Inseln aufzuspielen. Sarkastisch fragt Blumentritt: »Ich möchte überhaupt gern erfahren, ob es die Kutte des Mönches ist, welche mit der spanischen Nationalflagge identificirt wird?«

Die Filipinos forderten mehr Weltgeistliche, auch aus Spanien, was nicht im geringsten antispanisch sei. »Die Philippiner wollen nichts anderes

Traditionelle Bauweise in Lanao del Sur

sein als Spanier, und noch einmal Spanier und wiederum Spanier (...) Durch liberale Reformen und durch eine Vertretung des Archipels in den Cortes würden die Philippiner unzertrennlicher mit Spanien verbunden bleiben als mit 10000 Mönchen und 100000 Soldaten.«

Blumentritt stellte die Verfassung der philippinischen Republik vom 23. Januar 1899 vor und gelangte zu dem Fazit: »Diese Verfassung ließe sich vom Papiere in die Wirklichkeit übertragen. Die Filipinos besitzen nicht nur relativ mehr Geistliche, Advokaten, Aerzte und andere Vertreter der Intelligenz als mancher europäische Staat, sondern haben sogar weniger Analphabeten als der Süden und Osten Europas.«

»Bildungstrieb« und »Assimilationsfähigkeit« seien »Eigenthümlichkeiten« des Filipinos. Sie erinnerten nicht nur in Gesichtszügen an die Japaner, sondern hätten auch manche geistige Eigenschaft mit diesen »aufgeweckten Orientalen« gemein. In moralischer Beziehung jedoch überträfen die Filipinos die Japaner.

Ein weiterer Beitrag Blumentritts zur deutschen Philippinenforschung bestand darin, daß er philippinische Autoren bekannt machte. Während er die Arbeiten von Isabelo de los Reyes und Pardo de Tavera übersetzte, tritt im Falle von José Rizal noch die Empfehlung an wissenschaftliche Kreise hinzu. So schrieb Rizal 1886 an Blumentritt: »Sie haben meine Sehnsucht aufgeweckt, indem Sie mir von den Universitäten und Professoren sprachen: möchte ich Alles folgen, was sie mir rathen! Ich sehne schon den H. Pr. Kern in Leiden kennen zu lernen, ich möchte nach Wien eine ganze Bibliothek ankaufen. (...) Nach Dresden gehe ich sicher (...) und zwar im Oktober oder September um die Freude zu haben einem ehrlichen und werthen Manne die Hand zu drücken! Im Oktober gegen Ende fahre ich nach Berlin wo ich zwei oder drei Monate verweilen denke, selbstverständlich werde ich die Professoren Virchow und Jagor besuchen wenn ich nur Empfehlungsbriefe dazu bekomme.« In Leipzig traf Rizal Hans Meyer, der ihm »sein über die Igorroten handelndes Buch verschenkt« habe und mit ihm über Blumentritt sprach. Am 30. Oktober 1886 besuchte Rizal den Hofrat und gleichsam Philippinen-Forscher Adolf Bernhard Meyer im Dresdener Zoologischen Museum, dessen Direktor er war. Er teilt Blumentritt mit: »Für diese Liebenswürdigkeit bin ich Ihnen, Herr Professor, sehr dankbar, denn ich muss sie an Ihren freundlichen Empfehlungen zurechnen.«

Literatur

Die zahlreichen im Text verwendeten Quellen sind teilweise in folgenden weiterführenden Schriften enthalten bzw. wiedergegeben:

Hermogenes Bacareza, A History of Philippine-German Relations, 1871–1972, Quezon City (Philippines) 1980.

Bernhard Dahm, José Rizal. Der Nationalheld der Filipinos, Göttingen 1989.

Stefan Rohde-Enslin, Der Beitrag deutscher Gelehrter zur Erforschung der Philippinen in den Jahren 1850–1900: Bio-bibliographische Betrachtungen, Heidelberg 1990, (unv. Ms.).

William Henry Scott, German Travellers on the Cordillera, Manila 1975.

Harry Sichrovsky, Der Revolutionär von Leitmeritz. Ferdinand Blumentritt und der philippinische Freiheitskampf, Wien 1983.

Francisco Sionil José

Fortschritt

Francisco Sionil José betreibt im Zentrum von Manila mit Hilfe seiner Frau einen der anspruchsvollsten Buchläden und Verlage auf den Inseln. Seine Aufmerksamkeit und Solidarität – Solidaridad *ist auch der Name seines Buchladens und Verlags – gelten dabei den Frauen; sie sind für ihn sowohl energische Vertreterinnen eines humanen Fortschritts als auch die schwächsten Opfer des bisherigen Systems. »Fortschritt« spiegelt – literarisch überaus einfühlsam – die Lebenswelt der Filipinos, die vielfältigen Brüche und Spannungen in dieser Gesellschaft und das besondere Schicksal einer Frau.*

Marina Salcedo eilte zu ihrem Schreibtisch, um die Abzüge in ihrer Lohntüte zu überprüfen. Es war der 15. Juli, und am folgenden Morgen würde sie nach Manila fahren, um um ihre längst überfällige Beförderung nachzusuchen. Sie arbeitete nun schon zwanzig Jahre als Angestellte im Ministerium, und in den letzten fünf Jahren waren die Lebenshaltungskosten so stark gestiegen, daß sie sicher war, ihren jüngsten Sohn ohne diese Beförderung nicht aufs College schicken zu können. Und die Hypothek auf ihr Haus und Grundstück, die sie vor drei Jahren aufgenommen hatte, als ihr Mann ins Krankenhaus mußte, wollte die Bank jetzt kündigen. Das Haus und das Grundstück waren ihr einziger Besitz, für den sie zwei Jahrzehnte lang wie Sklaven geschuftet hatten. 260 Pesos würde sie nach Manila mitnehmen. Sie wandte sich dem entgegengesetzten Ende der Halle zu, dem einzigen klimatisierten Büro des Gebäudes. Die Mädchen dort schwatzten nicht. Das hieß, der Chef war da. Sie stand auf, adrett gekleidet in der blau-weißen Uniform des Ministeriums, ihre Holzschuhe klapperten rhythmisch auf dem Zementfußboden. Die Sekretärin des Chefs sagte ihr, sie solle gleich durchgehen. Der Chef las eine von Eselsohren strotzende Kopie des *Playboy*, die wegzulegen er für unnötig befand. Marina stand vor ihm und wartete auf seine Reaktion. Er war um die fünfzig und zeigte Ansätze einer Glatze.

»Du fährst also morgen, Marina«, sagte er und zeigte dabei seine vorstehenden Zähne.

»Ja, Sir...«

»Gut, Du kannst mit meiner Erlaubnis den Nachmittag frei haben, damit Du Dich vorbereiten kannst. Du hast drei Arbeitstage in Manila. Meinst Du, das reicht?«

»Ich hätte gerne eine Verlängerung um drei Tage, Sir. Wenn das nicht reicht...«

»Kein Problem, Marina«, sagte der Chef. »Und übrigens, wenn Du schon da bist, kannst Du mir bitte den neuesten Gabardine-Stoff für ein Paar Hosen kaufen? Ich bezahle, wenn Du wiederkommst.«

»Ja, Sir. Danke...«

Gabardine – das dürfte mindestens 60 Pesos kosten. Beim letzten Mal hatte der Chef ein Paar Levis haben wollen, sie hatten 120 Pesos gekostet. Es gab da so ein Ritual: Wenn sie zurückkehrte, bestand er darauf, zu bezahlen, und sie lehnte ab. Schließlich war der Chef besonders nett zu ihr gewesen. Dieser freie Nachmittag zum Beispiel und der bezahlte Urlaub. Und er machte keine Annäherungsversuche wie bei den anderen weiblichen Angestellten.

Der erste Pantranco-Bus um sechs Uhr morgens war immer überfüllt, aber an diesem Wochentag gab es auf der rechten Seite des Busses nur wenige Mitreisende, und sie hatte einen ganzen Sitz für sich. Vom Sonnenlicht überflutet war die Landschaft gelblich-grün von frisch gepflanztem Reis, die Gräben waren voll Wasser, die Wasserlilien

Shell
SUPPLIES
0561
1280
0483
WARNING TO PEDESTRIANS THIS IS A DRIVEWAY

NATING
NATTY ORIGINAL
1668
Dumaguete City '90

von Purpur gekrönt. Städte mit Reklameschildern auf den Plätzen flogen vorbei. Kinder auf dem Weg zur Schule. Das Land regte sich: im ganzen Tal, sogar auf den grasbedeckten Hügeln, den Weideplätzen der Rinder. Der Bus sang über das Zementband der Straße, über neue Stahlbrücken. Das war ein Fortschritt seit dem Kriegsrecht, den Marina zu schätzen wußte – die neuen Straßen und Brücken, die die Reise nach Manila so leicht machten. Während man früher einen ganzen Reisetag benötigte, reichten jetzt nur zehn Stunden.

Sie wußte jedoch von der Spannung, die in den Dörfern der Ausläufer der Sierra herrschte, von den Flüchtlingen, die die Städte überschwemmten. Aber in der Landeshauptstadt, in der sie lebte, herrschte die übliche Geschäftigkeit. Sogar ihr eintöniges Leben hatte seine Vorteile. Sie und ihr Mann hatten schließlich ein Haus gebaut. Drei Kinder, davon eins schon verheiratet, mit der festen Absicht, in die USA auszuwandern; ein anderes kurz vor dem College-Abschluß, und das jüngste fast am Ende der High-School. Egal, wie sie mit den Zahlen jonglierte, sie und ihr Mann verdienten beide, doch ihre sämtlichen Ersparnisse wurden von den allseits steigenden Preisen aufgezehrt. Sie kochte nicht mehr mit Petroleum, und das Feuerholz von der Farm war nicht immer trokken.

Schon vor fünf Jahren hatte sie einen Antrag auf Gehaltserhöhung gestellt und war deshalb zweimal nach Manila gefahren. Jetzt hatte sie endlich die Benachrichtigung bekommen, daß ihr Antrag bearbeitet würde.

Kurz vor Mittag erreichten sie Cabanatuan. Sie verließ den Bus nicht. Sie holte den Plastikbehälter heraus, den ihre Tochter ihr mit Proviant gefüllt hatte. Das gebratene Schweinefleisch, die hartgekochten Eier und der gebratene Reis schmeckten sehr gut.

Sie hätte sich geschämt, wenn sie in das Restaurant gegangen wäre und dort ihr mitgebrachtes Essen verzehrt hätte, ohne etwas zu bestellen. Als sie fertig war, stieg sie aus, um einen Schluck Wasser zu trinken.

Bei einbrechender Dämmerung rollte der Bus in den Busbahnhof in Manila ein. Sie hatte Schwierigkeiten, mit ihren beiden Taschen während der Hauptverkehrszeit einen Platz in einem *Jeepney* zu ergattern. In España stieg sie aus und ging zu Fuß drei Häuserblocks entlang dorthin, wo ihre Cousine zweiten Grades lebte. Sie waren zusammen zum College gegangen. Sie würde wahrscheinlich wieder auf dem Rattansofa im Wohnzimmer schlafen, aber das war in Ordnung. Besser, als 30 Pesos für ein billiges, verwanztes Zimmer in einer Herberge in Quiapo zu bezahlen.

Sie aßen gerade zu Abend, als sie ankam; als gute Verwandte hatte sie Pökelfleisch, ein paar sich noch windende Schlammfische und Klebreis, aus dem sie Kuchen backen konnten, mitgebracht.

NISSAN
DIESEL
PND 824

Ihre Neffen und Nichten waren noch Teens, und ihr Kassettenrecorder lief auf vollen Touren. Ihre Cousine und deren Mann schienen glücklich zu sein, sie zu sehen, obwohl sie ein unterschwelliges Mißfallen in der Frage: »Wann fährst Du wieder?« spüren konnte.

»Ich bleibe nicht länger als eine Woche«, sagte sie. »Und ich werde die meiste Zeit fort sein. Ich werde hier auch nicht essen, denn ich werde meine Tage im Ministerium verbringen, wo ich versuche, meine Papiere durchzubekommen.«

Am nächsten Tag frühstückte sie mit der Familie zusammen. Sie war um sechs Uhr aufgestanden, gleichzeitig mit den Kindern, die sich für die Schule fertigmachten. Sie hatten sie mit Musik der Bee Gees wachgehalten. Marina trank nur eine Tasse Kaffee und aß ein Stück *pan de sal*, obwohl sie gedrängt wurde, vor dem arbeitsreichen Tag, der vor ihr lag, ordentlich zuzulangen.

Es herrschte Gedränge, wenn man frühmorgens in España ein öffentliches Verkehrsmittel benutzen wollte. Deshalb beschloß sie, zu Fuß nach Morayta zu laufen; von dort aus konnte sie günstiger weiterfahren.

Sie kam um halb neun am Ministerium an und ging sofort zum Personalamt weiter. Es war immer gut, Bekannte in einem Büro zu haben, und sie fragte sich, ob ihre Kollegen von früher wohl immer noch hier seien – zum Beispiel Mr. Tobias, der damalige Abteilungsleiter. Sie sah sich in dem großen Raum voller Schreibtische um, betrachtete die ins Gespräch vertieften Angestellten. Sie kannte niemanden von Bedeutung, der ihr helfen könnte. Und Mr. Tobias war pensioniert.

Sie überlegte, ob sie direkt zum Minister gehen sollte. Als er ihr Tal besuchte, hatte er ihr gesagt, sie solle ihn ruhig einmal aufsuchen, aber sie wußte, daß das nur eine freundliche Geste gewesen war. Außerdem war er ihr damals wirr erschienen, denn er hatte getrunken, und sie war sicher, er erinnerte sich nicht mehr an das, was er versprochen hatte. Jetzt, da sie selbst in Manila war, wurde ihr bewußt, daß ihre Angelegenheit eine Lappalie war, die man einer so hochrangigen Person wie dem Minister nicht direkt vortragen sollte.

Sie fragte eine der Angestellten, wer für die Papiere der zur Beförderung anstehenden Mitarbeiter verantwortlich sei, und wurde zum anderen Ende des Büros gewiesen.

Dort saß eine große, korpulente Frau von Anfang 30 mit schlechten Zähnen, strähnigem Haar und einem grellen Lippenstift. Ihre Uniform war eine Nummer zu klein, und ihre schweren Brüste schienen sie fast zu sprengen. Sie holte eine Liste aus ihrer Schublade und sah sie gewissenhaft durch. Dann, nachdem sie eine Menge Papier hin und her geschoben hatte, sah sie sie mit einem Lächeln auf ihrem Ferkelgesicht an. »Es tut mir leid, Mrs. Salcedo, aber ihr Name steht hier nicht. Vielleicht sind die Unterlagen verlegt worden...«

»Aber das kann nicht sein«, sagte Marina mit erhobener Stimme. »Ich habe Ihren offiziellen Brief vom letzten Monat.« Sie griff schnell in ihre Handtasche und zog ihn heraus. »Hier – und das Aktenzeichen...«

Aber die Frau war unerbittlich. Sie schüttelte den Kopf, ohne daß das Plastiklächeln von ihrem Gesicht wich. »Mrs. Salcedo«, sagte sie schelmisch. »Ich werde die Akten durchsehen müssen – Stapel für Stapel. Ich habe sehr viel zu tun. Ich werde einen der Jungen bitten müssen...« Sie zog vor Mrs. Salcedo ihre Schreibtischschublade auf. »Warum werfen Sie hier nicht einen 20-Peso-Schein für ihn hinein...?«

Einen Augenblick lang war Marina Salcedo schockiert, nicht fähig zu glauben, daß das ihr passierte, die sie doch im selben Ministerium arbeitete. Dann erinnerte sie sich, daß Anita Botong in ihrem Büro dasselbe tat – eine Sitte, die zu eingefahren war, um ausgerottet zu werden. Sie öffnete ihre Handtasche und ließ einen 20-Peso-Schein in die Schublade fallen. »Soll ich dann heute nachmittag noch einmal nachfragen?«

»Oh, Mrs. Salcedo«, antwortete die Frau süßlich. »Sie wissen, wie schwierig es sein wird. Warum kommen Sie nicht morgen früh wieder?«

»Ich komme von außerhalb...«

»Ja, ich weiß. Ich werde alles unternehmen, was in meiner Macht steht, um Ihnen zu helfen...«

Sie hatte nichts mehr zu tun. Es war fast zehn Uhr, deshalb nahm sie einen *Jeepney* nach Quiapo und sah sich bei den Textilständen um, fragte die Verkäufer nach Gabardine, nach der besten Sorte. Es war ein feuchter Morgen, und die Auspuffgase von Tausenden von *Jeepneys* und Bussen erstickten sie und legten sich auf ihre Brust. Sie landete schließlich in einem Warenhaus, wo sie nicht zu feilschen brauchte; der Gabardine-Stoff für eine Hose kostete sie 34 Pesos. Von dem Warenhaus ging sie zum Markt und verglich die Preise für Lebensmittel; sie waren höher als zu Hause – und da beklagte sie sich immer!

Am folgenden Morgen versetzte ihr die Frau, die endlich ihre Papiere gefunden hatte, einen weiteren Schock. Da fehlte ein Formular – ein neues, das sie sich von der Verwaltungsbehörde holen mußte: Formular I 12, das sie sofort ausfüllen und dem Personalamt vorlegen sollte, damit es mit einem Vermerk zur Verwaltung zurückgeschickt werden konnte. Die Abteilung befand sich im 5. Stock, und der Fahrstuhl funktionierte nicht. Sie ging hinaus ins Treppenhaus, das mit Zigarettenstummeln und Spucke verdreckt war. An den Wänden hingen Poster, die die Notwendigkeit zur Disziplin und zu höherer Produktion verkündeten. In ihrem Teil der Provinz war es ihre Aufgabe, diese zu verteilen, und es lagen noch ganze Stapel davon im Liegenschaftsamt.

Der für das Formular I 12 zuständige Mann war sehr bemüht. »Oh, Miss, kommen Sie bitte morgen nachmittag wieder. Uns sind die Formulare ausgegangen, und wir vervielfältigen gerade einen neuen Schub.«

»Aber ich bin aus der Provinz«, begann sie zu protestieren, dann schwieg sie. Sie erkannte sofort die alte Masche – und war ärgerlich, daß sie auch bei ihr angewandt wurde. Die oberste Schublade des Schreibtisches stand offen. Sie sah in ihre Handtasche, fand einen Fünf-Peso-Schein, den kleinsten, den sie hatte. Sie nahm sich vor, in Zukunft Zwei-Peso-Scheine einzustecken. Sie nahm einen und legte ihn in die geöffnete Schublade.

»Bitte, ich habe es wirklich eilig«, sagte sie. »Versuchen Sie doch noch eines zu finden. Es muß doch noch eins herumliegen...«

Der Mann schloß die Schublade mit einem Lächeln, ging dann zu einem der rostigen Büroschränke hinter seinem Schreibtisch. Er brauche keine Minute, um es zu finden.

Marina las es durch. Es war ein Fragebogen zur Identität. Vielleicht waren wieder einige Nachrichtendienstbeamte dabei, frühere Verbindungen von Regierungsangestellten zu überprüfen. Es reichte offensichtlich nicht aus, daß in jedem Büro ein Agent des Nachrichtendienstes oder ein Informant wie ihre neue Schreibkraft saß.

Sie füllte das Formular aufs Geratewohl aus. Bei der Spalte »Reisen ins Ausland« mußte sie lachen. Wie viele Regierungsangestellte waren wohl je ins Ausland gefahren? Sie war nicht einmal in Mindanao oder den Visayas gewesen. Sicher würden sie die Daten des Formulars in den Computer im Camp Aguinaldo eingeben, und der Himmel mochte wissen, was danach damit passierte.

Als sie den Zeitraum ihrer Ausbildung, ihres Eintritts in den Staatsdienst und all das durchging, sann sie darüber nach, daß sie niemals wirklich etwas Höheres angestrebt hatte. Schließlich gab es weibliche Bürovorsteher, sogar Ministerialassistentinnen, und sie hatte immerhin ihren College-Abschluß. Der Kern der Sache war, daß sie und ihr Mann ihre Grenzen kannten und auch wußten, was es hieß, weiter zu kommen, als sie es waren. Sie hatten sich einmal dazu entschlossen, in der Provinz zu leben, und es reichte, daß sie nach all den Jahren ihr eigenes Heim hatten, ein Stück Land und nachts gut schlafen konnten, ohne von Alpträumen gequält zu werden.

Sie ging zum Verwaltungschef, nicht ganz sicher, ob das Formular korrekt ausgefüllt sei, aber was machte ihr das schon aus? Es würde eine Zeitlang dauern, bis sie auf Widersprüchlichkeiten stoßen würden, und sie könnte sie dann immer noch er-

klären. Es war ihr zweiter Tag, und sie hatte noch keinen einzigen Bearbeitungsvermerk. Ein Glück, daß der Verwaltungschef da war; sie hatten sich vor ungefähr acht Jahren in einem Seminar getroffen, und obwohl sie sich gut an ihn erinnerte, an seinen kahlen Kopf, seine Adlernase und die dünnen Lippen, schien sich der Chef, Mr. Bermudez, nicht an sie zu erinnern.

Er genoß den Ruf, ehrlich zu sein, ein Verwaltungsexperte.

Als sie an die Reihe kam, stand sie von ihrem etwas entfernten Stuhl auf und näherte sich dem Schreibtisch mit Glasplatte.

»Also, was ist Ihr Problem?«

»Meine Beförderung, Sir«, sagte Marina. »Sie ist längst überfällig.« Sie legte ihm ihre Papiere vor. Mit erfahrenem Blick überprüfte Mr. Bermudez die Formulare.

»Gut, Miss Salcedo, hier scheint alles in Ordnung zu sein. Sie kennen das Verfahren. Nachdem ich den Vermerk vorgenommen habe, gehen Sie zum Finanzministerium, um zu sehen, ob Mittel verfügbar sind. Ah, da liegt die Schwierigkeit. Falls die Mittel zur Verfügung stehen, wird der Minister unterschreiben, und Sie bekommen ihre 100 Pesos mehr im Monat – rückwirkend bis zum 1. Monat des Jahres. Dafür werde ich sorgen.«

Er wandte sich wieder dem Formular zu und schrieb etwas auf die zweite Seite.

»Ich weiß, daß Sie schon lange im Staatsdienst sind, und ich sollte Ihnen das nicht sagen – aber wir müssen mit der Bürokratie Geduld haben. Um Sie einen Zentimeter vorwärts zu bringen«, das erinnerte sie an seinen Vortrag auf dem Seminar, »müssen wir drängen und drängen, ohne aber zu drängeln.« Er lächelte breit.

»Viel Glück bei der Finanzbehörde.«

Sie waren jetzt allein im Raum.

»Ist das alles, Sir?«

»Warum, habe ich noch etwas vergessen?«

In ihrer Verwirrung vergaß Mrs. Salcedo, ihm zu danken. In der Tür entschied sie, daß Mr. Bermudez ein guter Mann sei, und sie fragte sich, wie er sich wohl fühlte, wenn sie ihm auch Gabardine-Stoff besorgen würde. Schließlich hatte er ihr eine rückwirkende Lohnerhöhung verschafft.

Sie aß in der Kantine des Ministeriums zu Mittag nur einen Spieß mit gebratenen Bananen und trank dazu eine Flasche Coca-Cola. Um ein Uhr war sie im Finanzministerium. Viele der Mädchen

standen um die Schreibtische herum und schwatzten. Andere lasen Zeitung oder starrten einfach ins Leere. Es war eine allzu bekannte Szene, und Mrs. Salcedo fühlte sich in die Provinz zurückversetzt. Im Büro erfuhr sie, daß der Chef nicht wiederkomme; er sei mit dem Minister in einer Haushaltssitzung.

Sie hielt es nicht für sinnvoll, auf ihn zu warten. Sie beschloß, einen Film anzusehen; fünf Jahre lang war sie nicht mehr in einem vollklimatisierten Kino gewesen!

Anderntags war sie schon vor acht Uhr im Finanzministerium. Sie bemerkte, daß einige hübsche Mädchen in der Abteilung waren und diese nichts zu tun schienen. Dann, um halb neun, kam er, Julio Lobo, einer der mächtigsten Männer im Ministerium. Er trug einen braunen Gabardineanzug – sie erkannte das Material sofort, als er an ihr vorbeiging. Durch die Glasscheibe sah sie, daß er sich an seinem Schreibtisch niedergelassen hatte. Sie ging hinein.

Lobo brütete über einem Stapel Schnellhefter und überprüfte die Zahlen mit einem Taschenrechner. Er sah auf zu ihr, seine Augen quollen aus den Tränensäcken hervor, seine dicken Lippen kräuselten sich zu einem Lächeln. »Ja?«

Mrs. Salcedo verschwendete nicht viele Worte, aber sie vergaß nicht, ihm zu erzählen, daß sie aus der Provinz kam.

»Sie können Ihre Papiere hierlassen«, sagte er, immer noch grinsend. »Ich habe es eilig. Es ist Parlamentssitzung, und ich werde den ganzen Tag über fort sein. Bis fünf Uhr heute nachmittag. Dann können Sie zurückkommen und mich sprechen ...« Er nickte zweimal, um anzudeuten, daß das Gespräch beendet sei.

Es hatte angefangen zu nieseln, als sie in der Eingangshalle war, deshalb beschloß sie, lieber im Gebäude zu bleiben und in den Abteilungen für Planung und Erziehung vorbeizugehen, wo sie alte Freunde hatte.

Um drei Uhr stellte sie sich in Lobos Vorzimmer auf.

Um viertel vor fünf kam der Chef, seine teure Aktentasche prall gefüllt mit Papieren. Drei Mädchen gingen mit weiteren Schriftstücken hinein, und ein viertes brachte ihm eine Flasche Coca-Cola und ein paar Kekse. Als alle hinausgegangen waren, ging sie hinein. Er erinnerte sich an sie. »Ah, Mrs. Salcedo – ja, Ihr Antrag ist immer noch hier. Aber ich werde morgen, am Samstag, daran arbeiten. Wußten Sie, daß ich sogar am Samstag arbeite?« »Nein, Sir.«

»Doch, das tue ich«, sagte er und fletschte seine gelben Zähne. »Also werde ich ihn vielleicht morgen nachmittag erledigen.« Er sah auf seinen Schreibtischkalender, dann wieder auf ihre Papiere. »Im Bereich 53, 100 Pesos im Monat. Das sind ja 1200 Pesos pro Jahr. Da können Sie es sich doch leisten, mich zu einem 40-Peso-Abendessen einzuladen!« »Ja, sicher, Sir«, sagte sie.

»Gut, also mein Lieblingsrestaurant ist ein japanisches in Ermita. Es ist leicht zu finden, in Padre Faura. Ich werde Sonntagabend um sieben Uhr dort sein. Einverstanden? Ich werde Ihre Papiere mitbringen, vollständig. Ich sehe eigentlich kein Problem.«

Samstag und den ganzen Sonntagmorgen blieb Marina in der Wohnung ihrer Cousine. Sie fürchtete, wenn sie auch nur einen Fuß vor die Tür setzte, unnötigerweise Geld auszugeben. Sie backte Reiskuchen, machte den hinteren Teil der Küche sauber, wo die Wäsche aufgehängt wurde und ein paar Begonien in Töpfen standen. Dann schrubbte sie den Wohnzimmerfußboden, bis die Zementplatten frei von angeklebtem Schmutz waren, und wachste den Fußboden ein, bis er glänzte. Sie wusch auch die schmuddeligen Wände mit Seife ab. Als die Familie abends zurückkehrte, roch die Wohnung sauber, und ihre Cousine war gleichzeitig verlegen und froh, daß sie so hart gearbeitet hatte. Sonntagmorgen half sie beim Waschen und Bügeln, und um zwei Uhr nachmittags fuhr sie nach Ermita, um das japanische Restaurant zu suchen.

Es war nicht schwer zu finden. Um halb drei begann es sich zu leeren, aber es waren immer noch Ausländer da, hauptsächlich Japaner und einige Europäer. Es hatte etwas Abweisendes. Instinktiv wußte sie, daß Restaurants mit Klimaanlage teuer waren, und sie überlegte, wieviel Trinkgeld sie würde geben müssen. Sie mußte dem Chef Lobo gegenüber ehrlich sein, ihm sagen, daß sie das Geld nicht hätte und ein richtiger Festschmaus erst anstünde, wenn sie die Gehaltserhöhung bekommen hätte.

Um sich die Zeit zu vertreiben, schlenderte sie zum mondänen Manila Hotel. Sie bestaunte die geräumige Eingangshalle, die edle Holztäfelung, den glänzenden Marmorfußboden. Es war beinahe ein Verbrechen, über die dicken Teppiche zu laufen, auf den Sofas zu sitzen. Sie war niemals zuvor an einem so luxuriösen Ort gewesen, mit Hotelpagen in weißen Uniformen. Also gab es doch Fortschritt; dieses Hotel bezeugte es auf elegante Weise. Sie warf verstohlene Blicke in das Café, sah die hübschen Kellnerinnen; doch konnte sie sich nicht einmal eine Tasse Kaffee leisten. So ging sie zurück in die Eingangshalle, setzte sich dorthin und genoß die Klimaanlage und den Anblick der flanierenden schönen Menschen.

Um fünf Uhr lauschte sie dem Symphoniekonzert im gegenüberliegenden Luneta Park; es war das erste Mal, daß sie ein Symphonieorchester live spielen hörte – und sie staunte über den anderen Klang, den es hervorbrachte. Um halb sieben ging sie zu dem japanischen Restaurant zurück.

Chef Lobo war da, in Blue Jeans und T-Shirt, unter dem sich sein Bauch wölbte, seine gelichteten Haare glänzten von Pomade. Er führte sie zu einem Hocker. Vor ihnen eine lange Theke mit Fisch, Eierkuchen, Krabben und hinter der Theke Filipinos in japanischen Jacken, die Eierkuchen, Fleischstreifen und Hühnchenschenkel brieten. Der Raum roch nach Sojasoße und Bratöl. Im Licht der roten Papierlaternen über der Theke wirkte das Gesicht von Mr. Lobo etwas unheimlich.

Marina Salcedo druckste: »Sir, Sie wissen, daß

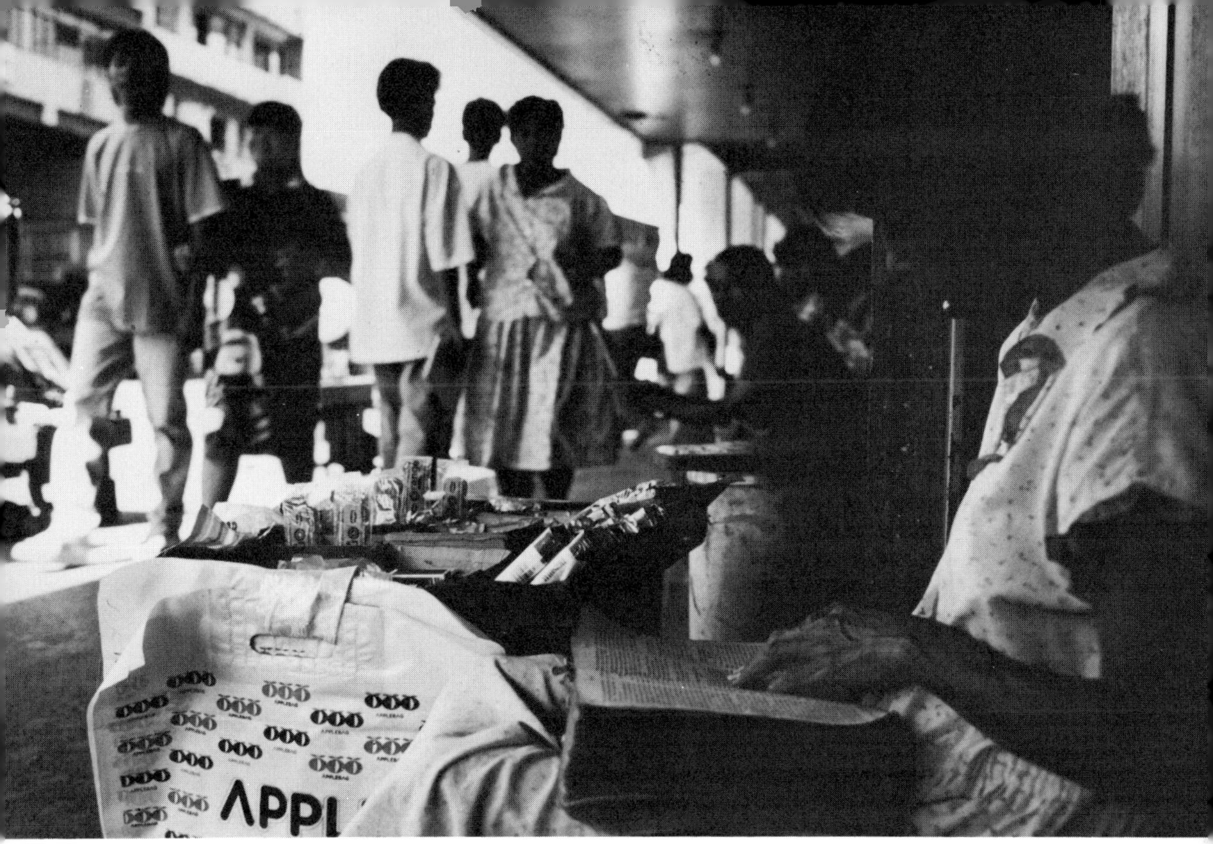

ich nur eine arme Angestellte aus der Provinz bin. Ich habe nur 100 Pesos.«

Die Hand von Chef Lobo fiel schwer auf ihr Knie, und er drückte es. »Meine liebe Frau«, sagte er. »Wir werden das nicht alles ausgeben. Ich werde nur Tee trinken und *Sashimi* essen – das ist roher Fisch. Zuviel essen ist schlecht für mich. Bumsen aber nicht. Deshalb gehen wir danach in ein Motel. Das kostet nicht mehr als 40 Pesos ...«

Marina wollte nicht glauben, was sie da gehört hatte. Es schnürte ihr die Kehle zu. Dann dämmerte es ihr – das Gerede, der Finanzchef sei ein Schürzenjäger, der das oft erzwang. Das kann nicht sein, das kann nicht sein, ich muß ihm das ausreden, sagte sie sich, während ihr die Angst den Atem nahm. Sie bestellte Sojabohnensprossen, das Billigste auf der Speisekarte. Es gab keine Gabel, keinen Löffel, deshalb versuchte Chef Lobo ihr beizubringen, wie man mit Stäbchen ißt.

»Ich habe drei Kinder«, jammerte Marina. »Mein Ältester ist bereits verheiratet, und ich habe einen Enkel, den ersten.«

»Das ist wunderbar! Aber weißt Du, Du siehst nicht wie eine Großmutter aus. Auf jeden Fall habe ich noch nie eine Großmutter im Bett gehabt. Und Deine Arme sind nicht schlaff.« Er blickte gierig auf ihre Brüste, und Marina fühlte, wie ihr das Blut ins Gesicht schoß. »Und Du bist vollbusig, also werde ich nachsehen, ob sie noch fest sind nach den drei Kindern.«

»Aber sicher, Sir, bei all den hübschen Mädchen in Ihrem Büro ...«

»Ha, das hast Du also bemerkt«, sagte er lachend. »Aber ihnen fehlt die Reife, die Übung. Und man muß es ihnen beibringen. Ich will nicht immer Lehrer sein. Wie ich stets gesagt habe, es ist nichts so gut wie eine schöne und reife Frau. Die Du bist ...«

Noch ein Druck, diesmal höher an ihren Oberschenkeln.

»Ich bin 45.«

»Aber Du siehst nicht einmal wie 35 aus!«

Sie folgte ihm gehorsam zu seinem Wagen, der ein Stück weiter geparkt war. Er hatte eine Klimaanlage. »Es dauert nur eine Stunde«, sagte er, als sie langsam in den Boulevard einbogen. »Aber wenn es Dir Spaß macht, können wir es auf zwei ausdehnen.«

Ihre Kehle war trocken. Sie mußte nett zu ihm sein. Ihre Zukunft war in seiner Hand. »Sir, ich kann es nicht tun«, sagte sie verzweifelt. »Sogar wenn ich es wollte, meine Periode ...«

Er wandte sich ihr zu und grinste. Der Mann ließ sich nicht umstimmen. »Marina, ich bin nicht pingelig.«

Als sie endlich mit ihm in dem Motelzimmer

allein war, machte sie einen letzten verzweifelten Versuch. »Sir, bitte, ich geben Ihnen die Hälfte des Geldes, wenn ich es bekomme. Das verspreche ich!«

Lobo sah sie überrascht an. »Dummes Mädchen«, fauchte er. »Es ist doch nicht das Geld, was ich brauche«, und schnallte seinen Gürtel weiter auf.

Als sie sich nicht rührte, schnauzte er sie an: »Zieh endlich Deine Sachen aus, oder ich reiße sie herunter...«

Sie war um neun Uhr wieder in der Wohnung. Lobo hatte sie an der Ecke von España abgesetzt, und von hier aus war sie zu Fuß gegangen. Sie duschte ausgiebig; sie fühlte sich schmutzig, mißhandelt, voller Ekel. Das Gefühl seiner Hände, seines stinkenden Atems, seines fetten Gesichts verursachte ihr Übelkeit. Sie fragte sich, wie es am Morgen sein würde, wenn sie ihn wiedersähe. Er hatte nicht einmal – wie versprochen – ihre Papiere mitgebracht!

Eine bleierne Nacht, und als der Morgen kam, war ihr noch immer speiübel.

Lobo zwinkerte ihr zu, als sie hereinkam. Sie konnte das fleischige Gesicht, das grimassierte Grinsen nicht ansehen. »Wir gehen in den 2. Stock zum Minister«, sagte er, während er aufstand und einen Schnellhefter, den sie als den ihren erkannte, mitbrachte.

Das Büro des Ministers war riesig, mit Teppichen ausgelegt, an den Wänden blaue Tapete, einige Gemälde, ein schwerer Schreibtisch, und am anderen Ende des Raums standen gepolsterte Sofas. Daneben Zierpflanzen und eine Kristallvase mit Tausendschönchen auf dem Kaffeetisch.

Mr. Arcadio Guzman unterschrieb gerade Papiere, die ein paar Sekretärinnen vor ihm ausbreiteten.

Als er fertig war, ging Lobo mit Marinas Papieren zu ihm. Der Minister wandte sich ihr kurz zu mit den trüben Augen eines Betrunkenen, und er erkannte sie sofort. Er sah den Namen auf den Papieren. »Ach, Mrs. Salcedo. Ja, Sie dirigierten das Singen der Nationalhymne im Programm. Ich erinnere mich. Und dies – natürlich bin ich sehr glücklich darüber, es zu unterschreiben.« Er wandte sich Mr. Lobo zu: »Gibt es Mittel dafür?«

»Ja, Sir«, sagte Lobo.

Nachdem der Minister die Papiere unterzeichnet hatte, richtete er wieder seinen Blick auf sie. »Mrs. Salcedo, wie geht es Ihnen dort unten? Was haben Sie für Probleme? Wissen Sie, es kommt nicht jeden Tag jemand aus Ihrer Gegend hierher zu mir, und Ihre Region steht an erster Stelle unseres Entwicklungsprogramms. Wie kommen Sie vorwärts?«

Mrs. Salcedo wirkte nachdenklich. Meinte es der Minister ernst? Sie fragte sich, wie er so früh am Morgen schon betrunken sein konnte. Sie schüttelte den Kopf. »Wir haben keine Probleme, Sir. Soweit ich sehen kann.«

»Kommen Sie schon«, sagte der Minister und redete ihr gut zu, offen zu sein. »Seien Sie ehrlich. Nur die Wahrheit wird uns helfen, positive Ergebnisse zu erzielen. Wir wollen keine Luftschlösser bauen. Ich will Fakten, keine heiße Luft.«

Mrs. Salcedo schüttelte wieder den Kopf. »Alles ist gut in unserer Gesellschaft, Sir«, wiederholte sie.

»Also gut, dann«, sagte der Minister in bestimmtem Ton. »Aber Sie müssen hart arbeiten. Sie müssen daran denken, daß wir dazu da sind, um den Menschen zu dienen, daß wir eine neue Gesellschaft schaffen. Die Bürokratie hat die seltene Gelegenheit, ihren Wert zu beweisen, indem sie eine fortschrittliche Nation aufbaut.«

Die Ermahnung war nicht für sie allein; sie war auch an die anderen im Raum gerichtet, die Angestellten, Leute, die ihn um eine Vergünstigung bitten wollten, und an die Mitläufer.

»Ja, Sir.«

»Wir müssen alle zusammenarbeiten. Kooperation ist das Motto. Und Innovation. Auch Beförderungen sind wunderbar, aber sie müssen verdient sein. Und wir verdienen sie nur, indem wir dem Volk dienen...«

Nachdem sie ihre Busfahrkarte gelöst hatte, blieben ihr noch zwei Pesos. Sie hatte sich drei belegte Brote mit Corned Beef gemacht, und die sollten ausreichen, bis sie nach Hause kam. Es war ein strahlender Julitag, – der Regen hatte aufgehört – und das Wetter blieb so den ganzen Weg durch die Ebene hindurch bis spät in den Nachmittag hinein.

Es war nach sechs Uhr und schon dunkel, als sie ihren Heimatort erreichte. Sie beschloß, das Fahrgeld für ein *Tricycle* zu sparen und zu Fuß zu gehen. Sie hatte ohnehin nicht viel bei sich, nur ihre Handtasche und den Segeltuchbeutel mit ihren Kleidern und dem Gabardinestoff, einen verbilligten Irvin Shaw-Roman und zwei Äpfel.

Sie wohnten am Rande der Stadt, wo sie Gemüse anbauen und Hühner halten konnten, und jetzt war die Straße zerfurcht und ungepflastert. Es gab keine Elektrizität, die Häuser standen in großen Abständen voneinander. Sie war gerade bei der Straßengabelung abgebogen, als ein Mann aus dem Schatten hervorstürzte und ihre Tasche schnappte. Obwohl sie schockiert war und Angst hatte, hielt sie sie fest, entschlossen, sie nicht loszulassen. Aber der Mann entwickelte Bärenkräfte; er stieß sie, und sie fiel, ihr Gesicht schlug auf dem Boden auf. Jetzt riß der Mann die Tasche fort und sie schrie: »Da ist kein Geld drin – nur meine Papiere. Meine Papiere!« Aber sie zweifelte, ob er sie überhaupt gehört hatte, denn er rannte davon und war verschwunden.

Sie stand langsam auf, benommen und verletzt. Ihr Haus war noch ein Stück entfernt, sie konnte kaum laufen. Sie hob den Segeltuchbeutel mit ihren Mitbringseln auf. Es begann zu nieseln. Sie hätte ihre Papiere dem Zahlmeister nur vorlegen müssen; dann endlich wäre die Lohnerhöhung erreicht gewesen. Sie wußte nach all diesen Jahren, daß weder Briefe noch Telegramme nach Manila Duplikate der Papiere zutage fördern würden. Noch einmal würde sie fahren müssen, und die trostlose Aussicht, diesen Leidensweg erneut durchstehen zu müssen, entnervte und erschreckte sie.

Das Haus ihrer Familie kam in Sicht, sein Blechdach, ein trüber Schein im Abendrot, darüber, gespannt wie ein Leichentuch, die Avocado- und Malunggay-Bäume. Als sie die Tür aufstieß, aß die Familie gerade zu Abend, und alle sprangen vom Tisch auf, um sie zu begrüßen. Sie sahen die zerrissene Bluse, den Schmutz auf ihrem aschgrauen Gesicht, ihr feuchtes, wirres Haar. Auf ihren Ansturm von Fragen gab sie keine Antwort, doch der Damm brach, und Marina Salcedo sank auf ihre Knie, und die Trauer und der Zorn entrissen ihr bittere Schluchzer. Kein Wort des Trostes, der Besorgnis, keine Umarmung konnten diesen Fluß jetzt dämmen.

Übersetzung: Irene Sareika

Hanns F. Groeschke

Kokos-Historien

Des Lebens Elixier und Fluch

Die Frucht einer Palme, die bereits in mittelalterlichen Schriften als »der Baum des Lebens« beschrieben wurde, soll weitaus älter als die Menschheit sein. Fossile Überreste von Kokosnüssen, die in Auckland (Neuseeland) ausgegraben worden sind – und die sich lediglich in der geringeren Größe von den Kokosnüssen, wie wir sie heute vorfinden, unterscheiden –, sollen aus der Tertiärzeit stammen und etwa fünfzehn Millionen Jahre alt sein. Ein zweiter Fund im indischen Radjastan wurde gar auf ein Alter von rund 40 Millionen Jahren geschätzt.

Nicht nur die Kokosnüsse sind begehrt. Nahezu alle Teile des Baumes werden genutzt. Darum nennen die Filipinos die Palme auch »Baum der Mannigfaltigkeit«. Ein altes indisches Sprichwort sagt, die Kokospalme sei »von 999 Nutzen«, und sie erhielt auf dem Subkontinent den Namen »Baum des Himmels« (in Sanskrit: Kolpa Krishna*). Weil sie das ganze Jahr über geerntet werden kann, ohne daß etwas dazu getan werden müßte, wird die Kokosnuß auch häufig als »die Frucht der faulen Leute« bezeichnet. Ist sie deshalb das Symbol eines »irdischen Paradieses« oder eines »tropischen Schlaraffenlandes«? Jedenfalls wurde sie zu einem »Zankapfel«, dessen saftigste Bissen nur wenigen vergönnt waren. Erst recht auf den Philippinen.*

Die erste Niederschrift der Geschichte der östlichen Visaya-Inseln stammt aus dem Jahre 1668. Der Verfasser, Francisco Alzina, geht auf die von den »Bisayas« überlieferten Schöpfungsmythen ein. Im Gegensatz zu der auf dem Archipel populärsten Schöpfungsgeschichte, wonach das erste Menschenpaar sein Leben harmonisch vereint in einem Bambusrohr begann, welches eines Tages auseinanderbrach und aus dem beide – ein Mann und eine Frau – gleichzeitig in die Welt kamen, berichtet Alzina über eine ganz andere »Adam-und-Eva-Version«. Nach dieser sind Mann und Frau eher als Kontrahenten und getrennt aus zwei verschiedenen Kokosnüssen entstanden. Von den spanischen Eroberern wurden diese Leute im 16. Jahrhundert als »zänkisch und aufrührerisch« bezeichnet. Fest steht, daß sich das Volk der großen Kokosinseln Samar und Leyte bis heute immer wieder in Bauernaufständen gegen ihre kolonialen Unterdrücker und einheimischen Peiniger zur Wehr gesetzt hat.

»Niog«-Daten

Auf den über 7000 Inseln hat die Kokosnuß aufgrund der mannigfaltigen Sprachen und Dialekte eine Vielzahl von Namen. So heißt sie beispielsweise in den Hauptsprachen – Tagalog, Cebuano, Ilocano, Pangasinan und Ibanag – *Niyog*, *Nyug* oder *Niog*. Im Ivatan-Dialekt wird sie *Nyuy* und auf Maguindanao *Nyuk* oder *Nyur* genannt. Doch in der Kapampangan-Sprache sagen die Leute *Ungut* oder *Ngungut* zu ihr, und die Bewohner der östlichen Visaya-Inseln Samar und Leyte nennen sie *Lubi*. Einige Inseln tragen gar ihren Namen.

Die Bezeichnung *Lubi* wurde von Antonio Pigafetta in seinem berühmten Tagebuch festgehalten, das die im Jahre 1521 tragisch endende Reise des portugiesischen Seefahrers in spanischen Diensten Fernão de Magalhães (Fernando Magellan) in das heutige Territorium der Philippinen beschreibt. Pigafettas Aufzeichnungen werden in der lokalen Literatur stolz als »erstes historisches Dokument der Philippinen« gewürdigt. Hierbei wird oft vergessen, daß das denkwürdige Jahr 1521, in welchem Magellan von dem »ersten philippinischen

Freiheitskämpfer« Lapu-Lapu getötet wurde, der Beginn einer über 300 Jahre währenden leidvollen spanischen Kolonialgeschichte war. Diese ist eng mit der Kokospalme verbunden.

Erste Kokos-Entdecker

In Europa ist die faszinierende große Nuß erst seit dem 16. Jahrhundert als »cocos« allgemein bekannt geworden. Jedoch wurde sie schon 1498 von Vasco da Gama in seinen Aufzeichnungen als »coquos« erwähnt; und der venezianische Weltenbummler Marco Polo nannte sie bereits im Jahre 1295. Letzterer beschrieb beispielsweise, daß die Planken indischer Schiffe mit den widerstandsfähigen gesponnenen Kokosfasern zusammengebunden waren und kein einziger Nagel im Schiffsbau verwendet wurde.

Früheste arabische Aufzeichnungen aus der ersten Hälfte des 9. Jahrhunderts erwähnen sie als »indische Nuß«. Von der arabischen Bezeichnung für Nuß – »gaugoz« – soll das später gebräuchliche portugiesische Wort »coquos« abstammen. Eine andere Erklärung gibt der Forscher van Linschoten (1563–1611). Demnach stamme das Wort »cocos« vielmehr von dem spanischen »cocar« ab, was soviel wie »Fratzen schneiden« bedeutet. Gemeint ist hier die harte Steinschale der Kokosnuß, die am unteren Ende drei dunkle Vertiefungen, die sogenannten Keimgruben, aufweist. Diese wurden mit dem Gesicht der Grimassen schneidenden Meerkatzen verglichen. In vielen Legenden des indo-pazifischen Raumes werden diese »Narben« auf der Steinschale jedoch mit dem Antlitz der Menschen in Verbindung gebracht.

Den ersten in deutscher Sprache überlieferten Bericht über die Kokosnuß finden wir bei Balthasar Sprengler in seiner »Indienfahrt 1505/06«. Bereits damals sprach er über »sechzeherley« Nutzen, die aus der Kokospalme gezogen werden könnten. In alten Schriften ging die »Cocos« als »Klappernuß« in die deutsche Sprache ein. Jedoch hat sich dieser Name nicht durchgesetzt.

Die erste wissenschaftliche Arbeit in Deutschland mit dem Titel »Herbarium Amboinense«, in der die Kokospalme beschrieben wurde, stammt von dem Botaniker Georg Eberhard Rumphius aus dem Jahre 1741. Der schwedische Naturforscher Carl von Linné bezeichnete die elegante und exotische Kokospalme als die »Principe«, die Fürstliche.

Palmen – auch als Zierpflanzen – wurden seit dem 18. Jahrhundert zunehmend in Europa bekannt. Jedoch wurden sie damals exklusiv an Fürstenhöfen und in Orangerien als kostbare Geschenke von Entdeckungs- und Handelsreisen gehalten.

Für uns ist die Kokospalme meist nur ein Symbol für Urlaubssehnsucht oder romantische Aus-

steigerträume von glücklichen Menschen im Einklang mit der Natur auf Inseln ohne Umweltverschmutzung, Verkehrslärm und Arbeitslosigkeit. In welcher Weise werden überhaupt Begriffe wie Traum, Wirklichkeit oder Glück benutzt? »Viele tragen die Südsee im Herzen«, schrieb Clara Wilpert in ihrem ethnographischen Buch »Südsee«, und sie spricht vom »Zurechtrücken nach Maßgabe der Realität«. Auch heute, im Zeitalter des modernen Massentourismus und der »alternativen *Traveller*-Schwemme«, bei der die berühmte Palme als *das* Paradies-Symbol Tausende von bunten Touristen-Broschüren schmückt, muß von der wirtschaftlichen, sozialen und kulturellen Dominanz der westlichen Industrieländer – vom Neokolonialismus – gesprochen werden.

Oder – die Kokospalme wird einfach nur mit den wirtschaftlichen Interessen unserer verarbeitenden Industrien assoziiert. Denken wir an die begehrten Rohstoffe Kopra, Kokosöl und Ölschrot, die zur Herstellung vieler Produkte – angefangen von Seife, Margarine bis hin zum eiweißreichen Tierfutter – importiert werden.

Lebensdauer der Kokospalme

Die Lebensdauer einer Kokospalme wird auf fünfzig bis siebzig Jahre geschätzt. Einige sollen über hundert Jahre alt werden. Der sich nur in den seltensten Fällen einmal verzweigende Stamm der Kokospalme wächst in den ersten zehn Jahren jährlich etwa 1,50 Meter; dann nur noch um weniger als fünfzig Zentimeter pro Jahr. Der Durchmesser an der Basis des Stammes wird bereits früh erreicht und beträgt etwa sechzig Zentimeter. Man kann das Alter einer Kokospalme nicht wie an den Jahresringen eines Baumstammes errechnen. Vielmehr sind es die narbenartigen Einkerbungen außen am Stamm, welche die abgefallenen, vertrockneten Palmwedel hinterlassen, die eine Schätzung des Alters erlauben. Junge Palmen werfen pro Jahr zwischen vierzehn und sechzehn Palmwedel ab. Später sind es nur noch acht bis zwölf pro Jahr. Zur ersten Blüte gelangt die Kokospalme, wenn sie mehr als zwanzig gefiederte Palmenblätter ausgebildet hat. Jene Jahre, in denen Vulkanausbrüche in der Nähe stattfanden oder die durch einen starken Parasitenbefall gekennzeichnet waren, sind an der Palme durch eine Einschnürung am Stamm ersichtlich.

Vierhundert Millionen Kokospalmen

Statistische Daten belegen die große Nachfrage in den Industrieländern nach billigen Palmenölen, -fetten oder Tierfuttermitteln: War in philippinischen Erhebungen von 1913 noch von 30 Millionen Kokospalmen die Rede, die eine Fläche von etwa einer halben Million Morgen Land einnahmen, wurden im Jahre 1972 schon über zwei Millionen Morgen Land bestellt. 1979 gab es über 205 Millionen Kokospalmen. Schließlich wurden 1986 über 400 Millionen Bäume gezählt, die fast ein Viertel der landwirtschaftlichen Nutzfläche des Landes bedecken. Auf Mindanao sind es sogar über 40 Prozent der Nutzfläche, die mit Kokospalmen bepflanzt sind.

Die Exportziffern stiegen nach dem Zweiten Weltkrieg permanent an. 1971 erreichten die Kopra-Ausfuhren bereits 699000 Tonnen, was einem Wert von fast 117 Millionen US-Dollar entsprach. Laut offiziellen Statistiken wurde 1978 eine Gesamt-Kopraproduktion von knapp zwei Millionen metrischen Tonnen erreicht. 1979 setzten sich die Kokosexporte aus 77 Prozent Öl, dreizehn Prozent Kopra und aus zehn Prozent industriell getrockneten Kokosflocken zusammen. Schließlich erreichten 1980 die philippinischen Kokosexporte die Milliarden-Dollar-Marke. Heute produziert die philippinische Kokos-Industrie über 50 Prozent der weltweiten Kokos-Produktion und hat einen Anteil von 80 Prozent an den Kokos-Lieferungen auf dem Weltmarkt. Auch in all den Nachkriegsjahren waren etwa vier Fünftel des gesamten Kokosnuß-Outputs des Landes ausschließlich für den Export bestimmt. Doch gehen jetzt nur noch 39 Prozent der Exporte in die USA. 46 Prozent werden in die Staaten der Europäischen Gemeinschaft ausgeführt. Der Rest verteilt sich auf Japan, die Sowjetunion, China und andere Staaten.

Kokosnüsse als EG-Futtermittel

Steigenden Bedarf verzeichnen die westlichen Länder besonders für Kopraschrot, das als hochwertiges eiweißreiches Tierfutter importiert wird. Allein die Bundesrepublik hat beispielsweise im Jahre 1976 331 805 Tonnen Kopraschrot und Ölkuchen aus den Philippinen bezogen. Daran hat sich auch in den achtziger Jahren kaum etwas geändert.

Die EG importiert für die hiesige tierische Veredelungsproduktion jährlich mehr als 20 Millionen Tonnen Futtermittel aus der Dritten Welt. Das sind rund 42 Prozent der gesamten Futtermittelausfuhren aus den Entwicklungsländern.

Demgegenüber hatte die EG 1976 den Philippinen etwa 5 000 Tonnen Milchpulver zugesagt.

Das Land mit seinen riesigen Kokosplantagen dient weniger der eigenen Bevölkerung als uns. Auf ihren Feldern wächst eiweißhaltiges Kraftfutter für unsere Nutztiere, anstatt dort Lebensmittel für die eigene Bevölkerung mit einer ausgewogenen Landwirtschaft zu produzieren. Die in die Philippinen rückimportierten Fleisch- und Milchprodukte aus westlichen Ländern, nicht zuletzt mit Hilfe von Kokos-Tierfutter aus den Philippinen erzeugt, kann sich die verarmte Landbevölkerung – besonders der Kokosfarmer – nicht leisten.

Kokosnüsse als EG-Tierfutter sind ein Symptom für die neokoloniale Ausbeutung der achtziger Jahre. Alle Landreformbemühungen haben den als »Kokosland« klassifizierten Boden von einer geplanten Landverteilung ausgeschlossen – ein Indiz dafür, daß sich auch in der Zukunft an den bestehenden Machtverhältnissen nichts ändern soll.

Dreifach betrogene Produzenten

Die sogenannte *Coconut Story* ist auch die Geschichte einer Unterdrückung, die das Volk an den Rand einer Revolution geführt hat. Bei allen eindrucksvollen Produktionserfolgen und Statistiken hat sich der Lebensstandard der meisten Farmer, Landarbeiter sowie der in der verarbeitenden Industrie Beschäftigten seit der Unabhängigkeit kaum verbessert. Die meisten leben unter der sogenannten Armutsgrenze, während die Aufkäufer und Exporteure die Gewinne einstreichen. Und dies ist ein Geschäft, das schon während der spanischen Kolonialzeit in den Händen weniger einflußreicher Familien lag.

Die Bauern wurden dreifach betrogen: Das ausbeuterische Pachtsystem gilt auch heute; zwei Drittel der Ernten gehen in der Regel an den Landbesitzer, der sich nicht einmal an den Produktionskosten beteiligt, noch für den Transport der Kokosnüsse zu den oft schwierig zu erreichenden Märkten sorgt. Manche Bauern sind inzwischen in der Lage, bessere Verträge mit den meist abwesenden Besitzern auszuhandeln, um wenigstens 50 Prozent der Erträge zu erhalten. Dies geschieht oft nur mit Druck, der von der kommunistischen Guerillabewegung, der »Neuen Volksarmee« (NPA – *New People's Army*), ausgeübt wird. Diese Bewegung hat erheblichen Zulauf aus der Landbevölkerung, da sie sich um die Nöte der sonst rechtlosen Bauern kümmert. Vielen Kokosfarmern wurden von den Landbesitzern auch dringend notwendige Mischkulturen mit Gemüse, Wurzelfrüchten oder Obst untersagt, die die Ernährungslage der Bauern verbessern und Anfälligkeiten von Monokulturen gegen Seuchen und Schädlinge verringern. Dies müßte eigentlich auch im Interesse der Landbesitzer liegen. Die Verbote geschahen in der Vergangenheit aus Angst der Besitzer, daß ihr Land nicht mehr als »Kokosland« deklariert werden könnte, es dann unter die Landreform-Gesetze fiele, die u.a. vorsehen, jeden hiervon betroffenen Landbesitz über fünf Hektar aufzusplitten.

Den zweiten großen Betrug an den Bauern praktizieren die meist chinesischen Kopra-Händler in den Städten, die es seit Generationen zu erheblichen Reichtümern auf Kosten der Bauern gebracht haben. Durch großzügig gewährte Kredite für den Kauf von Werkzeugen, Baumaterialien und besonders von Lebensmitteln (auch diese Branchen halten dieselben Geschäftsleute in der Hand) werden die Farmer verschuldet und damit gezwungen, ihre Kopra zu den ungünstigsten Preisen abzuliefern. Die Händler wiederum erzielen weitaus höhere Weiterverkaufspreise und können es sich leisten, die Ware bis zur Regenzeit zu horten, um höhere Gewinnspannen zu realisieren. Seit den achtziger Jahren sind die Ankaufspreise für Kopra stark gefallen – allein in der ersten Hälfte des Jahres 1986 von 3,40 auf 1,80 Pesos per Kilo.

Der dritte Mechanismus, mit dem die Kokosfarmer dreizehn Jahre lang ausgeplündert wurden, ist eine zusätzliche Steuerabgabe von jedem verkauften Kopraerlös, die sogenannte *coconut levy*.

»Coconut Levy«

Bescheidene Anfänge zur Besteuerung der Kokosfarmer mit der *coconut levy* gab es bereits 1968. Die Höhe der Abgaben pro 100 Kilogramm Kopra stieg jedoch von anfänglich 0,55 Pesos sukzessive bis auf 100 Pesos (1974). Mit einem Präsidenten-Erlaß wurden im November 1974 durch den damaligen Diktator Marcos die Abgaben per Federstrich neu festgelegt, und zwar auf 70 Pesos pro 100 Kilogramm Kopra. In den achtziger Jahren schwankten die Raten zwischen 32 und 76 Pesos. Mit diesen direkt von den Bauern abgeführten Geldern sollten die Preise für Kokosprodukte, wie zum Beispiel Kokosöl und Kokosmilch, subventioniert und die Entwicklung der Kokosindustrie gefördert werden. Die Sanierung des Kokos-Business sollte den Farmern auch direkt zugute kommen, beispielsweise durch die genannten Preisstützungen, durch die Einführung einer Lebensversicherung oder durch die Bereitstellung von Stipendien. Jeweils 20 Pesos der festgelegten *coconut levy* waren ausschließlich für die Neuaufforstung der Kokosplantagen mit Hybriden vorgesehen.

Mit der Steuer wurden beachtliche Summen eingenommen. Bis 1982 hatten die von den Bauern erbrachten Abgaben bereits die acht-Milliarden-Peso-Marke überschritten.

Der philippinischen Kokos-Behörde (*Philippine Coconut Authority* – PCA) fiel es anfangs leicht, das in das Sanierungsprogramm eingebrachte Hy-

Die Kokosnuß und das verzauberte Mädchen

Auf der Westseite der Visaya-Insel Samar erzählen die Leute die Geschichte von dem kleinen ungeduldigen Mädchen, welches wir Lubidina nennen wollen und das von seiner Mutter eine Kokosnuß forderte. Diesen Wunsch konnte aber die Mutter nicht erfüllen, da sie keine Kokospalmen besaß. Doch Lubidina quengelte so lange, bis die Mutter wütend wurde und schließlich sagte: »Werd' doch selbst zur Kokosnuß!«

Da verzauberte sich das Mädchen und verschwand vor den Augen der Mutter. An der Stelle aber wuchs eine Kokospalme, die die trauernden Eltern im Gedenken an ihre Tochter hegten und pflegten.

Seitdem tuscheln die Leute, wenn sie eine Kokosnuß oder Lubi, *wie sie auf Samar heißt, in der Hand halten, daß dies wohl die verzauberte kleine Lubidina sei: Das Nußfleisch sei ihr Körper, das Wasser in der Nuß seien ihre Tränen, und die dunklen narbenartigen Punkte an der Seite, wo später ein neues Palmenbäumchen herauswächst, aber seien ihr Mund und ihre Augen.*

So wird sie mit jeder neuen Kokosnuß unter uns weilen, und wir werden sie nie vergessen...

---

briden-Förderungsprojekt als eine notwendige Maßnahme zu begründen. Dies auch dann noch, als sich herausstellte, daß relativ wenige der überwiegend kleinere Farmen bewirtschaftenden Kokosbauern an dem Hybriden-Wiederaufforstungsprogramm partizipierten – 1981 nur 7,2 Prozent (ca. 15700 von 279200 registrierten Farmern). Eigenartig war, daß die Abgabe-Pflicht für alle Farmer galt, obgleich die Entscheidung zur Einführung der neuen »Wunderpalmen« freiwillig erfolgen sollte. Schließlich waren die Bestellungskosten enorm hoch: Für die Neubepflanzung eines Hektar Kokoslandes – vom Erhalt der zu pflanzenden Hybriden-Nüsse bis zur ersten Ernte nach etwa drei Jahren – mußten durchschnittlich 15200 Pesos bezahlt werden. Und dieses Kapital konnten die armen Bauern nur durch hochverzinste Kredite aufbringen. Das Hybriden-Pflanzgut selbst wurde den Mitgliedern der gegründeten »Kokos-Föderation« (COCOFED) nicht extra berechnet. Diese überwachte zudem den Gebrauch von Kunstdünger und Pestiziden, ohne deren Einsatz die neuen Sorten nicht gedeihen können. Daß etwas getan werden mußte, war trotz aller Skepsis und Zurückhaltung für die Farmer auch wegen der Überalterung vieler Kokospalmenbestände und deren zusätzlicher Verseuchung einleuchtend. Die Ernteerträge waren gemessen am Weltdurchschnitt niedrig. Die ökologische Problematik der Monokulturen, die Abhängigkeit von Kunstdünger und teils umweltschädlichen Pestiziden, an denen transnationale Konzerne verdienten, blieben unberücksichtigt. Die schlechte Ernährungssituation der Kokosbauern und ihrer Familien durch eine einseitige Bebauung eines Großteils der landwirtschaftlichen Nutzfläche mit einer ausgesprochenen Exportfrucht wurde außer acht gelassen.

Was die Regierung der Bevölkerung verheimlichte, war die Tatsache, daß dieses »Levy-Business« nur wenige einflußreiche Familien, die dem

Marcos-Clan nahestanden, mit dem sauer verdienten Geld der Farmer bereicherte und ihre eigenen Vorstellungen über den profitablen Absatz von Kokosprodukten entwickeln half. An der Spitze dieses dreizehn Jahre lang andauernden gigantischen Betruges standen der ehemalige Verteidigungsminister Juan Ponce Enrile, der Bankier und Großgrundbesitzer Eduardo Cojuangco, den die philippinischen Medien als den *»undisputed coconut king«* (den unbestrittenen Kokosnuß-König) betitelten, sowie Madame Lobregat als ehemalige Vorsitzende der COCOFED. Insgesamt flossen über 9,7 Milliarden Pesos der Bauern durch die Hände dieser illustren Gesellschaft.

Eduardo Cojuangco (ein Cousin Frau Aquinos, der nach seiner Flucht mit dem mittlerweile auf Hawaii verstorbenen Diktator Marcos im Frühjahr 1986 kurz vor dem 6. Militärputschversuch Ende 1989 wieder in das Land einreiste – d. Hrsg.) erhielt als einziger die Konzession für eine Hybriden-Zuchtfarm von 1000 Hektar auf seinem Landbesitz auf der zu Palawan gehörenden Insel Bogsoc. Über 33 Prozent des Levy-Fonds, die für das Hybriden-Wiederaufforstungs-Programm bestimmt waren, gingen ausschließlich in das Palawan-Projekt. Cojuangco erhielt damit das Monopol für den exklusiven Verkauf der *Ivory Coast Hybrid*-Zuchtkokosnüsse, die er an die Kokosbehörde für sieben Pesos pro Nuß verkaufte. Der *coconut king* machte mit diesem Coup einen jährlichen Gewinn von mindestens 40 Millionen Pesos.

Schließlich transferierte Cojuangco auch Levy-Gelder in die *San Miguel Corporation*, den größten Brauerei- und Lebensmittelkonzern auf den Philippinen.

Juan Ponce Enrile brachte mit den Geldern der Kokosfarmer 80 Prozent aller philippinischen Ölmühlen in seinen Privatbesitz bzw. unter seine Kontrolle.

Die Abgaben der Bauern flossen über die »Vereinigte Kokosnuß-Pflanzer Bank« (*United Coconut Planters' Bank* – UCPB) und blieben zinsfrei, während die Farmer acht bis zwölf Prozent für ihre Kredite vom selbst aufgebrachten Levy-Kapital zu bezahlen hatten.

Nach den Februarereignissen im Jahre 1986 hat ein neues Kapitel in der *Coconut Story* begonnen, aber kaum zum Vorteil der verarmten Landbevölkerung. Zwar mußten Marcos und Cojuangco fluchtartig das Land verlassen, und die *coconut levy* wurde unter dem Druck der Bevölkerung abgeschafft. Aber die den Bauern abgeluchsten Gelder sind mit den Geschäftemachern größtenteils verschwunden. Die »Vereinigte Kokosnuß-Pflanzer Bank« und die Kokosbehörde PCA wurden mit neuen Leuten besetzt, die aber – wie auch die neue Präsidentin Aquino – aus der selben Gesellschaftsklasse der *Hazienderos* und des Agrobusiness stammen. Längst sollen Enriles und Cojuangcos Strohmänner wieder in einflußreichen Positionen sitzen. Beide genannten Institutionen sind heute durch den Levy-Schwindel hoffnungslos verschuldet, und von diesen sind keinerlei Finanzhilfen für die Kokosfarmer zu erwarten. Die Elite des Landes ist von der Landbevölkerung entfremdet. Viele dieser Geschäftemacher mit ihrer kolonialen Mentalität kennen sich in den USA besser aus als in den entlegenen *Barangays* ihrer Heimat. Die Bauern wiederum entfremden sich zunehmend von ihrer Scholle, die ihnen nichts einbringt.

Die Landflucht und ein Ende in den Slums der Städte sind keine Lösung. Die Bauern brauchen neue Farmkonzepte; statt der *Miracle Coconut*, wie die Hybriden bezeichnet wurden, dringend Hilfe, um alternative Mischkultur-Projekte durchzuführen, damit sie sich und den Rest der Bevölkerung langfristig überhaupt noch ernähren können. Der »Baum des Lebens« ist für viele Bauern zu einem »Baum des wirtschaftlichen Elends« geworden, weil sie gezwungen wurden, nur an ihm als einziger Quelle des Broterwerbs festzuhalten – ähnlich den Zuckerrohrpflanzern, den *Sakadas*, auf Negros.

»Ginataan«
Kochen mit der Kokosnuß

Grüne Bohnen & Kürbis nach Bicolano Art (für vier Personen)
Zutaten: 200 g Kürbis (engl. squash, *oder der feste, dunkle Muskat-Kürbis), in Würfel geschnitten; 100 g grüne Stangenbohnen, in 5 cm großen Stücken; 100 g kleine geschälte Garnelenschwänze; 1 mittelgroße Zwiebel, in dünnen Scheiben; 3 Knoblauchzehen, zerstoßen; 1 TL japanische oder chinesische Soya-Sauce; 150 ml dicke Kokosmilch (aus der Dose); schwarzer Pfeffer und eine Prise Salz.*

Kokosmilch langsam unter ständigem Umrühren zum Kochen bringen, nacheinander alle Zutaten – bis auf das Gemüse – hinzufügen. Etwa 10 Minuten alles auf kleiner Flamme halten, dann Kürbiswürfel und Bohnen hinzufügen. Umrühren, bis Flüssigkeit etwas andickt. Gemüse nicht zerkochen. Es sollte »knackig mit Biß« bleiben. Mit Reis servieren.

Gebhard Körte

Zugvögel

Filipinas und Filipinos in Übersee

Auf dem »Weltarbeitsmarkt« sind Filipinos und Filipinas wegen ihrer relativ guten Ausbildung und Englischkenntnisse sehr gefragt: die Männer als Seeleute auf Billigflaggenschiffen und den Baustellen des Nahen Osten, die Frauen als Hausangestellte in den prosperierenden Stadtstaaten Hongkong und Singapur sowie in einigen europäischen Ländern. Da sich die Lebensbedingungen in ihrer Heimat unter Corazon Aquino nicht verbesserten, verlassen weiterhin jährlich Hunderttausende die Inseln.

Während Touristen aus aller Welt den neuerdings als *Fiesta Islands* vermarkteten Archipel in steigender Zahl als Ferienziel entdecken, finden immer mehr Bewohner kaum noch Grund zum Feiern. Sie kehren ihrer Heimat vorübergehend oder auf Dauer den Rücken.

Auf 3,5 Millionen, fast sechs Prozent der etwa 60 Millionen-Bevölkerung, wird die Zahl der Filipinas und Filipinos veranschlagt, die derzeit in mehr als 120 Ländern leben, davon etwa 1,6 Millionen als Vertragsarbeiter und -angestellte. Häufig gut ausgebildete, anpassungsfähige und Englisch sprechende »Kosmopoliten« – selten als Urlauber oder Geschäftsreisende mit Kreditkarten und gefüllten Brieftaschen, aber mit dem Traum, der Armut, Hoffnungslosigkeit und dem repressiven politischen Klima ihres Landes zu entkommen. Dessen katastrophale wirtschaftliche und gesellschaftliche Verfassung hat konkrete Ursachen: fast vierhundertjährige Fremdherrschaft, neokoloniale Ausbeutung und eine korrumpierte nationale Elite. Die Krise ist von Menschenhand gemacht.

Sinkender Lebensstandard

»Die Philippinen sind das einzige ASEAN-Land (Vereinigung südostasiatischer Nationen), dessen durchschnittlicher Lebensstandard abnimmt«, resümiert eine vertrauliche Weltbank-Studie aus dem Jahr 1988, und selbst Präsidentin Aquino hat kürzlich eingestehen müssen, daß die Reichen unter ihrer Regierung mehr begünstigt worden seien als die Armen.

Kein Wunder, daß die einstige Hoffnungsträgerin Corazon Aquino, selbst aus der dünnen Oberschicht des Landes stammend, die Bürger des Landes nicht zum Bleiben bewegen kann. Wie ihr Amtsvorgänger setzt sie vielmehr auf eine Politik, die im Export von Arbeitskräften ein Ventil für periodisch lauter werdende Forderungen nach überfälligen Strukturveränderungen sieht und nach gesetzlich regulierter Abschöpfung der Devisen trachtet. »Die Regierung kümmert sich nicht um die Anliegen der Bevölkerungsmehrheit«, stellt Jun Reyes von KAIBIGAN, den »Freunden der philippinischen Wanderarbeiter«, nüchtern fest. KAIBIGAN, u.a. von »Brot für die Welt« finanziell unterstützt, ist gemeinsam mit den Partnerverbänden KAKAMMPI (Vereinigung der Angehörigen philippinischer Wanderarbeiter) und KOMAPPID (Kongreß philippinischer Arbeitnehmer und ihrer Familien im Ausland) und dem im Juli 1989 gegründeten Ableger KANLUNGAN, der sich ausschließlich mit der Beratung und Rehabilitierung von Wanderarbeitern mit psychosozialen Problemen befaßt, die einflußreichste und aktivste Gruppe von Nicht-Regierungsorganisationen in diesem Tätigkeitsfeld. Die zuständigen Regierungsdienststellen kommen nicht umhin, auf deren Studien, Umfragen, Publikationen und ihre Datenbank zurückzugreifen.

Dauerndes Verstecken

Arbeitsemigration und Auswanderung in nennenswertem Umfang haben in den Philippinen eine relativ kurze Geschichte. Als Resultat des spanisch-amerikanischen Krieges eigneten die USA sich im Vertrag von Paris 1898 die fast dreieinhalb Jahrhunderte von Spanien beherrschte Kolonie an und unterwarfen in mehrjährigen blutigen Feldzügen die nationale Unabhängigkeitsbewegung. Die Bürger des Landes wurden bis 1934 als US-Staatsangehörige betrachtet und konnten – theoretisch – frei einreisen. Ab 1906 trafen die ersten größeren Gruppen von Filipinos in den Vereinigten Staaten ein, angeheuert für die Arbeit auf Obst-, Gemüse- und Zuckerrohrplantagen in Hawaii und entlang der Westküste. Niemand von diesen »Pionieren«, die besonders während der großen Wirtschaftsdepression zu Zielscheiben rassistischer Attacken wurden, konnte ahnen, daß mehr als 1,5 Millionen Landsleute ihren Spuren nach Nordamerika folgen würden. Die Philippinen stellen heute nach Mexiko die größte Gruppe von Neueinwanderern. Vor den jahrzehntelang führenden Chinesen und Japanern nimmt die philippinische Gemeinschaft in den USA inzwischen den ersten Platz unter den Immigranten aus Asien ein, wobei die mit sarkastischem Humor als TNT (tago ng tago = dauerndes Verstecken) bezeichneten illegal Eingereisten noch nicht einmal erfaßt sind. Auf 800000 bezifferte ein Sprecher der US-Botschaft in Manila am 1. November 1989 die vorliegenden Anträge auf Einwanderervisa.

Die am präzisesten als »Flucht« zu definierende Massenabwanderung setzte während der zwanzigjährigen Marcos-Herrschaft ein und erreichte einen ersten Höhepunkt nach der Verhängung des Kriegsrechtes 1972. Ein Jahr darauf begannen die Realeinkommen im Land, das noch in den fünfziger Jahren an Lebensstandard und Wirtschaftswachstum in der Region nur von Japan übertroffen worden war, kontinuierlich zu sinken.

Wesentliche Beiträge zu dieser Misere leisteten eine verfehlte Wirtschaftspolitik, die Ausplünderung des Staates durch Marcos und eine kleine Günstlingsclique sowie eine arrogante, reformfeindliche Elite, die ihre auf feudalen Strukturen errichtete Macht mit Privatarmeen absichern läßt. Die Philippinen, als »Perle der orientalischen Meere« etikettiert und reich an Bodenschätzen, fruchtbaren Böden und ausgedehnten Fischgründen, wurden in ihrer Entwicklung um Jahrzehnte zurückgeworfen. Gleichzeitig erreichte der Schuldendienst für freizügig vergebene Kredite internationaler Banken, multilateraler Organisationen und ausländischer Entwicklungsagenturen immer größere Höhen. Das Regime griff nach jedem Strohhalm, um den Staatsbankrott abzuwenden. Es begann, über die Billiglohnpolitik im Inland hinaus systematisch Arbeitskräfte zu exportieren. Für die Abfertigung und Verwaltung des »menschlichen Ausfuhrerzeugnisses« wurden mehrere staatliche Stellen geschaffen, die am 1.Mai 1982 in einer neuen Superbehörde, der Philippine Overseas Employment Administration (POEA), vereinigt wurden. Größte »Absatzmärkte« waren von Anfang an der Mittlere Osten, an erster Stelle Saudi-Arabien, und die Asien-Pazifik-Region.

Immer mehr Frauen gehen ins Ausland

Die neue Strategie zahlte sich zunächst aus. Innerhalb eines Jahrzehnts stiegen die Geldüberweisungen philippinischer »Gastarbeiter« vor traditionellen Exportprodukten wie Kopra und Zucker zum *Top Dollar Earner* auf und trugen wesentlich zur Stabilisierung der Zahlungsbilanz bei. Unter makro-ökonomischen Aspekten vermochten die Überweisungen den wirtschaftlichen Niedergang hinauszuzögern. Auch die wachsende Unruhe in der Bevölkerung wurde partiell gedämpft. In vielen Familien erwiesen sich die mehr oder weniger regelmäßig eintreffenden Beträge in harten Währungen angesichts des rasanten Pesoverfalls als gleichzeitige Transfusion von Stärkungs- und Beruhigungsmitteln. Doch letzlich konnte der Diktator weder die Zahlungsunfähigkeit des Landes noch seinen Sturz verhindern. *People Power* und die Streitkräfte zwangen ihn ins Exil.

Etwa seit Ende der siebziger Jahre veranlaßt die aussichtslose Lage in ihrer Heimat vermehrt auch Frauen, sich ins Ausland zu begeben, trotz häufig degradierender Arbeits- oder Lebensbedingungen. Waren die Arbeitsemigranten bis dahin überwiegend Bauarbeiter in den prosperierenden arabischen Ölstaaten, Seeleute auf Handelsschiffen unter Billigflaggen und auch bereits einige tausend Krankenschwestern in den USA und Europa, begannen Filipinas sich nun als Hausmädchen zu verdingen. Rund eine Viertelmillion Frauen steht inzwischen nicht nur neureichen Familien auf der arabischen Halbinsel rund um die Uhr zu Diensten, sondern sie scheinen auch für zahlreiche Haushalte in Hongkong, Singapur, Spanien, Italien und Großbritannien unverzichtbar geworden zu sein.

Durch die philippinischen Medien geisterte vor einigen Monaten das Gerücht, ein angesehener britischer Wörterbuchverlag habe Filipina mit *Maid* (Hausmädchen) erläutert. Weit höhere Aufmerksamkeit zogen jedoch die sogenannten *Mail Order Brides* (Bräute im Postversand) auf sich, die durch die Eheschließung mit meist wesentlich

älteren Männern in westlichen Industrieländern auf materielle Absicherung und Partnerschaft hofften, jedoch in vielen Fällen von vornherein eher als unbezahlte Haushälterinnen oder isolierte Sexualobjekte vorgesehen waren. Auch einige tausend Deutsche beschafften sich mit der Hilfe von Heiratsbüros fernöstliche Ehefrauen, die sie oft nur aus kurzen Briefwechseln und – natürlich – einem Foto kannten.

Philippinische Musiker, Sänger und Alleinunterhalter genießen in Asien seit langem einen hervorragenden Ruf. In der Rubrik »Entertainer« stellen diese seriösen Künstler inzwischen aber nur noch eine kleine Minderheit. Die neuen Exportschlager im Kultursektor sind »Tänzerinnen«, eine kaum verhüllte Umschreibung für Go-Go-Girls und Hostessen, Striptease und Prostitution. Schätzungsweise 80000 meist junge Frauen sind zur Zeit allein in Japan beschäftigt, in den Nachtclubs und Bordellen der vom *Yakuza*-Syndikat kontrollierten Vergnügungsindustrie. Verstärkt durch eine unter Marcos begonnene subtile Tourismusförderung, die mit exotisch aussehenden Frauen in verführerischen Posen wirbt, gelten Filipinas mittlerweile auch außerhalb Asiens als käuflich.

Kein Ende in Sicht

Wer mit welchen Kenntnissen und Fertigkeiten als Vertragsarbeiter oder Immigrant ausreisen kann, wird nicht in den Philippinen entschieden, sondern in den Aufnahmeländern nach ökonomischen, gesellschaftlichen und politischen Gesichtspunkten bestimmt. Im Moment besteht Bedarf für Ingenieure, Techniker, Computerspezialisten, Gesundheitsberufe und Fachkräfte im Dienstleistungsbereich. Ungelernte Arbeitskräfte werden zwar nach wie vor angeworben, befinden sich jedoch in scharfem Wettbewerb mit Angehörigen anderer, menschliche Arbeitskraft exportierender Länder. Die Mehrzahl philippinischer Bürger und Bürgerinnen bevorzugt als Auswanderungsziel noch immer die Vereinigten Staaten, obwohl der Strom nach Kanada und Australien prozentual stärker geworden ist. Auch nach Beendigung des Baubooms nimmt der Mittlere Osten die meisten Arbeitsemigranten auf.

Ein Ende der Massenauswanderung zeichnet sich nicht ab. Der nach zweijährigem »Minuswachstum« seit 1986 registrierte Wirtschaftsaufschwung hat die hohe Arbeitslosigkeit und Unterbeschäftigung nicht nachhaltig beeinflussen können. Auf eine Steigerung der Inlandsnachfrage zielende Konjunkturprogramme wurden mit einer weiteren Kreditaufnahme finanziert. Gut vierzig Prozent des Staatshaushaltes werden mittlerweile allein für den Schuldendienst verwendet. Um für Auslandsinvestitionen attraktiv zu werden, bleibt die Niedriglohnpolitik unverändert in Kraft. Mangels alternativer Konzepte hat die Aquino-Regierung darüber hinaus die Argumentation über die Vorteile des Arbeitskräfteexports übernommen und hält unbeirrt an diesem obsoleten Kurs fest.

Die Unterschiede zwischen dem Einkommensniveau im In- und Ausland sind zwar geringer als früher, aber noch immer erheblich. Im Durchschnitt liegen sie bei etwa 400 Prozent. Hausangestellte können das Zehnfache verdienen, wobei zu berücksichtigen ist, daß ihnen in den Philippinen monatlich selten mehr als umgerechnet 50 DM ausgezahlt wird. Lediglich weltweit gefragte Spezialisten und Angehörige medizinischer Berufe können auch in absoluten Zahlen mit Spitzeneinkünften rechnen. In Kanada und den USA erzielen Krankenschwestern z.B. 20fach höhere Gehälter, was den Run auf die Krankenpflegeschulen erklärt.

Traditionelle Konzepte geraten ins Schleudern

Angesichts generell sinkender Einkommen im Ausland und stark gestiegener Lebenshaltungskosten im Inland ist eine zentrale These der Befürworter des Arbeiskräfteexports nicht länger aufrechtzuerhalten. Schon unter günstigeren Bedingungen war eine substantielle Erhöhung der Sparquote für die einheimische Kapitalbildung ausgeblieben. Eine Studie der De La Salle-Universität (Manila) stellte 1983 fest, daß nicht mehr als vier Prozent der zugewanderten Arbeitskräfte genügend Geld für die Gründung eines Geschäftes oder Kleinbetriebes zurücklegen konnten. Die Überweisungen werden von den Familienangehörigen vorrangig für Nahrung und Grundbedürfnisse ausgegeben, sodann für die Rückzahlung von Schulden, die Ausbildung der Kinder und die Wohnung. Die verbesserte materielle Lage manifestiert sich überwiegend in Haushaltsgeräten, Farbfernsehern und Videoanlagen, vielleicht noch in einem bescheidenen eigenen Haus.

Der Schritt aus der absoluten Armut wird individuell und sozial teuer erkauft: langjährige Trennung der Familien, Isolation und Heimweh in einer fremden Kultur, unbegründete Eifersucht oder tatsächliche Untreue, ohne Mutter oder Vater – manchmal ohne beide Elternteile – aufwachsende Kinder, Neid von Verwandten und Nachbarn. Traditionelle Familienkonzepte und Wertesysteme wanken. *Pasalubong* (kleine Geschenke) von einer Reise mitzubringen, hat eine lange Tradition, doch die Penetranz, mit der *Balikbayan* (Rückkehrer) trotz tief verwurzelter Tugenden wie *Amor propio* (Selbstachtung) und *Hiya* (Scham/Schande) um Luxusartikel und Bargeld angegangen werden, ist eine häßliche Begleiterscheinung moderner Phänomene.

Erhebliche gesamtgesellschaftliche Auswirkungen verursacht der *brain drain*, die Abwanderung der Intelligenz ohne Kompensation der hohen Ausbildungskosten. Zahlreiche wichtige Industrie- und Dienstleistungssektoren wie Petrochemie, Fernmeldewesen, Luftfahrt, Stromversorgung und Forschung haben in manchen Jahren weit mehr Ab- als Neuzugänge hinnehmen müssen. Zwischen 1966 und 1976 verließen 12382 Wissenschaftler und Ingenieure das Land allein in Richtung Vereinigte Staaten. Tausende von Lehrerinnen sind in den *Newly Industrializing Countries* Asiens als Hausangestellte beschäftigt. Besonders außerhalb der städtischen Ballungszentren hat die Abwanderung von medizinischem Fachpersonal dramatische Konsequenzen. Nach Auskunft der *Philippine Nurses Association* waren Ende 1988 60 Prozent der 160000 registrierten Krankenschwestern und -pfleger im Ausland tätig. Das gleiche gilt für gut zwei Drittel aller Ärzte.

Kulturelles Niemandsland

Doch es sind mehr als nur ökonomische Faktoren, die die Philippinen zu einer der führenden Nationen im Export von Arbeitskräften gemacht haben. Spanien und noch stärker die USA haben das Land während ihrer Kolonialherrschaft nicht nur gewaltsam »geöffnet« und ausgeplündert, sondern es auch mit einem kulturellen Stempel versehen, der vielen Menschen bis heute Rätsel über ihre Identität aufgibt. Fernsehspots der Regierung preisen Auslandsjobs als einen Rettungsanker oder zeigen glückstrahlende Empfänger von Geldsendungen in der Hifi-Abteilung eines Kaufhauses. »Wenn wir nicht bald handeln, werden wir uns

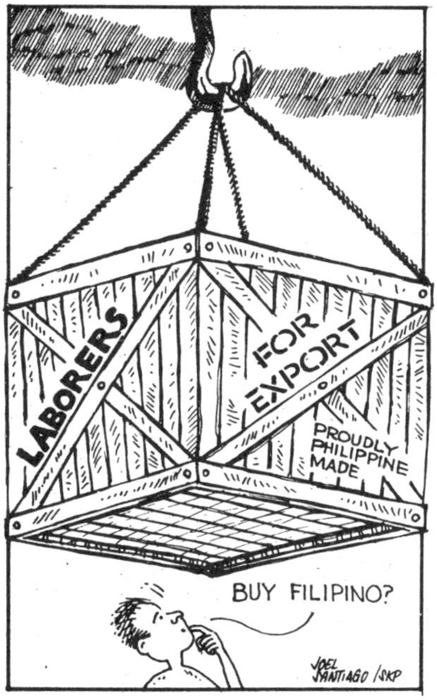

Joel Santiago: Manila Times 6.5.1990

einem kulturellen Niemandsland gegenüberse-hen«, warnte unlängst Aquinos Pressesprecher, denn niemand wisse, ob er hispanisierter Filipino oder philippinisierter Spanier, amerikanischer Filipino oder brauner Amerikaner sei. Wie stark das Nationalgefühl bereits gelitten hat, belegte eine 1982 erhobene Umfrage unter Grundschülern: Nur fünf Prozent der Kinder entschieden sich bei insgesamt fünf Wahlmöglichkeiten für die philippinische Staatsangehörigkeit. Die überwältigende Mehrheit identifizierte sich mit den USA.

Ein Berg voll Gold

Jimmy Tadeo, im Mai 1990 unter fadenscheinigen Anschuldigungen ins Gefängnis gesperrt und der bekannteste philippinische Bauernführer, liebt Metaphern. »Wir sitzen auf einem Berg voll Gold«, pflegt er deshalb zu sagen, wenn er nach dem Entwicklungspotential seines Landes gefragt wird. Doch ebenso wie die großflächige Abholzung der tropischen Regenwälder nur einige Dutzend Konzessionäre zu neuzeitlichen Krösussen werden ließ, fließen auch die Gewinne aus dem Abbau der Bodenschätze, darunter Gold, Kupfer, Chrom, Nickel, Platin, Kohle und Marmor, in die Taschen weniger in- und ausländischer Aktionäre. Es ist mehr als ironisch, daß die zu zwei Dritteln unterhalb der Armutsgrenze lebenden Menschen zunehmend ihren Rohstoffen nachreisen müssen, zur direkten oder indirekten Assistenz bei der Mehrwertproduktion. Trotz häufig hoher Qualifikationen werden sie überwiegend beschäftigt, behandelt und bezahlt wie Tagelöhner. Oder auch als Statussymbol wie in Taiwan, wo »effiziente« philippinische Hausmädchen gleich neben importierten Limousinen und Sportwagen rangieren.

Nicht nur zwischen der Ersten und der Dritten Welt erweitert sich der Abstand; auch in den Philippinen vergrößert sich die Kluft zwischen den Reichen und den Habenichtsen.

Mary Lou U. Hardillo

Leben nach DIN-Norm?

Philippinisch-deutscher Alltag

»Seid Ihr alle mit deutschen Männern verheiratet?« – begrüßt mich neugierig eine alte Dame in der Empfangshalle des Gustav-Stresemann-Instituts in Bonn. Mitte September 1990 findet hier der erste Kongreß des Philippinischen Frauen-Forums statt. Naßkalte Winde kündigen bereits den Herbst an – wiederum Zeit, vor dem Schlafengehen Socken anzuziehen.

Die Dame vom Vortag zeigt sich gutgelaunt und genießt es, mit uns, knapp 50 angereisten Filipinas, gemeinsam zu frühstücken. Der Speisesaal wimmelt von spielenden, kreischenden Kindern, die Blumen von den wohlgedeckten Tischen sammeln. Andere schieben quietschvergnügt ihr Essen in mitgebrachten Wägelchen umher, scherzen. Ein Säugling wird noch von seiner Mutter gestillt, die nicht zu kichern aufhört. Es duftet nach Kaffee und Parfum. Das Tok-Tok-Tok der Stöckelschuhe vermischt sich mit herzhaftem Lachen. Ein Kauderwelsch von Sprachen und Dialekten – Englisch, Taglisch (eine Mischung aus Tagalog und Englisch), Cebuano, Deutsch:»Oo, will start na! Where's your Schlüssel ba?«

Drei kurze Tage wollen wir miteinander reden, Erfahrungen und Perspektiven des Lebens in Deutschland austauschen und wissen, wie es unseren Schwestern zuhause ergeht. »Herausforderungen für Filipinas in Deutschland« lautet das Thema unseres Kongresses, den die Frauen-Anstiftung e.V. unterstützt. Fünf Workshops sind zum intensiven Kennenlernen vorgesehen. Die Angereisten, Krankenschwestern, Sozialarbeiterinnen, Hausfrauen und Doktorandinnen, sind aus allen Regionen der Bundesrepublik bunt zusammengewürfelt.

Beklommenheit und Wut

Am Anfang stehen Beklommenheit und Wut. Viele fühlen sich persönlich angegriffen, verletzt durch die in den Medien verbreiteten Klischees, aber auch von deutschen Frauen, die, ob bewußt oder unbewußt, in uns Objekte ihrer akademischen oder philantropischen Begehrlichkeit sehen. Einhellige Empörung herrscht über jene sensationslüsternen Gazetten, welche, so sie denn über unser Land schreiben, Frauen als Frischfleisch präsentieren und deutsche Männer – nichts sehen, nichts hören, nichts sagen – über die vermeintliche Anschmiegsamkeit der »fernöstlichen Schmusekätzchen« schwafeln lassen. Ansonsten werden Slums, Bars und Vergnügungsviertel gezeigt. Es stimmt schon: Der Frosch im Brunnen kennt nicht die Weite des Firmaments. Seit den späten sechziger Jahren, meint Percy, wurde an diesem Klischee gestrickt. Damals kamen Hunderte ausgebildeter Krankenschwestern aus dem katholischen Reich der über 7000 Inseln nach Deutschland – klein, immerzu lächelnd, hilfsbereit, anspruchslos, anpassungswillig, kurzum: Tugenden, die deutsche Männer schätzen und Heiratsmärkte erschließen.

Was wohl dürfte die alte Dame in der Empfangshalle zu ihrer Frage bewogen haben? Was mag sie jetzt denken? Sind wir aufopferungsbereite Mütter, die ihre Babies zu einer Tagung mitschleppen, um dem Herrn daheim ein paar verdiente Mußestunden zu gönnen? Oder sind wir die verwöhnten Frauchen, die das Geld ihrer deutschen Ehegatten für Kleider, Schminke, gar Stöckelschuhe verprassen?

Mehr als die geilen Spalten in den Zeitungen und Zeitschriften sind es die Geschäfte mit und Geschichten über *Mail Order Brides* – katalogisierte »Traumfrauen« auf Abruf, per Bestellung, (klappt's nicht ganz) inklusive Rückgaberecht, – die uns erzürnen. Alle von uns sind schon mal mit solchen Fragen konfrontiert worden: »Wieviel hat eigentlich Ihr Mann für Sie bezahlt? Gibt's keine Männer bei Ihnen?« Wie sollen wir reagieren – Black-out, Ohrfeige, Schweigen? Jedenfalls nie deine Würde verlieren, nicht auf das Niveau des Fragenden herabsinken. Passivität? Keineswegs! Wie haben wir bislang reagiert? Antworten im kleinen Kreis: frau fühlt sich geschmeichelt vom bewundernden Blick eines sympathischen Mannes. Anders gegenüber einem aufdringlichen Opa; eine Frau vermag trotz eines zischenden »Verpissen Sie sich!« Contenance zu wahren und höflich zu bleiben.

Bei deutschen Frauen haben wir Unverständnis und Kopfschütteln erlebt, wenn das Thema Mail Order Brides berührt wird. Um Himmels willen, die Frauen werden ge- und verkauft? Aber gnädige Frau, dies ist Ihr hier praktiziertes System des (An)Werbens. Blättern Sie aufmerksam in allen Zeitungen, einschließlich der »seriösen« – überall Makler für und Händler von PartnerInnen, weltweit. Nur: Deutsche Frauen werden vermittelt, Asiatinnen indes ge- und verkauft! Verdeckt bleiben allemal die Ursachen dieser Geschäfte und die Gründe, warum sich Frauen prostituieren.

»Vor und nach Deutschland«

In einem Workshop sprechen die Frauen über ihre persönliche und soziale Identität in Deutschland. Spontan definieren sie sich als BG und AG – »before Germany« und »after Germany«. »Vor Deutschland« – das heißt, wenngleich nicht durchgängig, finanzielle Unabhängigkeit, ein ausgeprägtes Gefühl der Zusammengehörigkeit, starke emotionale Bindungen an ihre Familien, Spontaneität, »normales« Verhalten, bewußt gepflegtes Äußeres, Schwierigkeiten beim Haushalten, keine Depressionen, Hausarbeit als Frauensache. »Nach Deutschland« – kaleidoskopartige Stimmungsbilder: Ruth fühlt sich insgesamt freier, nicht länger mehr durch ständiges Intervenieren älterer Familienmitglieder gegängelt; Louie leidet unter dem Druck, stets und überall »korrekt« sein zu müssen, ja nicht anecken, äußerste Zurückhaltung beim Verzehr von Knoblauch üben. Lorna empfindet ihre Ehe, mal offen, mal subtil, als doppelte Stigmatisierung; zu Hause gilt sie als Flittchen und hier als gekaufte Braut.

Der alltägliche Rassismus löst Identitätskrisen aus oder verstärkt bereits vorhandene. Marissa erzählt von ihrer Begegnung mit einer alten Dame, die sie beleidigte, weil ihr Sohn im Bus dreckige Schuhe trug und damit das Polster streifte: »Wir sitzen darauf mit unseren sauberen Kleidern. Hier ist Deutschland, wissen Sie?« Wow! »Umbringen« wollte sie die Frau! Dann aber, so Marissa, sei sie über ihre Reaktion erschrocken gewesen. In den Philippinen hatte sie mit der Muttermilch den Respekt vor älteren Menschen

eingesogen, hatte gelernt, ihre Handrücken als Ehrerbietung ihnen gegenüber mit der Stirn zu »küssen«. Sie durchfuhr ein Schaudern bei dem Gedanken, jemanden, dazu noch eine ältere Person, »umbringen« zu wollen. Sie war außer sich. Zurückschreien hätte gleichermaßen ihren Moralkodex verletzt. Auf Marissa wirkte das Gefühl, unberechtigt gescholten und unterdrückt worden zu sein, ohne angemessen reagiert zu haben, wie ein Senkblei. Diese Situation verursachte bei ihr eine schmerzliche innere Krise.

Konflikte zwischen Filipinas und Organisationsprobleme unter ihren Landsleuten beschäftigten die Teilnehmerinnen eines anderen Workshops. Warum existiert eine Kluft zwischen »etablierten« und nicht–etablierten Filipinas? Warum scheitern philippinische Vereine? Was veranlaßt einige Frauen, sich hier und daheim für ihresgleichen einzusetzen, während andere gerade ein solches Engagement abstößt und zu uns auf Distanz gehen läßt? Wir sind schlecht vorbereitet, dazu in einer kalten, häufig gefühllosen und unfreundlichen Umgebung, merkt Cecile an. Viele sind der alten Erwartung verhaftet, wenig offene Kritik parieren zu müssen. In Deutschland gilt indes das direkte, zuweilen konfrontative Verhalten als normal. Filipinos und Filipinas schätzen eher das variationsreiche Insinuieren. Ein Abweichen von diesem Regelfall ist bereits verletzend, diskriminierend, ein Gefühl, das sich verstärkt, wenn daheim hochqualifizierte Frauen hier auf »niedrigere« Stellen zurückgreifen müssen.

Bei alledem geht es nicht ausschließlich um die Belange der in Deutschland lebenden Filipinas, sondern auch um unsere Schwestern in den Philippinen – ihre eigenen Herausforderungen, alltäglichen Kämpfe und Probleme. Welche Hilfe ist am effektivsten? Unterstützung von Frauenprojekten, Stipendien für Kinder von Bauern– oder Arbeiterfamilien, Stärkung von Gesundheitsstationen und regelmäßiger Erfahrungs– und Informationsaustausch werden genannt. Hinreichend Stoff also für den zweiten Kongreß.

Nach drei kurzen, doch intensiven Tagen voller Gespräche und Gelächter ist bei einigen Teilnehmerinnen die anfängliche Skepsis,»wie denn alles so laufen wird«, verflogen. Gewichen ist sie einem gewachsenen Zusammengehörigkeitsgefühl. Für einige ist es das denkwürdigste, »lockerste« Wochenende in Teutonia. Dementsprechend fällt die Verabschiedung aus – Küsse, Urmarmungen. Na, sollten sie schließlich gar auch lesbisch sein, diese Ausländerinnen? – höre ich in meinem Innersten die alte Dame fragen.

Es ist angenehm zu erleben, wie ansteckend Fröhlichkeit und gemeinsame Visionen sein können. Die Entfernungen zwischen unseren verstreuten Aufenthaltsorten sind spürbar geschrumpft.

Hanns F. Groeschke

Tropische Plagegeister und Travellers

Vom »harten« über den »sanften« zum »alternativen« Tourismus

Was geschähe, fiele eine philippinische Reisegruppe oder auch nur ein philippinischer Individualtourist in ein oberbayerisches Dorf ein, triebe eine x-beliebige Familie vom Fernseher weg zum Gruppenphoto zusammen, naschte gar aus ihrem Kochtopf und schelte sie, sollte sie sich bei alledem zieren, nachträglich »undankbar« und »feindselig«? Wenig – ebenso rasch wie empört würde solchen »Schmeißfliegen« der Garaus gemacht. Tja, diese Ausländer...

Was aber passiert – zumal alltäglich –, wenn in einem Dorf der philippinischen Cordillera ein erklärter Neckermann-Feind und Alternativer schnurstracks in eine »einheimische Hütte« stolziert, ungebeten alles und jeden abblitzt und, so es denn seine überbordende Generosität erlaubt, den Verdutzten Streichhölzer oder Spiegelchen hinterläßt? Viel – zum Beispiel entstellende Narben in Gestalt »alternativer« Reisehandbücher, in denen die Objekte eines verqueren Exotismus beliebig als besuchswürdig empfohlen oder als unliebsame, tunlichst zu meidende fremde Quälgeister im eigenen Land abgekanzelt werden. Tja, diese Einheimischen...

Der überwiegende Teil der in den letzten Jahren herausgegebenen und als alternativ gepriesenen Reiseliteratur erweist sich – im harmlosesten Falle – als überheblich. Deren schmutzigste Schaumkronen bilden offen rassistische Fibeln, denen ein »tourender Rambo« entsteigt, ein Typus, der das stets bedrohliche Weite sucht, allerorten Nepp, Neid und Niedertracht trotzt und sich zunehmend von sich und anderen entfernt. Der vom Touristen zum Traveller gewandelte und schließlich auf einsamen tropischen Fährten wandelnde Nahkampf-Überlebensexperte also?

Andere als solche Holzwege hat bereits vor Jahren das philippinische Zentrum für Solidaritäts-Tourismus vermessen. Dessen Überlegungen bieten eine Chance, zur Ausnahme werden zu lassen, was heute noch im Reisehandbuch-Business die Regel ist.

Rainer Werning

In seinem *Tropenbuch* nennt der auf den Philippinen lebende Autor Roland Hanewald in einem besonderen Kapitel über die Bereisten die sogenannten *tropischen Plagegeister.* Hierzu zählt er nicht nur »Ratten, Köter, Kinder und Bettler«, er zitiert sodann folgende Textpassage eines deutschen Richterspruchs aus dem Jahre 1980: »Es ist nicht zu verkennen, daß eine Gruppe von Schwerbehinderten bei empfindsamen Menschen eine Beeinträchtigung des Urlaubsgenusses darstellen kann.« Der Autor vertritt die Ansicht, Not und Elend in der Dritten Welt seien auf eine selbstverschuldete »Ära der verpaßten Gelegenheiten zurückzuführen.« Und er gibt die Empfehlung:»Mimen wir den harten reichen Mann. Einen Obolus, wenn wir uns schon veranlaßt fühlen, können wir über unsere heimischen Organisationen beisteuern.«

Wohlverstanden – hierbei handelt es sich nicht um Travelinformationen rechtsradikaler Parteikader für ein Dschungeltraining mit anschließender Verschnaufpause am Swimming-Pool. Hanewald gehört zu den als »alternativ« geltenden Philippinen-Travelhandbuch- und Abenteuer-Reisebuch-Autoren, die in ihrer Zielgruppensprache für den Individualtourismus werben. Dieser grenzt sich elitär sowohl vom sogenannten Massen- als auch vom Luxustourismus ab und firmiert gemeinhin als »sanfter Tourismus«. Zielgruppen – das sind unter anderem »Anti-Neckermänner« (ein mittlerweile prototypisches Feindbild), Globetrotter, Rucksacktouristen, Travellers, Tramper. »Touristen« gelten dieser Klientel als »bescheuerte 14-Tage-Könige«, die in Luxus schwelgen und die Preise (für sie selbst natürlich) verderben.

Der Traveller, folgt er den Gurus der alternativen Reiseliteratur, hält nicht viel vom »gehobenen Standard« der Beach-Clubs, lehnt aber ebenso jene Hotel-Ghettos mit ihren in Massen auftretenden Pauschalreisenden ab. Dennoch will auch er keineswegs auf daheim gewohnte Annehmlichkeiten und Konsumgewohnheiten verzichten, die sich der gewöhnliche Einheimische des Gastlandes nimmer leisten kann.

Eine Ausnahme

Nur wenige »alternative« Philippinen-Travelautoren gehen zumindest mit einem Mitgefühl für die erlebte Not der Menschen und auf das Elend ein. Zu den Ausnahmen gehört Michael Möbius, der in seinem Reiseführer *Philippinen – selbst entdekken* sagt: »Da wird konsumiert, was das Zeug hält, denn alles ist ja so herrlich billig. Und bloß die Augen schließen, wenn man zu schlimmes Elend sieht. Da liegt z. B. eine Frau mit ihrem Kind auf dem Bürgersteig, sie hat keine andere Bleibe; neben ihr in einer Plastiktüte die gesamten Besitztümer. Ist es so schwer, hier einmal ein paar Pesos abzugeben? Müssen da Äußerungen fallen, wie ›die haben eben eine andere Mentalität‹, ›denen fehlt der Selbststolz‹? ... «.

Vom Geheimtip zum Massenghetto für Individualisten

Trotz der Betonung des individuellen Reisens haben die Travellers längst ihre eigenen »favorisierten Plätzchen« geschaffen. Sie wurden ehemals von Reiseführern zum Ärger einiger Robinsons als »Geheimtips« gehandelt, bis sie schließlich zu alternativen Ghettos für die massenhafte Ansammlung von Individualisten mit einer eigenen europäischen Subkultur heruntergekommen sind, um dann von den Investoren der gehobenen Tourismusklasse und Pauschalreise-Unternehmen vollends geschluckt zu werden. Auf den Philippinen sind vor allem Puerto Galera (Mindoro) und die Palmeninsel Boracay betroffen. Der Reiseführerautor Jens Peters hat von der ersten »Geheimtip«-Veröffentlichung die Entwicklung in diesen inzwischen total erschlossenen Touristenorten in den regelmäßig auf den neuesten Stand gebrachten Ausgaben seines *Philippinen-Reise-Handbuches* verfolgt. Er hat seine Kommentare von anfänglicher Begeisterung bis zur offenen Kritik korrigiert, ohne merken zu wollen, daß er die Ent-

wicklung teilweise selbst angeheizt hat. Stattdessen wurde er nie müde, die Schuld an »kaputten Plätzen« den Einheimischen oder den »anderen Touristen« zuzuweisen.

Eine Geschäftsempfehlung

Filipinos, die von Jens Peters genannt werden, benutzen das Buch als Geschäftsempfehlung, wenn sie nach ausländischer Kundschaft Ausschau halten. Andere fühlen sich »bestraft«, wenn sie in der nächsten Ausgabe nicht mehr lobend erwähnt oder ignoriert werden. »Ang pangalan ko ay nasa libro ni Jens Peters« (»Mein Name steht im Jens-Peters-Buch«) – war ein Spruch, den ich öfter von Einheimischen gehört habe. Aber sie waren sicher nicht die einzigen, die sich als freundliche und hilfreiche Gastgeber hervortaten. Der Einfluß des Autors ist groß. 1982 berichteten Travellers, daß Einheimische auf der Touristen-Insel Boracay Peters »unseren Deutschen« nannten. Immerhin waren zu jener Zeit gut die Hälfte aller Besucher dieser Insel Deutsche und Schweizer, die »mit dem Peters im Rucksack« unterwegs waren. Über den Ort Samboan auf Cebu schrieb er: »Meidet Samboan! Der Aufenthalt ist äußerst unangenehm. Zuerst kommen die Kinder und gaffen. Aber spätestens nach zehn Minuten ist das ganze Dorf versammelt und starrt Euch an ...«

Globetrotter & Prostitution

Wer den ausgetretenen Fährten des Peters-Reiseführers folgt, wird direkt nach seiner Ankunft vom Flughafen in Manilas Prostitutionsviertel Ermita geschickt: »(...) an der M. H. del Pilar (Barstraße) aussteigen. Holt erst einmal Luft und trinkt ein Bier.« Über eine Provinzhauptstadt schrieb er: »Durchreisestation. Es gibt aber ganz nette Mädchen hier. Einige Travellers sind daraufhin doch länger geblieben.« Für »weiße Frauen« empfahl er gönnerhaft die teuren, nicht für seine männliche »Budgettraveller-Zielgruppe« geeigneten Nightclubs der großen Hotels als »gute Unterhaltungsplätze und zum Kontakten von Filipinos«. Seine Einsicht: »Nur wenige der liebenswerten Nachtfalter sind freiwillig im horizontalen Gewerbe tätig.« Aber er verwechselt Ursache und Wirkung, wenn er folgert, dies sei für die meisten »die einzige Chance, um aus einer miesen sozialen Situation herauszukommen«, darum solle der Traveller sie »nicht als Wegwerfware behandeln«. Peters wirbt damit für die »sanfte, alternative Prostitution« und vermittelt dem Traveller sogar noch das Gefühl, er vollbringe mit seinen Devisen ein gutes Werk. Zusätzlich rechtfertigt er den Traveller, indem er schreibt, daß es auch Prostitution an Plätzen gibt, die nicht vom Tourismus berührt sind. Wenn der Autor das Treiben der »Guys und Girls aus Ermita« an Strandplätzen oder die Kinderprostitution erwähnt, gibt er sich als »objektiver Berichterstatter«, der selbst keine Stellung gegen diese Fehlentwicklung bezieht, die erst auch mit seiner Reiseführer-Berichterstattung (= Empfehlung) ihren Anfang nahm oder eine immense Ausweitung erfuhr. Nirgends wird beispielsweise in seinem Reiseführer von dem Kampf des mutigen Pfarrers Rock Castillo in dem Touristenort Pagsanjan oder von anderen philippinischen Organisationen und Projekten berichtet, die für die Opfer von Prostitution, Kinderprostitution, Vertreibung und Gewalt versuchen, neue Arbeitsmöglichkeiten zu schaffen und ihnen zu einem menschenwürdigen Leben zu verhelfen.

»Erstweltlers« Survival

Eine rüde, »unsanfte« Spielart des Individualtourismus in die Dritte Welt wird als »Survival-Trip« – als Überlebenstraining und Abenteuerreise verpackt. Die »Survival-Trip«-Begeisterung geht durch weite Schichten unserer Gesellschaft. Sie alle bewegen sich in einer eigenen Welt, die wenig Raum für die Welt der Bereisten übrigläßt, sieht man einmal von dem tropisch-exotischen Umfeld ab.

Ausgerüstet mit Survival-Nahrung, Gummiknüppel, Luftkammer-Unterwäsche, Brausetabletten, Vielzweck-Armeemesser, Kompaß, Schlangenbißset, Breitbandantibiotika und, und, und. Eine ganze Ausstatterbranche hat sich da zwischen Hamburg und München etabliert, und was noch aus der »rechtsextremen Ecke« zu erwarten ist, läßt eher an einen denken, »der auszog, das Fürchten zu lernen«, als an das blauäugige, freundliche »Wandern ist des Müllers Lust«.

Zwei Bücher fallen in diesem Zusammenhang besonders auf: Roland Hanewalds *Tropenbuch / Vom Leben und Überleben in tropischen und subtropischen Ländern. Ein Handbuch für Wegfahrer* und das Buch von Rüdiger Nehberg: *Survival – die Kunst zu überleben.*

Radikales Bekenntnis zum Fehlverhalten

Hanewalds Einleitungstext offenbart die Zielgruppenansprache und eine Vorhersage, mit der, wenn sie stimmt, sich viele kleine Tropenbücher verkaufen lassen. So umschreibt der Autor seinen Ruf, in den Süden zu trecken: »Die alte Welt platzt aus den Nähten, die Neue Welt ist oftmals zu forsch. Viele Menschen suchen daher eine bessere und sichere Zukunft in der Dritten Welt (...) Tropische Länder und Meere stehen plötzlich hoch im Kurs bei Touristen und Travellers, Abenteurern und Aussteigern. Und wenn man den Voraussagen glauben kann, dann werden in den nächsten Jahren Hunderttausende nachspüren, was diese heiße, sinnliche, stellenweise noch heile Welt bis in unsere grauen Breiten auszustrahlen vermag.« Was kann der Traveller für *sein* »Leben und Überleben« in einem Dritte-Welt-Land von Hanewald lernen? Haßgefühle, eine an Rassismus grenzende Arroganz: »Auch ein farbiger Arzt ist ein Arzt«, und ein rücksichtsloses, ausbeuterisches Verhalten im Gastland. Statt das weltweite »Ungleichgewicht der Verteilung« der Reichtümer kritisch zu beleuchten und dabei die globalen Mechanismen der Ausbeutung hervorzuheben, wird vom »Gleichgewicht der Relationen« gefaselt und Gleichgültigkeit gegenüber den politischen, wirtschaftlichen und sozialen Problemen der Bereisten empfohlen.

93 Kapitel Überlebenstraining bietet Rüdiger Nehberg in seinem Buch *Survival – die Kunst zu überleben* an. Es richtet sich auch an Globetrotter, Abenteurer, Camper, Tramper und Rucksacktouristen. Nehbergs Herausgeber glauben sogar, dieses Taschenbuch sei »ein nützlicher Ratgeber für Entwicklungshelfer«. Nehberg schreibt von den Millionen Menschen, die Hunger leiden müssen, daß sie niemals Hilfe und Gerechtigkeit erfahren, daß es Eltern gibt, die ihre Kinder verstümmeln, daß in Bangkok ein reger Sklavenmarkt mit Kindern floriert. Der Autor faßt zusammen: »An diese typischen Beispiele sollte jeder Trotter denken.« Warum? Um über das Elend in der Welt nachzudenken, über praktische Solidarität oder Hilfsaktionen? Weit gefehlt. Der Survivor Nehberg kommt zu dem Schluß: »Leicht kann er sich ausrechnen, welche Herausforderung zum Überfall er darstellt (...) Das mindeste, was dir in Gebieten solcher Armut passieren kann, ist Belästigung.«

Frühe Warnungen aus den Philippinen

Frühe Warnungen gegen die zunehmenden Fehlentwicklungen im Tourismus gab es von philippinischer Seite bereits Ende der siebziger Jahre, während eine opportunistische Elite und die Regierung Tourismus als das »neueste Wunder Asiens« feierten. Deutsche Travelbuch-Autoren schwammen mit höheren Auflagen und Umsätzen – aber abnehmendem Verständnis gegenüber den eskalierenden Problemen – auf dieser Tourismuswelle mit. Ihre elitären Stellungnahmen beschränkten sich weitgehend darauf, den Massentourismus zu karikieren.

Einer der führenden philippinischen Sozialwissenschaftler, *Renato Constantino*, griff in seinem

Buch *Neocolonial Identity and Counterconsciousness* – »Neokoloniale Identität und Gegenbewußtsein« – die Tourismus-Problematik auf. Er schrieb: »Der Wunsch, ausländische Touristen zu verführen, hat die Orientierung von Geschäften und Unterhaltungsplätzen unterschwellig verändert. Sitten und Tänze wurden umgearbeitet (verjazzt könnte man sagen), um das Touristeninteresse anzuheizen, und es wurden sogar Volksfeste als Touristenattraktion erfunden. Die Entwicklung scheint bei weniger einfühlsamen Menschen als Zeichen einer gesunden kulturellen Wiederbelebung eingeschätzt zu werden. (...) Die Nation könnte aber angesichts des wilden Wettbewerbs um Touristen-Mekkas eher ihre Seele verlieren als sie zurückgewinnen (...) Der unmittelbare Effekt unserer Orientierung im Tourismus bedeutet, daß die philippinische koloniale Mentalität betont und vertieft wird, die Gastfreundschaft an untertänige Diensteifrigkeit grenzt und zur weiteren Verwestlichung des Geschmackes führt. Schließlich werden die Primitiv-Kulturen unserer ethnischen Minderheiten dazu benutzt, um dem allmächtigen Dollar nachzujagen.«

Widerstand formiert sich

Betroffene in Orten, die vom Tourismus förmlich überrollt wurden, begannen, sich gegen die negativen Auswirkungen zur Wehr zu setzen, auch wenn ihr Protest bei den zuständigen Tourismusbehörden auf Widerstand stieß. Hierzu einige Beispiele:

In Pagsanjan/Provinz Laguna rief der bereits erwähnte Pfarrer Rock Castillo die *Rural Organisation & Assistance for Development* (Ländliche Organisation und Beistand für Entwicklung) – kurz ROAD-Programm genannt – ins Leben, um vorrangig den Opfern der Kinderprostitution zu helfen. Er gründete die Zeitschrift »Cross-Roads«, die über die durch den Tourismus in die Gemeinde getragenen Probleme und über alternative Arbeitsbeschaffungsmaßnahmen berichtet.

In Sagada/Mountain-Provinz forderte eine Bürgerinitiative die Beschränkung der Anzahl von Touristen, um weitere schädliche Auswirkungen zu verhindern. Die Schändung der vielbesuchten traditionellen Grabstätten und ein allgemeiner Sittenverfall hatten die Bewohner schon seit längerer Zeit in Aufruhr versetzt.

In Daet/Camarines Norte haben engagierte Medienleute die Klagen der Fischer und Bauern der Insel Apuao Grande unterstützt, die durch einen multinationalen Strandklub bedroht wurden. (Vernichtung traditioneller Einkommensstrukturen, Landbesitznahme eines großen Teils der Insel durch das Unternehmen, Einführung der Prostitution, schlechte Behandlung der Arbeitnehmer, Verbot der Bewohner, das Restaurant zu betreten, u.ä.)

In *Siruma/Camarines Sur* haben wir am Takal-Beach ein Informationskonzept für Travellers entwickelt (*Takal-Understanding-Papers*, Kontaktabende mit Dorfbewohnern, Beach-Bücherei), um über Land und Leute für einen sensibleren Travelstil zu werben. Mit Hilfe von Postern, die den Besuchern mitgegeben werden, wird ein Beitrag zu einer neuen Qualität von Reiseinfos gegeben, um das Meinungsmonopol der Travelhandbücher à la Peters und Hanewald aufzubrechen.

Im Touristenort Puerto Galera auf der Insel Mindoro wurde 1983 eine Zeitung mit dem Namen *Puerto Galera Times* herausgebracht, die sich gleichfalls für eine angepaßte und volksnahe Reiseform einsetzt. Das Blatt forderte, alle Bevölkerungsschichten der Gemeinde in einen demokratischen Entscheidungsprozeß einzubeziehen, da es um das Schicksal des Ortes geht.

Die Zeitung setzt sich kritisch sowohl mit den ehrgeizigen Regierungsplänen zur Ausweitung des Luxustourismus als auch mit den negativen Auswirkungen auseinander, die in den eigenen Reihen der *Backyard*-Unternehmer gemacht wurden, wie hier die kleineren Pensions- und Strandhüttenbesitzer genannt werden. Die Annahme einer neuen »Travel-Ethik« bei Gastgebern und Gästen wurde gefordert. Die Zeitung publizierte in diesem Zu-

sammenhang den *Kodex für Reisende*, wie er bereits von Ron O'Grady in seiner Schrift *Zwischenlandung Dritte Welt* (Third World Stopover, World Council of Churches, 1981) veröffentlicht wurde, und es fand ein reger Dialog zwischen den Einheimischen und ausländischen Gästen statt.

Forderungen des Zentrums für Solidaritätstourismus

Schließlich seien einige zentrale Forderungen genannt, mit denen das *Zentrum für Solidaritätstourismus* auf den Philippinen an die Öffentlichkeit getreten ist:

Tourismus sollte zu einer Angelegenheit nationalen Interesses werden. Von den Auswirkungen des Tourismus ist die gesamte Bevölkerung betroffen. Auch der eigenen Bevölkerung muß eine Chance gegeben werden, ihr eigenes Land zu entdecken und zu genießen. Darum sollten Touristenplätze für die Erholung von Kindern, Frauen und Arbeitern aus den verarmten städtischen Gebieten zur Verfügung stehen.

Der Alternativ-Tourismus darf das ökologische Gleichgewicht in den betroffenen Gemeinden nicht beeinträchtigen. Dies bedeutet auch, daß die Aufnahmefähigkeit für die Unterbringung von Touristen bzw. die Anzahl der eintreffenden Besucher im richtigen Verhältnis zur einheimischen Bevölkerung und zur Natur stehen muß. Darum muß es für Touristen verbotene Gebiete geben. Hierzu gehören u. a. Dörfer der Bergstämme oder Landstriche, in denen das ökologische Gleichgewicht gefährdet ist bzw. einer Regenerierungsphase bedarf.

Entscheidungsprozesse im Tourismusbereich sind nicht allein von den sozialen Eliten oder der Regierung zu bestimmen. Die vom Tourismus betroffenen Filipinas/Filipinos müssen die Rolle definieren, die dem Tourismus in der sozialen, politischen, ökologischen und kulturellen Transformierung des Landes zufallen soll.

Von der Dritte-Welt-Solidaritätsbewegung der Industrienationen wird erwartet, daß sie zu einem Boykott des vorherrschenden Tourismus-Stils auffordert, da dieser nicht zur Solidarisierung oder zu Lernprozessen beiträgt.

Es kann kein Beitrag zur weltweiten Völkerverständigung und Solidarität erzielt werden, solange nicht dem Reisenden vor Reiseantritt in ein Land der Dritten Welt eine angemessene Orientierung vermittelt wird.

Literaturempfehlungen

Diakonisches Werk der Evang. Kirche von Westfalen (Hrsg.): Hanns F. Groeschke: Osten auf Südkurs, (Tourismus-Anlageberater in der DDR) – eine Glosse, Münster 1990.

Evangelische Akademie Iserlohn (Hrsg.): Lilo Roost-Fischer: Entwicklungspolitischer Tourismus – Alibi oder Chance?

Ron O'Grady: Zwischenlandung Dritte Welt. Ein Beitrag zur Tourismus-Kritik, texte 27 zum Kirchlichen Entwicklungsdienst, Verlag Otto Lembeck, Frankfurt am Main 1982.

Hanns F. Groeschke: Welche Bedeutung hat ein alternativer Tourismus für das entwicklungspolitische Lernen? Studienhefte – Evang. Akademie Iserlohn, 1989.

Ueli Mäder, Arbeitskreis Tourismus und Entwicklung: Fluchthelfer Tourismus: Wärme in der Ferne? rotpunktverlag, Zürich 1982.

Katharina Regenhardt: Frauen auf den Philippinen, Deutscher Taschenbuch Verlag, München 1987.

Regula Renschler u. a.: Ware Liebe. Sextourismus – Prostitution – Frauenhandel, Peter Hammer Verlag, Wuppertal 1987.

Alfredo und Grace Roces: Kultur-Knigge Philippinen, Verlag Simon & Magiera, Nördlingen 1987.

Bernd Schütze, Diakonisches Werk Westfalen (Hrsg.): Hanns F. Groeschke: Alles über die Kokosnuß – Baum des Lebens. Ein Lesebuch im Kontext der philippinischen Kultur, Geschichte und Wirtschaft, Peter Hammer Verlag, Wuppertal 1990.

Stiftung für Kinder/terre des hommes (Hrsg.): Jasmin Espiritu Acuña: Kinder des Sturms, Erfahrungen des Kinderrehabilitationszentrums (CRC) in Manila, Wurf Verlag, Münster 1989.

Studienkreis für Tourismus: Sympathie-Magazin – Philippinen verstehen, Starnberg 1981.

terre des hommes: Länderheft Philippinen, Osnabrück 1990.

Alison Wynne: Keine Zeit für Tränen. Philippinische Frauen erzählen. Albatros-Verlag, Frankfurt 1980.

Zentrum für Entwicklungsbezogene Bildung (ZEB) (Hrsg.): Tourismus – Prostitution – Entwicklung, Dokumente. Stuttgart 1983.

Heinz Kotte

Kruzifixe für ein Himmelreich

Die Deutsche Finanzierungsgesellschaft für Beteiligungen in Entwicklungsländern (DEG), ein Zwitter zwischen öffentlicher Entwicklungspolitik und privatwirtschaftlichem Profitstreben, fördert seit 1962 Privatinvestitionen der deutschen Industrie in der Dritten Welt. Sie schneidert unter anderem Büstenhalter mit Triumph in Thailand und stimuliert auf den Philippinen den Exportmarkt für Heiligenfiguren.

Was Worpswede in Deutschland, ist auf den Philippinen das Städtchen Paete – beide Tummelplätze von Künstlern zwar, doch beheimatet Paete eine besondere Attraktion: die sogenannten »Herrgottschnitzer«. Nahezu jede Familie in den engen Gassen der Kleinstadt zwischen der Laguna de Bay und den Bergen der Sierra Madre 110 km südöstlich von Manila ist mit dem Schnitzen oder dem Vertrieb von Kruzifixen, Heiligenfiguren und Souvenirs für Touristen beschäftigt.

Was man in Paete braucht, bringt der Bürgermeister auf folgende Formel: mehr Aufträge, billigeres Schnitzholz und günstige Kredite. Die Schnitzer sind in zehn Zunftverbänden zusammengeschlossen, die gemeinsam Aufträge aushandeln. Aber aufgrund der Armut des Landes ist die Nachfrage nach handgeschnitzten Werken sehr gering.

Das bundesdeutsche Unternehmen Hans Eibl & Sohn, Handwerkliche Schnitzkunst in Nittenau, Niederbayern, sorgte auf besondere Weise für Abhilfe. In einem Vorort von Paete gründete der mittelständische Unternehmer die Firma »Bavarian Woodcraft Exports, Inc.« (BWC). Die DEG in Köln bezuschußte diese Auslandsinvestitionen mit 600000 Mark aus öffentlichen Mitteln. Das Unternehmen liegt zu 100 Prozent in deutscher Hand und hat 300 der besten Schnitzer aus Paete abgezogen und eingestellt. Die meisten von ihnen stehen jetzt an Kreissägen und Fräsmaschinen, die mit westdeutschem Kapital eingeführt wurden.

Sogar Lindenholz für Kruzifixe, Madonnen, Landsknechte und Nachtwächter wird aus der Bundesrepublik importiert. Wegen des letzten Schliffes per Hand tragen die Figuren das Siegel »original handgeschnitzt«. Der Umsatz mit Schnitzprodukten aus den Philippinen floriert derart, daß Hans Eibl die Figuren mit der Lufthansa nach Frankfurt fliegen läßt. Nur aufgrund der niedrigen Löhne auf den Philippinen ist es der Firma Eibl gelungen, die Billigangebote von sakraler Schnitzkunst aus Italien und Spanien in den Wallfahrtsorten von Altötting, Oberammergau und Kevelaer zu unterbieten und einen deutschen Marktanteil von 25 Prozent zu erobern.

Zu traurige Madonnen

Trotzdem gab es Absatzschwierigkeiten mit den Eibl-Produkten aus den Philippinen, nicht wegen der Kalkulation, sondern aufgrund kultureller Anpassungsprobleme. Die Schnitzer in Paete gaben den Kruzifixen und Madonnenfiguren einen »christlichen Ausdruck philippinischer Herkunft« (Eibl), das heißt, ihre Gesichter und ihr Körperausdruck waren zu traurig und gequält, eben zu philippinisch. Das stieß die deutschen Käufer ab. Mit Hilfe der DEG schickte Eibl die fünfzehn besten Schnitzer nach Nittenau, um sie ein halbes Jahr lang auf deutschen Geschmack für Kruzifixe und Heiligenfiguren zu trimmen, auf einen »positiven Ausdruck«, der der deutschen Klientel und Konsummentalität entspricht.

1987 gab es bereits auf den Philippinen den ersten Protest der derzeitigen 160 Schnitzer gegen Eibls Niedrigstlöhne und die Verfremdung ihres Kunstgewerbes. Eibl erklärte, der Protest sei von Kommunisten inszeniert worden, die seinen Betrieb unterwandert hätten, und drohte, ihn zu schließen. Als der inzwischen gegründete Gewerkschaftsverband der BWC-Arbeitnehmer Anfang 1989 die fällige Neuverhandlung der Tarifverträge forderte, wurde das Militär eingeschaltet.

Die Förderung von mittelständischen Unternehmen aus öffentlichen Mitteln für Investitionen in Ländern der Dritten Welt ist von Ex-Entwicklungshilfeminister Jürgen Warnke zum bevorzugten Entwicklungshilfeprogramm erklärt worden. Solche Unternehmen zeigten sich flexibler und aggressiver als Großunternehmen und seien, vergleichbar mit Rucksackreisenden im Tourismusgewerbe, in der Lage, tiefer in die einheimische Gesellschaft und Wirtschaft einzudringen und nach vorkapitalistischer Manier gewerkschaftliche Zusammenschlüsse und Tarifvereinbarungen zu unterlaufen. »Was wollen Sie denn«, mokierte sich der DEG-Beauftragte in Manila, »Eibl schafft Arbeitsplätze für Paete und hält das aussterbende Schnitzereigewerbe am Leben.«

Walter Scheel, der erste deutsche Entwicklungshilfeminister, Ex-Bundespräsident und Präsident der DEG, sprach anläßlich eines Besuches auf den Philippinen im November 1987 im Innenhof von BWC vor den Schnitzern und lobte ihre hohe Produktivität und ihr großes Geschick. Den Eibl-Betrieb in Paete nannte er das erfolgreichste deutsche Unternehmen auf den Philippinen.

Rainer Werning / Mary Lou U. Hardillo

Moloch Manila

Vexierbilder einer City

Maynilad – wo die Wasserlilien im Pasig blühen – hieß der Ort, bevor die Spanier ihn wegen seiner strategisch günstigen Lage zum Hauptsitz ihrer Kolonialadministration erkoren. Mit den Wasserlilien im Fluß schwanden bald die letzten muslimischen Einflüsse; immerhin hatte sich der Islam vor dem Eintreffen der »weißen Langnasen« bis in diesen Teil des Archipels vorschieben können. Der Pasig heute – ein trüber Sud, dessen träge Wassermassen dem Südchinesischen Meer zutreiben, ein Rinnsal nur im Verhältnis zur wabernden Metropolitan Manila, von der selbst die Regierung nicht weiß, ob sie acht, neun oder mittlerweile gar zehn Millionen Menschen zählt...

Metro Manila, eine Agglomeration von vier Städten – neben Manila Quezon, Pasay und Caloocan City – und dreizehn Bezirken, frißt sich stündlich tiefer ins Hinterland. Wo einst Sümpfe Myriaden von Ungeziefern ideale Brutstätten boten, wo einst der elegante, ausladende Roxas Boulevard unmittelbar ans Meer grenzte und Liebespaaren einen Tribünenplatz bot, von dem aus sich der Sonnenuntergang als das Eintauchen eines gigantischen Kupferpfennigs in die See präsentierte, sind Türme aus Glas und Beton als Sendboten einer universal-uniformen Architektur in die Höhe geschossen, ist auf aufgeschüttetem, dem Meer abgetrotztem Land ein Gewirr aus Hotels, Shopping Centers, internationalen Tagungsstätten und Verwaltungsgebäuden entstanden. Bizarr der dem Parthenon nachempfundene und von der einstigen *First Lady*, Imelda Romualdez Marcos, als Schauspielhaus des alljährlich geplanten Asiatischen Filmfestivals gekürte Prunkbau. Wie immer mußte es rasch zugehen, um dem diktatorialen Gusto und byzantinischen Repräsentiergehabe dieser Dame, die 1975 in Doppelfunktion zur Siedlungsministerin und Gouverneurin von Metro Manila avanciert war, Genüge zu tun. 68 Bauarbeiter sollen den Tod gefunden haben, als eine Zwischendecke dieses »Parthenon« einstürzte und sie unter sich begrub...

City of Man – die Metropole mit menschlichem Antlitz – pflegte Madame Marcos ihr »Fürstentum« zu nennen, in das sie die internationale Jetset-Schickeria einfliegen ließ und großzügig beköstigte. Da gab es dann schon mal solch extravagante Happenings wie eine Uhrenausstellung, auf der sich die Crème der 400 reichsten Inselfamilien in Glamour und Kaufrausch gegeneinander ausstach, um sich hernach zu brüsten, über eine Million US-Dollar für eine einzige Uhr hingeblättert zu haben...

Für die der Ex-First Lady schließlich über den Kopf gewachsene Kritikerschar war Manila schlicht die *City of Manholes*, der allerorten durch Bauarbeiten aufgerissenen, jedoch ungesicherten Erdlöcher. In diesem Punkte ist sich die City treu geblieben. So manche unglückliche Seele mußte, ob bei Überschwemmungen oder beim feuchtfröhlichen Wankelschritt nach Hause, die leidige Erfahrung machen, urplötzlich »abzutauchen«...

Forbes Park und Dasmariñas, das alte und neue Refugium der Top-Bourgeoisie, gleichen Botanischen Gärten, eine gekämmte Wildnis, umringt von Betonwällen mit Zinnen aus »aufgepflanzten« Glasscherben. Hin und wieder erheben sich dahinter Wachtürme, Hinweise darauf, daß auf dem Areal eine Privatarmee Leib und Leben der Auftraggeber schützt. Deren Villen lassen hiesige Pendants zu verschämten Gärtnerhäuschen schrumpfen...

Auf über 400 veranschlagen demgegenüber Statistiker der Vereinten Nationen die Zahl der metropolitanen Slumagglomerationen. *Smoky Mountain*, Tondos stinkig-rauchender Müllberg, hat es

Manila Forbes Park

Manila Tondo

zur traurigen Berühmtheit gebracht. Auf ihm und in ihm stochern Tag und Nacht Jung und Alt auf der Suche nach Verwertbarem herum, trennen fein säuberlich Glas, Aluminium, Stoffetzen und Papier, um aus deren Verkauf eine Existenz zu bestreiten, die nicht selten in Kanalisationsröhren gefristet und mit Kochbananen versüßt wird. Trotz alledem liegen über den Rauchschwaden modernden Abfalls die Würde und Selbstbehauptung von Menschen, die sich nicht aufgeben, oftmals mit Witz und Phantasie Widerstand organisieren. Hier und in den nahegelegenen Fabriken fanden immerhin Mitte der siebziger Jahre die ersten »wilden« Streiks während der finstersten Epoche des Kriegsrechts statt...

Asiens kulturelles Scharnier

Manila ist Asiens kulturelles Scharnier des großen transpazifischen Bruders USA. Was an deren Ostwie Westküste gerade »in« ist, wird in Windeseile mit virtuosen Tremoli in Manila imitiert. Entspräche das pulsierende Nachtleben der Metropole der Vitalität von Entwicklung, Manila könnte füglich als deren Lehrmeister auftreten. Im zynischen Jargon peripatetischer Päderasten, Psychos, Bumsflieger und voyeuristischer Alternativer ist's schlicht die »geile City«, deren vielschichtige Untergrundkanäle von »trigger-happy goons and guns« – schießwütigen Schergen – der Yakuza, der japanischen Mafia, kontrolliert werden...

Mafia und Maria – auch das kein Widerspruch in Manila, wo die finanzielle Hybris von Wirtschaftsbossen einen eigentümlichen Typus von »Zebresel« hervorbrachte – weder Zebra noch Esel, eine delikate Mixtur aus nordamerikanischem Habitus und Gestus und philippinischem Aussehen. Im Stadtteil Mandaluyong bauen sie, was das Zeug hält, während ihre Verwandten pietätvoll in der St. Jude Kirche nahe dem Präsidentenpalais Malacañang zur Lösung hoffnungslos geglaubter Probleme donnerstags ihre bittstellende Novena beginnen...

Skurrilität und Possentum – sie liegen in dieser City gleichsam dicht beisammen. Im sogenannten Rotlichtdistrikt Ermita befindet sich das *Hobbit House*, ein anspruchsvoller Musikclub für aufstrebende Talente und bereits arrivierte Künstler, dessen Publikum von Zwergen bedient wird. Wer sich wundert, daß ein so exzellenter Musiker wie Paul Galang, 1984 zusammen mit Susan Fernandez und Jess Santiago als Mitglied der Gruppe *Dingas* (Flamme) auf Europatournee, italienische Marschlieder und Brecht-Texte im O-Ton vorträgt, verrät, daß er noch ein Greenhorn in der City ist. Derweil schwadronieren ausgediente, doch noch immer mächtige Politgrößen im Jeepney Coffee Shop des Intercontinental-Hotels im pompösen Geschäftsviertel Makati über verblaßte Gloria und eine hoffnungsfrohe Zukunft: hält morgens der Ex-Verteidigungsminister Juan Ponce Enrile im Kreis handverlesener Journalisten Hof und kolportiert in ausgelassener Souveränität, unberührbar zu sein, die Ränkespiele vergangener und möglicher Coups, stolpert schon mal des Nachts sein einstiger Kabinettskollege, Marcos' Redenschreiber und Arbeitsminister Blas Ople, umringt von einer Schar serviler Kellner, herein, um einem letzten guten Tropfen zu frönen...

Spätestens mit dem ersten Hahnengeschrei, das aus dem urbanen Zentrum nicht wegzudenken ist, tönt es, einem langgezogenen Schlachtruf gleich, aus vielstimmigen Kehlen: *Balut, Balut!* – die Vorliebe der Filipinos für angebrütete Enteneier bleibt ein Stück Berechenbarkeit in diesem City-Moloch, dessen Planer (Planer?) nicht einmal Sisyphus beneiden würde...

»Smoky Mountain«, Tondo

Nils van Well

Im Schatten der Stabilitätsdoktrin

Wirtschaftssanierung à la IWF und Weltbank

Die ökonomischen Sanierungsversuche aus Washington, dem Sitz von IWF und Weltbank, datieren aus den frühen sechziger Jahren. Viele Teilerfolge und Fortschritte in ihren immer tiefergreifenden Operationen auf dem Archipel konnten sie seither vermelden, nicht jedoch einen erkennbaren Durchbruch. Auch der erneute Zyklus florierenden Wachstums seit 1987 geht auf fremde Quellen zurück: Nach über zwei Jahrzehnten scheint die Massenverarmung ungebremst, wirft die reale Gefahr einer weiteren Zahlungsbilanzkrise – der fünften in der nachkolonialen Geschichte – ihren Schatten. Fehlende Reformkraft, bürokratische Trägheit sowie die Handlungsschwäche der Aquino-Regierung drehen die Spirale von Legitimationsverlust und politischem Zerfall weiter nach oben.

Den Stabilisierungs- und Reformprogrammen auf den Philippinen fehlt die politische Verankerung in reformentschlossenen und durchsetzungsfähigen gesellschaftlichen Gruppen, die über entwicklungspolitischen Ehrgeiz und starken legitimatorischen Rückhalt im Innern verfügen. Das Experiment aus der Marcos-Ära, als eine kleine Gruppe von im Ausland geschulten Technokraten in prominenter Stellung innerhalb des Regierungsapparates die Modernisierungs- und Rationalisierungspläne aus Washington durchsetzen sollte, ist gescheitert. Ohne eigene machtpolitische Basis im Innern blieb der Einfluß dieser Führungskräfte extrem eingeschränkt und korrumpierbar. Auch im Zeitalter der Schuldenkrise, die Weltbank und IWF als Zentralinstanzen im internationalen Kreditrecycling geradezu mit einer Brechstange gegenüber den Volkswirtschaften ihrer Klientelstaaten ausstattete, kommen beide Institutionen nicht an der Notwendigkeit geeigneter politischer Trägergruppen vorbei, wenn die erwünschten Effekte erzielt werden sollen. Da ihre Reformprogramme jedoch bisher ohne eine solche gesellschaftliche Verankerung und ohne politische Rücksichten gemeinsam mit jener philippinischen Machtelite durchgeführt wurden, gegen deren Interessen und Besitzstände sich diese Programme partiell richten, wurden sie zu Scheinlösungen verbogen. Die sozialen Folgen der dadurch ausgelösten innergesellschaftlichen Krise registriert die Weltbank inzwischen mit wachsender Besorgnis. Zwölf Millionen Menschen seien zwischen 1975 und 1985 unter die von ihr berechnete Armutsschwelle gedrückt worden, so die Bank in ihrem jüngsten Armutsbericht von 1988. Der Anteil der unterhalb dieser Schwelle lebenden Familien in ländlichen Gebieten stieg im gleichen Zeitraum um zehn Prozent auf 58 Prozent. In der besonders verelendeten Visayas-Region stieg er gar um sechzehn Prozent auf 72 Prozent.

Die Rücksichtslosigkeit, mit der die Bretton Woods-Zwillinge die machtpolitische Position der reformunwilligen oder -unfähigen philippinischen Herrschaftselite bisher stärkten, begründet die Brisanz ihrer Interventionen. Zum einen versperrte die unselige Allianz mit den machthabenden Familienclans die Möglichkeit, daß sich eine entwicklungsorientierte Koalition gesellschaftlicher Gruppen herausbildete. Zum zweiten minderte die Eilfertigkeit der externen Unterstützung in Form von Darlehen, Legitimation und Kreditwürdigkeitsattesten den Reformdruck von der Straße. Besonders deutlich wurde die Wirkung dieser Hilfsbereitschaft während des Kriegsrechts, das den sozialen Widerstand von unten erstickte.

Entscheidend blieb bis heute, daß IWF und Weltbank kurzfristigen politischen Stabilitätserwägungen Vorrang vor ihren ureigenen entwicklungspolitischen Reformforderungen an die jeweils

Mächtigen Manilas einräumen. Hierin liegt das eigentliche Politikum der Weltbank- und IWF-Interventionen auf den Philippinen!

Ein Musterbeispiel für die Verquickung von Weltbankpolitik mit pervertierten Politikreformen lieferte ein scheinbarer Strategiewechsel in der Industriepolitik. Das Wachstumspotential für das importorientierte Industrialisierungsmodell, dem sich das Land in den fünfziger Jahren verpflichtet hatte, war mit Beginn der sechziger Jahre erschöpft. Zudem lieferte die Importlastigkeit dieser Industrien die Ursache für die strukturellen Zahlungsbilanzkrisen von 1962 und 1970. Den Vorstellungen der Bank zufolge sollte eine Kombination aus freihändlerischer Marktöffnung und einem Einstieg in die Strategie des Fertiggüterexports den Industriesektor beleben. Dieses Projekt war ihr wichtigstes Reformvorhaben für die siebziger Jahre und erhielt mit Beginn der achtziger Jahre im Rahmen der sogenannten Strukturanpassungsprogramme noch größere Bedeutung.

Der Strategiewechsel des Marcos-Regimes glich nur dem Anschein nach jenem der Erfolgsökonomien Taiwans und Südkoreas und entsprach in Wirklichkeit einer Umkehrung dieses Modells. Taiwan und Südkorea hatten nämlich – u. a. ausgehend von einer genuin eigenständigen industriellen Entwicklung – den Schritt in die Exportproduktion vollzogen. Unterstützt von einer staatlich gelenkten Technologiepolitik zum Aufbau einer eigenen technologischen Kompetenz wurden ausländische Direktinvestitionen und Auftragsproduktion im Exportbereich dort als Lernprozeß genutzt. Die erhöhte eigene Wertschöpfung und Ausbildung einer eigenständigen Exportindustrie standen dabei im Vordergrund.

Fremdgestützte Industrialisierung

Demgegenüber verlief die importorientierte Industrialisierung auf den Philippinen ausschließlich fremdgestützt. *Joint Venture*-Unternehmen und Lizenzabkommen mit ausländischem Kapital sowie der Import kompletter Technologiepakete hatten eine tragende Funktion.

Vor dem Hintergrund fehlender strategischer Mobilisierungs- und Gestaltungskraft auf der politischen Ebene erstaunt es nicht, daß die seit Mitte der siebziger Jahre anwachsenden Industriegüterexporte nicht, wie von der Weltbank beabsichtigt, für einen exportgestützten Strukturwandel des Binnenmarktes genutzt wurden. Die in- und ausländischen Trägergruppen der verwurzelten Großindustrie setzten sich erfolgreich gegen die zaghaften Versuche der Marcos-Administration zur Wehr, sie aus dem eingeschränkten, doch relativ einträglichen Binnenmarkt in die Exportproduktion zu zwingen. Die neuen Exportindustrien dienten folglich nicht dazu, das überkommene Industrialisierungsmodell aufzubrechen, sondern boten eine zusätzliche Devisenquelle zur finanziellen Deckung seines Importhungers.

Die entscheidende industriepolitische Wende des Kriegsrechtsregimes lag in der Unterdrückung der Gewerkschaftsbewegung. Mit ausdrücklicher Billigung der Weltbank sicherte dies den Aufstieg von Billiglohnindustrien. Im Gegensatz zu Korea beispielsweise blieb jedoch eine rasante Produktivitätsentwicklung mit langfristig steigenden Reallöhnen und hohem Beschäftigungswachstum aus. Wachsende Unterbeschäftigung und schrumpfende Reallöhne zählen zu den schwerwiegendsten sozialen Hinterlassenschaften der Marcos-Ära.

Finanziert wurde die Aufrechterhaltung des alten Wachstumsmodells vor allem ab Mitte der siebziger Jahre mit Krediten – eine Flucht in kurzfristige Auslandsverschuldung, bis das Ende der Fahnenstange erreicht war: Am 17. Oktober 1983 erklärte Manila schließlich seine Zahlungsunfähigkeit. IWF und Weltbank versuchten in diesen Jahren, das destabilisierte Marcos-Regime zu einem geordneten Anpassungsprozeß zu bewegen, zögerten die endgültige Anpassung hinaus und verlängerten die Eskalation des Verschuldungsprozesses. Beinahe die Hälfte der philippinischen Auslandsschuld stammt aus den frühen achtziger Jahren.

Ein brachiales Schrumpfungsprogramm zur Beseitigung der Mißerfolge aller vorangegangenen IWF-Abkommen bildete den Schlußakt einer Partnerschaft. Ab 1984 stürzte das Bruttosozialprodukt auf den Stand von vor 1975. Insofern die Zahlungsfähigkeit des Landes wiederhergestellt

Reisbauernversammlung

und das Leistungsbilanzdefizit geschlossen werden konnte, war diese IWF-Operation in ihrer Stabilisierungswirkung erfolgreich. Eine strukturpolitische Weichenstellung blieb mit dieser Roßkur indes blockiert. Im Zuge einer allgemeinen Rezession war allenfalls eine Drosselung der Importnachfrage gelungen. Für Marcos bedeutete diese Operation das Aus. Nach der Machtübernahme ließ die Aquino-Regierung keine Zeit verstreichen, um dem IWF mit einem eindeutigen Signal ihren Wunsch nach einer bruchlosen Fortführung der traditionsreichen Allianz zu übermitteln.

Das Vertrauen auf internationale Partner, ihre Mittel und Lösungskonzepte, geht jedoch nach wie vor mit mangelndem Ehrgeiz einher, überfällige Strukturreformen entschlossen durchzuführen. Die Aktivitäten der Aquino-Regierung zur Korrektur der Industriepolitik, zur Verfolgung der notorischen Steuerhinterziehung, zur Reform der Agrarstruktur oder zur Stärkung der Energieversorgung sind so unzureichend, daß sie über die Initiativen aus der Frühphase des Kriegsrechts nicht hinausreichen.

Die Weltbank selbst zerpflückte im Mai 1987 die Gesetzesvorlage der Regierung für eine Landreform. Dessen rechtskräftige Fassung (CARL) fällt noch hinter diese Vorlage zurück. Ohne eine drastische Änderung der Industriepolitik stieg auch die Zahl der Unterbeschäftigten (ohne Sozialsystem die entscheidende Größe) nach offiziellen Angaben um 700000 Personen an.

Untätigkeit und Erfolglosigkeit schränken die Handlungsspielräume der Aquino-Regierung weiter ein. Aus diesem Grunde schwindet ihr Vermögen, auf interne Krisenerscheinungen und ungünstige externe Einflüsse, wie sprunghaft gestiegene Ölpreise, angemessen zu reagieren. Die Stabilisierungsversuche des IWF greifen angesichts erodierenden staatlichen Steuerungsvermögens ins Leere, während ihre Lasten nach bewährtem Muster einseitig auf die sozial Schwachen abgewälzt werden.

Die entscheidende Frage für die Zukunft ist, welche politischen Bündnisse sich im Zuge der fortwirkenden Destabilisierung herausbilden und wie sich der IWF ihnen gegenüber verhalten wird.

Marcos-Monument bei Baguio

Literatur

Emmanuel de Dios (ed.): An Analysis of the Philippine Economic Crisis (A workshop report). Quezon City 1984.

Robert Dohner and Ponciano Intal, Jr.: The Marcos Legacy: Economic Policy and Foreign Debt in the Philippines, in: Jeffrey Sachs and Susan Collins (eds.): Developing Country Debt and Economic Performance. Vol. III: Country Studies. Chicago 1990, S. 373–614.

Stephan Haggard: The Political Economy of the Philippine Debt Crisis, in: Joan Nelson (ed.): Economic crisis and policy choice. Princeton 1990, S. 215–55.

Manuel Montes: Overcoming Philippine Underdevelopment, Third World Quarterly 2, No. 3 (July 1989), S. 107–19.

Leonor M. Briones

Hunger und Hypotheken

Die Schuldenlast

Die Hälfte aller Filipinos sieht von der Wiege bis zur Bahre keinen Arzt. Jede Stunde stirbt ein philippinisches Kind, weil die Mittel zu dessen Versorgung nicht verfügbar sind. 44 Prozent der Dörfer sind ohne sauberes Trinkwasser, ein ernsthafter Mangel, berücksichtigt man, daß 80 Prozent der am weitesten verbreiteten Krankheiten auf dem Archipel durch verunreinigtes Trinkwasser übertragen werden.

Vor diesem Hintergrund beantragte das Gesundheitsministerium für 1988 einen Mindestbetrag von 900 Millionen Pesos, um die medizinische Grundversorgung der Bevölkerung zu gewährleisten. Wegen finanzieller Engpässe im Staatshaushalt konnten nur 300 Millionen Pesos bereitgestellt werden. Das gleiche Ersuchen wurde erneut für 1989 gestellt. Die Regierung teilte indes nur 450 Millionen Pesos zu.

Der Grund für solche schmerzhaften Abstriche ist der hohe Schuldendienst der Regierung. Von gut 28 Milliarden US-Dollar Auslandsschulden im Jahre 1989 gingen vier Fünftel auf das Konto der öffentlichen Hand. Die Bedienung dieser Staatsschulden schlägt sich direkt im nationalen Haushalt nieder. Seit 1987 fließen zwischen 42 und 45 Prozent der Haushaltsmittel in die Bedienung der internen und externen Verbindlichkeiten. Für den öffentlichen Schuldendienst gegenüber dem Ausland waren im Haushaltsplan für 1990 33,6 Milliarden Pesos vorgesehen – mehr als die Posten Gesundheit, Soziales, Straßenbau, Justiz, Landwirtschaft und Agrarreform zusammengenommen. Der Schuldendienst senkt mithin einschneidend die staatlichen Leistungen für die Armen.

Wenn der Schuldenberg nicht schrumpft, die Regierung nichts Effektives unternimmt und die Armut zunimmt, wird es Zeit, selbst etwas zu unternehmen. Im April 1988 wurde die *Freedom from Debt Coalition* (FDC), ein Anti-Schuldenbündnis, gegründet. In ihr sind alle wichtigen Strömungen des fortschrittlichen Spektrums und darüber hinaus eine Vielzahl anderer Gruppierungen vereint.

Gemeinsames Ziel ist es, durch Kampagnen öffentlichen Druck für eine Senkung der Schuldendienstzahlungen an das Ausland zu erzeugen. Konkret visiert das FDC drei Mindestforderungen an: erstens ein Zahlungsmoratorium, bis annehmbare Bedingungen ausgehandelt sind; zweitens die Nichtanerkennung von Darlehen ohne gesellschaftlichen Nutzen, und schließlich die Begrenzung von (Rück)Zahlungen auf zehn Prozent der Exporterlöse.

Außerdem richtet sich die Koalition u. a. gegen Weltbank- und IWF-Auflagen, die nationalen Interessen zuwiderlaufen. So spielte FDC eine führende Rolle in der Protestbewegung gegen die von der Regierung unterzeichnete Absichtserklärung (»letter of intent«) gegenüber dem IWF anläßlich des Abschlusses des 20. IWF-Abkommens im Mai 1989.

Übersetzung:
Nils van Well

Stefan Bub

Landminen voraus!

Patchwork Agrarreform

Bischof Antonio Fortich, Diözese Bacolod: »Landreform ist zur Zeit wie eine Wasserlilie – an der Oberfläche ganz weiß und lieblich anzuschauen, aber darunter hängen die Wurzeln im Wasser ohne feste Verankerung« (*Far Eastern Economic Review* /Hongkong, vom 7. 1. 1988).

Das Thema Landreform ist auf den Philippinen ein Dauerbrenner. Wenn immer es um die Verteilung des fruchtbaren Agrarlandes geht, stoßen zwei Klassen der Gesellschaft besonders hart aufeinander: die Landbesitzenden und die Besitzlosen. Zwanzig Prozent der erstgenannten kontrollieren 80 Prozent der landwirtschaftlichen Anbaufläche. Zwei Versuche, diese Zeitbombe zu entschärfen, hat es in der jüngsten Vergangenheit schon gegeben – unter Präsident Ramon Magsaysay in den Fünfzigern und unter dem Regime von Ferdinand E. Marcos in den siebziger Jahren. Beide Reformen waren im Sinne ihrer geistigen Väter äußerst erfolgreich. So angelegt, daß die eigentlichen Besitzverhältnisse unangetastet blieben, erfüllte Magsaysays Landreform die Absicht, einen Bauernaufstand zu bekämpfen, während Marcos seine Agrarreform nicht zuletzt dazu gebrauchte, die Ländereien von politischen Gegnern unter Kontrolle zu bekommen. Die 1988 präsidial dekretierte »Umverteilung des fruchtbaren Bodens« blieb aufgrund leerer Staatskassen und mangelnder Beteiligung sowohl der Bauernfamilien als auch der *Hacienderos* in den Startlöchern stecken.

»Es ist besser, die Abschaffung der Leibeigenschaft zu verordnen, als auf den Tag zu warten, an dem sie beginnt, sich selber abzuschaffen«, erklärte der russische Zar Alexander II. 1861 und erließ im gleichen Jahr ein Gesetz, das den Bauern Freiheit und Land versprach. Daß sie beides nicht bekamen, lag an der Ausführung dieses Reformversuches, der die russischen Bauernfamilien zwar formell von der mittelalterlichen Sklaverei befreite, sie jedoch um so tiefer in finanzielle Abhängigkeit von den Großgrundbesitzern trieb und letztlich die alten Besitzverhältnisse und eine andere Form der Leibeigenschaft konservierte.

Auf den Philippinen mit ihren halbfeudalen Gesellschaftsstrukturen scheinen die Worte des russischen Zaren und die daraus entstehenden Konsequenzen in der Vergangenheit beherzigt worden zu sein. Auch beim inzwischen dritten Versuch

einer Landreform wurde keine Ausnahme gemacht: Am 7. Juni 1988 unterzeichnete Frau Aquino den Republic Act No. 6657, besser bekannt unter dem Namen *Comprehensive Agrarian Reform Law* (CARL), der die seit langem angekündigte »grundlegende Neuverteilung« des fruchtbaren Bodens regeln sollte. Führende Repräsentanten der *Kilusang Magbubukid ng Pilipinas* (KMP), der mit rund 800000 eingetragenen Mitgliedern größten und (noch) legalen Bauernorganisation, stellten bereits vor Inkrafttreten von CARL fest, daß es »die jahrhundertelange Armut und Ausbeutung der Bauern und Landarbeiter nicht beenden wird, weil diese Agrarreform die feudalistischen Landmonopole nicht beseitigt«. Ein Vertreter der *National Democratic Front* (NDF), einem Untergrundbündnis aus 14 verschiedenen Organisationen, bezeichnete das Landreformgesetz als Versuch, den wachsenden Protest der Bauernfamilien einzudämmen. Ganz im Stile der vorangegangenen Landreform des Ferdinand Marcos handelten die Präsidentin Aquino und die in beiden Häusern des Parlamentes stark vertretene Fraktion der Großgrundbesitzer nach dem Motto: So viel Reform wie nötig, so wenig Preisgabe der alten Besitz- und Machtverhältnisse wie möglich.

Das »Comprehensive Agrarian Reform Law«

»Ein Gesetz, das eine umfassende Agrarreform einleitet, soziale Gerechtigkeit und die Industrialisierung fördert, die Mechanismen für ihre Durchführung bereitstellt und auch anderen Zwecken dient...« So beginnt der Gesetzestext, der im Frühjahr 1987 in einem Referendum mit nicht minder vollmundigen Worten angekündigt wurde und folgende Kernpunkte hat:

Die gesamte landwirtschaftliche Nutzfläche der Philippinen (circa zehn Millionen Hektar) soll erfaßt werden. Zur Verteilung an 2,7 Millionen landlose Bauernfamilien stehen vorerst jedoch nur 2,6 Millionen Hektar Boden zur Verfügung. Die Durchführung des *Comprehensive Agrarian Reform Law* ist auf zehn Jahre angelegt und nach Prioritäten in verschiedene Phasen gestaffelt.

In den ersten vier Jahren bis 1992 soll die unter Marcos begonnene Umverteilung des Landes, auf dem Reis und Mais angebaut wird, vonstatten gehen. Im gleichen Zeitraum steht die Vergabe von brachliegendem und verpfändetem sowie dem von Marcos und seinen Günstlingen konfiszierten Boden an. Ein weiterer Passus sieht die Aufteilung »freiwillig« an die Regierung abgetretenen Besit-

Reisanbau auf Panay

zes vor. Von Kritikern des Gesetzes anfangs als Musterbeispiel des sprichwörtlichen philippinischen Humors betrachtet, wurden 1989 die ersten, aufgrund dieser Klausel getätigten Geschäfte zwischen Landbesitzern und dem Ministerium für Agrarreform publik: Der von den *landlords* zwar freiwillig angebotene, aber relativ wertlose Boden wurde von diesem Ministerium zu extrem überhöhten Preisen aufgekauft.

In einer zweiten Phase sollen, ebenfalls bis 1992, öffentlicher Besitz und Ländereien mit mehr als 50 Hektar an landlose Bauern verteilt werden. Die dritte, bis 1998 währende Phase, sieht das Aufsplitten von Betrieben mit einer Größe von 24 bis 50 Hektar und danach von Farmen unter 24 Hektar vor.

Der Pferdefuß: Jeder Landbesitzer darf fünf Hektar seines Besitzes, zuzüglich drei weiteren für jedes seiner Kinder behalten. Ausgenommen von der Agrarreform sind zudem die großen Geflügel-, Schweine- und Fischzuchtbetriebe, die Rinderfarmen, die Obst- und Gemüseplantagen, Militärgelände und Kirchenbesitz. Das von transnationalen Konzernen bewirtschaftete Land soll zwar generell verteilt werden, die vor Inkrafttreten des Gesetzes für Industrie- und Siedlungsprojekte registrierten Gebiete sind jedoch ausgenommen und die bestehenden Pachtverträge bleiben unantastbar. Außerdem haben die Unternehmensleitungen die Möglichkeit, die Landreform zu umgehen, indem sie Gewinnanteile an ihre Beschäftigten ausschütten.

Die Ausgleichszahlungen handeln die »geschädigten« Großgrundbesitzer mit der Nationalbank aus. Dabei sollen die *landlords* 25 bis 35 Prozent der Verkaufssumme in bar erhalten und den Restbetrag in Staatsanleihen, die jederzeit einlösbar sind. Die angeblichen Nutznießer der ganzen Unternehmung, die besitzlosen Bauernfamilien, die Kleinpächter oder Landarbeiter, können, so das Gesetz, bis zu drei Hektar Land erwerben. Den geschätzten Wert des Landes müssen die Käufer innerhalb von 30 Jahren, zuzüglich sechs Prozent Jahreszins, an den Staat zurückzahlen.

Widerstand der legalen Bauernverbände...

In einem alternativen »Programm für eine echte Landreform« forderte die Bauernvereinigung KMP noch vor Bekanntwerden der endgültigen Fassung des CARL die »sofortige gerechte Verteilung allen landwirtschaftlichen Besitzes, einschließlich der in Großgrundbesitz verbleibenden Ländereien und unabhängig davon, was darauf angebaut wird«. Die KMP wies darauf hin, daß, dürfe ein Landbesitzer mit zwei Erben (eine phi-

lippinische Familie hat durchschnittlich vier Kinder) elf Hektar seines Landes ohnehin behalten, bereits 75 Prozent des Privatbesitzes von der Aquino-Reform ausgeschlossen seien. Darüber hinaus stehe die Aufteilung der Farmen unter 24 Hektar erst ab 1994 an, so daß rund 90 Prozent der privaten landwirtschaftlichen Nutzfläche, wenn überhaupt, erst ab diesem Zeitpunkt vom Landreformgesetz erfaßt werden würden.

Auch an der Klausel, die die Zahlungen der Bauernfamilien oder Landarbeiter an den Staat regelt, übte die *Kilusang Magbubukid ng Pilipinas* harsche Kritik: Hat eine Familie im Rahmen der Agrarreform Land zugesprochen bekommen, verliert sie es wieder, wenn die jährlichen finanziellen Abgaben nicht aufgebracht werden können oder das Land innerhalb der 30 Jahre nicht abgegolten ist. Aus diesem Grunde, so die KMP, sei schon Marcos' Landreform gescheitert.

Die Mitglieder des Bauerndachverbandes übten jedoch nicht nur verbalen Protest. Die meisten ihrer Anhänger lehnten es ab, sich in irgendeiner Weise an den staatlichen Plänen zu beteiligen. Sie besetzten auf einigen Inseln wie Leyte und Negros brachliegendes Land und stellten die staatlichen Behörden vor vollendete Tatsachen. Einzelne der KMP angeschlossene Vereinigungen, wie die *National Federation of Sugar Workers* auf Negros, griffen die wenigen, für sie vorteilhaften Regelungen des Gesetzes auf, verhandelten mit den loka-

Jimmy Tadeo, Vorsitzender der Bauerngewerkschaft KMP

len Stellen und konnten so für ihre Landbesetzungen einen quasilegalen Status erlangen, dessen Dauer allerdings fragwürdig ist.

Die Reaktion der Regierung auf die Aktionen der KMP ließ nicht lange auf sich warten: Angriffe des Militärs und der *Vigilantes* – Todesschwadrone nach lateinamerikanischem Vorbild – nahmen rapide in den Gebieten zu, wo die *Kilusang Magbubukid ng Pilipinas* ihre Hochburgen hat. Der seit Mai 1990 ohne rechtskräftige Verurteilung im Gefängnis sitzende Vorsitzende der Bauernvereinigung, Jaime Tadeo, berichtete beispielsweise in einem Interview im Herbst 1988, daß allein auf der Insel Leyte die Organisationsstruktur des Verbandes völlig zerstört wurde und auf der Nachbarinsel Cebu die Mitgliederzahl um rund 17000 auf 6000 zurückging.

...der Untergrundbewegung National Democratic Front

Nachdem die Friedensgespräche zwischen der Aquino-Regierung und der National Democratic Front im Februar 1987 endgültig ergebnislos verlaufen waren, nahmen beide Seiten den bewaffneten Kampf wieder auf.

Die Delegation der NDF unter Führung von Satur Ocampo sah in den Konsultationen mit den Staatsvertretern keinen Ansatzpunkt, eine Agrarreform im Sinne der NDF zusammen mit den zur Zeit Herrschenden zu verwirklichen.

Die Mitgliedsorganisationen der *National Democratic Front*, insbesondere deren Bauernorganisation *Pambansang Katipunan ng mga Magbubukid* (PKM), führen denn auch in den von ihnen kontrollierten Gebieten eine eigene Landreform durch.

...und der Großgrundbesitzer

Die Reaktionen der *landlords* auf die Landreform folgten rasch: Die *Hacienderos*, die seit Generationen derlei Gesetze ignorieren, legten sich wie in der Vergangenheit bewaffnete Privatarmeen zu, um keinerlei Kooperationsbereitschaft mit der Regierung zu signalisieren. Ihre Truppen sollen sie vor jedem schützen, der versucht, eine Landreform durchzuführen – einerlei, ob diese den Namen nun verdient oder nicht.

Diese militanten Reaktionen auf das ohnehin wachsweiche Landreformgesetz der Präsidentin werden vor einem anderen Hintergrund ein wenig verständlicher: Schließlich mußte sich selbst Corazon Aquino den Vorwurf gefallen lassen, die, laut dem von ihr unterschriebenen Gesetz, anstehende Umverteilung der mehrere tausend Hektar umfassenden familieneigenen Zuckerrohrfarm »Luisita« umgangen zu haben. Der Präsidentinnenclan der Cojuangcos gab lediglich eine geringe Anzahl von Besitzanteilen einer eigens dafür gegründeten Gesellschaft an die auf ihrem Land arbeitenden Familien aus – gegen Bezahlung versteht sich. Wieso also sollten politisch weniger einflußreiche *Hazienderos* diesem Beispiel nicht mit den ihnen jeweils zur Verfügung stehenden Mitteln folgen? Diejenigen Großgrundbesitzer, die im Parlament selber mit Hand an das *Comprehensive Agrarian Reform Law* anlegten, achteten mit entsprechenden Klauseln darauf, überhaupt nicht erst in die Verlegenheit zu kommen, ihre Pfründe zu gefährden. Zwar gab es für sie nach Inkrafttreten des Gesetzes hier und da noch einige »Lücken« zu stopfen, doch konnte diese Aufgabe durch immer weitere Reduzierung des ursprünglich vom Gesetz erfaßten Landes und gezielten Druck auf die Verantwortlichen im Ministerium für Agrarreform geregelt werden. Kaum hatte die Präsidentin das Gesetzeswerk unterzeichnet, gab es im August 1988 die erste Vorlage einiger im Parlament sitzender Großgrundbesitzer, die die Ausgrenzung von Rinder-, Geflügel- und Schweinefarmen und der Fischzuchtbetriebe einleiteten. Zur Begründung hieß es, Vieh, Geflügel oder Fisch könnten nicht einfach aus dem Boden sprießen und hätten somit nichts mit »agrarischen Aktivitäten« zu tun. Den Parlamentariern, die ihr Einkommen mit dem Anbau und dem Export von Früchten oder industriell gefertigten Gütern erwirtschaften, ging diese Einschränkung verständlicherweise nicht weit genug. Im März und Juni 1989 folgten weitere Vorlagen, wodurch Obst- und Gemüseplantagen sowie Industriegebiete von der Verteilungsliste gestrichen wurden.

Nun konnte man daran gehen, Sand ins Getriebe der ohnehin langsam mahlenden Staatsbürokratie zu streuen. Geeignetstes Ziel war das Ministerium für Agrarreform. Dank massiver Störmanöver der *landlords* und ihrer parlamentarischen Lobby konnte auch Aquinos vierter Minister(kandidat) zur Durchführung des Landreformgesetzes geschaßt werden: Am 6. April 1990 erklärte Francisco Abad, erst seit wenigen Monaten provisorisch in diesem Amt, seinen Rücktritt. Vorangegangen war ein Konflikt zwischen Abad und Landbesitzern aus der Provinz Cavite südlich von Manila um eine 230 Hektar große Fläche, die Industrie- und Handelsminister José Concepcion dem japanischen Industrieunternehmen Marubeni für dessen Expansionspläne versprochen hatte, die hingegen der als liberal verschriene Agrarreformminister in spe landlosen Bauernfamilien als Existenzgrundlage zur Nutzung überlassen wollte.

Die *Commission of Appointments*, ein jeweils aus zwölf Senatoren und Kongreßmitgliedern bestehendes Ernennungsgremium, verweigerte Abad – nach mehrmaligem Vertagen der Entscheidung – schließlich die Bestätigung als Minister, woraufhin dieser die Konsequenzen zog.

Corazon Aquino interpretierte diesen Vorfall mit der ihr eigenen Logik als »Demokratie in Aktion« – nicht ihre erste Fehleinschätzung. Zu Beginn ihrer Karriere als Präsidentin bezeichnete sie eine noch durchzuführende Agrarreform – wie vor ihr auch Marcos – als »Eckstein« ihrer Politik. Angesichts der immer noch offenen Landfrage und der daraus resultierenden gesellschaftlichen Polarisierung wäre der Begriff »Grabstein« wohl passender.

Kinder auf einer Zuckerhacienda

Visitación R. de la Torre

»Nasa pahiraman«

Borgen – eine philippinische Leidenschaft

Sich etwas auszuleihen, hat so manche Freundschaft in die Brüche gehen lassen, wenn gewisse Spielregeln nicht eingehalten werden. Daß diese Spielregeln auf den Philippinen so ganz anders sind, wird uns von der Autorin mit einem Augenzwinkern nähergebracht. Dahinter steht der Konflikt, der durch die Annahme eines westlich-europäischen Eigentum-Konzeptes für viele entsteht, die in ihrer traditionellen Vorstellung die Umwelt in einer Gruppen-Dimension erleben, wo Eigentum von allen Freunden und Verwandten gemeinsam genutzt wird. Der westliche Besucher mag durch den Gedanken versöhnt werden, daß Filipinos nie etwas von Fremden borgen und sich Freundschaft manifestiert, wenn sie sich doch entschließen, sich etwas auch von dir zu leihen. Und dieses Privileg hast du dann auch.

»Wenn du möchtest, daß sich die Leute an dich erinnern, leihe dir von ihnen etwas aus.« Obgleich dieser Satz eher als eine witzige Bemerkung gemeint ist, trifft er doch sehr genau das Verhalten der Filipinos. Viele werden in Erinnerung bleiben, denn sie leihen sich eine Menge Dinge zu allen möglichen Anlässen aus. Die Angewohnheit, sich etwas zu borgen, kann als ein Markenzeichen des Pinoys[1] gelten und wird hier ein wenig lästernd, satirisch-bissig, aber mit einem Schmunzeln und voller Bewunderung vorgetragen.

Folgende Charakteristika mögen für jeden gelten, der sich etwas ausleiht, aber in dieser Konzentration trifft man sie nur beim »*Pinoy*-Borger«.

Wenn er fragt: »Kann ich mir einmal deinen Kugelschreiber ausleihen?«, dann bedeutet das: »Kann ich deinen Kugelschreiber behalten?« Denn er wird in der Regel nicht zurückgeben, was er sich ausgeliehen hat. Es mag ein Euphemismus sein: Wenn ein Pinoy sagt: »Ich werde sehen, ob ich heute zur Verabredung kommen kann«, meint er, daß es eigentlich so gut wie sicher sei, daß er nicht kommt. Oder, wenn er beabsichtigt, sanft und höflich zu sein, hat das etwas mit seiner Angewohnheit zu tun, unter dem gesegneten Vorwand des Borgens etwas zu erhalten. Um die S.I.R. (*Smooth Interpersonal Relationship* = sanfte zwischenmenschliche Beziehung) sicherzustellen, muß dann jeder, der einem Pinoy etwas ausleiht, daran denken, daß er etwas weggibt.

Aber was passiert mit einem armen Kerl, der nicht auf derselben Wellenlänge wie der Pinoy ist? So wird Mister Perez, der Verleiher, nicht aufhören, darüber nachzudenken, wann Mister Cruz den Hammer, den er sich ausgeliehen hat, zurückgeben wird. Schließlich wird Mister Perez zurückverlangen, was er verliehen hat. Wenn er dies versucht, wird er sich später noch wundern...

»O ja, ich vergaß, ihn zurückzugeben«, sagt Mister Cruz mit einem um Vergebung bittenden Klang in seiner Stimme; aber dabei denkt er: »Oh, ich dachte, Sie hätten ihn mir gegeben.« Aber, wie auch immer: Er schwört, ihn schnellstens herbeizuschaffen. Doch Tage, Wochen, Monate vergehen, und der Hammer ist noch immer nicht zurückgegeben worden. Eher peinlich berührt, hakt Mister Perez ein zweites, drittes oder gar viertes Mal nach. Er schämt sich, so ein Nörgler zu sein.

Nachdem er schließlich all seinen Mut und Stolz zusammengerissen hat, besucht er Mister Cruz. Dieser ist aber sichtlich durcheinander und erklärt, daß der Hammer, den er sich ausgeliehen hatte, inzwischen zum soundsovielten Male von jemand anderem ausgeliehen worden sei und er nicht wisse, wo er jetzt sei. Er gedenke aber die Geschichte zurückzuverfolgen, verspricht er.

Schließlich wird der Hammer zurückgegeben – ordnungsgemäß überreicht! Doch ist er verrostet, der Stiel zerbrochen und so gut wie unbrauchbar. Wenn Mister Perez Glück hat, erhält er eine Entschuldigung oder gar Ersatz (was ein Wunder wäre).

So wie Mister Perez seinen geschätzten Hammer wiederbekommen hat, trifft ihn eine gewisse Doppelzüngigkeit. Ob Mister Cruz der Hammerstiel nun weggeflogen ist oder nicht, er bricht in ein verächtliches Lachen aus und fühlt sich in seinen Gefühlen verletzt: *»Parang hindi ako makabili ng martilyo. Paulit-ulit na hiningi. Pwe!«* (»Als ob ich mir keinen Hammer leisten könnte! Aber er muß es laufend wiederholen, daß er ihn wiederhaben muß.Puh!«) Und angewidert gelobt Mister Cruz, nie wieder etwas von Mister Perez zu borgen. Aber wie schnell doch die Flammen des Hasses verlöschen! Eine Woche später ist Mister Cruz erneut »unterwegs auf Leihtour«.

Doch es gibt schon einige, die sich sehr feinfühlig verhalten, wenn es zum Ausleihen kommt. Es spielt überhaupt keine Rolle, wie nahe sich Theresa Pilar verbunden fühlt, lieber ginge sie zu Fuß, als sich auch nur wenige Centavos Fahrgeld von ihrer guten Freundin Pilar zu leihen. Oder, wenn sie zufällig an ein Geschäft käme, wo ihr etwas gefiele, würde sie lieber warten, bis sie genug Geld hätte, als sich von Pilar etwas zu borgen. Ihre Bücher gehören ihr entweder selbst, oder sie hat sie von einer Bücherei (wo sie diese auch pünktlich zurückgibt). Sie folgt der Losung des unsterblichen Shakespeare: »Neither a borrower nor lender to be.« – »Weder Schuldner noch Verleiher werden.«

Um des Friedens und der Freundschaft willen lehnt es Theresa ab, sich irgend etwas auszuleihen. Dies sollte auch unter Verwandten, Geschäftspartnern oder Politikern angewandt werden. Denn oft erweist sich das Ausleihen als Gift, wenn über geborgtes Geld Familienstreitigkeiten ausbrechen, Fachexperten über geborgtes Ansehen aneinandergeraten oder Regierungsbeamte aufgrund von geliehener Macht Leute umbringen.

Wie die einfühlsame Theresa weiß auch Lito, daß, kann schon auf das Borgen nicht verzichtet werden, es Dinge gibt, die nie verliehen werden sollten. Ausländer runzeln die Stirn, wenn ein *Pinoy* sich persönliche Dinge, die nur dem privaten Gebrauch dienen, ausleiht. Zum Beispiel die Schreibmaschine oder der Rasierapparat. Aber es ist in den *Barrios* (Dörfern), Mietshäusern oder sonstwo in einer Gemeinde üblich, daß des Nachbarn Salz, Zucker, Bügeleisen, Besen, Kleidung, Herd oder Zahnbürste zum Verleih bereitstehen. Dies gilt auch am Arbeitsplatz oder in der Schule. Wenn jemand einen bestimmten Gegenstand sucht, wird sich erst, wenn dieser verzweifelt die letzte Ecke durchstöbert hat, eine boshafte Seele melden und bemerken: *Nasa pahiraman*, was soviel bedeutet wie »unterwegs zum Verleih«.

Übersetzung: Hanns F. Groeschke

1 Die immer mit etwas Stolz und Liebe zum philippinischen Mitbürger – *Kababayan* – gebrauchte Bezeichnung *Pinoy* (männl.) und *Pinay* (weibl.) hat einen leicht nationalistischen Unterton, um sich vom Fremden – *Dayuhan* – und speziell vom *Americano* abzugrenzen. Vom *Pinoy* oder der *Pinay* ist immer dann – besonders in den Medien – die Rede, wenn vom Schicksal gestrandeter Landsleute im Ausland berichtet wird.

Cordillera

Entwicklung nach eigenem Gusto

Die indigene Bevölkerung der Cordillera, des Gebirges auf Nord-Luzon, wird allgemein unter dem Sammelbegriff »Igorot« oder »Kaigorotan« zusammengefaßt. Sie besteht neben zahlreichen Untergruppen aus zehn ethnischen Hauptgruppen, die sich sprachlich sowie kulturell voneinander unterscheiden: Die Ifugao, Bontoc, Ibaloi, Ikalahan, Isneg, Kalinga, Tingguian, Gaddang, Kankanay und Aggay. Die als Agtas, Aetas oder abwertend als Negritos bezeichnete Ethnie am nordwestlichen Ausläufer der Cordillera stellt eine weitere eigene Hauptgruppe, die als am stärksten benachteiligt gilt. Selbst von seiten der Igorot bestehen kaum Annäherungsbestrebungen, ein Grund dafür dürfte in den relativ großen kulturellen Unterschieden liegen.

Streusiedlungen waren die gängigsten Siedlungsformen in der Cordillera, in denen die Verwandtschaftgruppe oder der Familienclan oft die einzige und wichtigste soziale Einheit bildete. Auf den naheliegenden Feldern wurde Eigenbedarfswirtschaft betrieben. Die sozialen Einheiten verwalteten sich selbst und vereinbarten mit benachbarten Ethnien und Siedlungen Friedensverträge (Bodong). Grundsätzlich hatten alle Anrecht auf Land. Im Bereich der Naßreisproduktion bestand jedoch eine Art Privatbesitz, der ausschließlich der aristokratischen Schicht und deren Erben vorbehalten war. Das umliegende Waldgebiet stand zum Sammeln und Jagen kommunal zur Verfügung, außer bestimmten Zonen, die den Geistern gehörten und tabu waren. Die Geister sollten diese Gebiete vor Umweltschäden bewahren. In unserem Verständnis entsprächen sie einer Art Naturschutzgebieten. Diese Tabuzonen sind durch den Raubbau der Minengesellschaften und Industrien verletzt und zerstört worden.

Ökonomische und soziale Strukturen

Je nach Topographie unterscheiden sich die Landnutzungstechnologien in der Cordillera und die daraus resultierenden sozio-ökonomischen Verhältnisse. Die mehrheitlich betriebene Brandrodung ermöglicht Eigenbedarfsproduktion von Süßkartoffeln, Yams, Taro, Maniok (Knollenfrüchte), Gemüse und anderen Grundnahrungsmitteln. Angebaut wird in Mischkulturen, wodurch das ökologische Gleichgewicht bei Einhaltung der Brachezeit gewährleistet wird. Die Naßreisterrassenproduktion ist im Unterschied zur Brandrodung nur im kleinen Ausmaß möglich und war traditionell der reichen aristokratischen Schicht vorbehalten. Sie konnte sich das ganze Jahr hindurch mit Reis versorgen, während die ärmeren Schichten auf das Wohlwollen der herrschenden Elite angewiesen waren. Sie waren gezwungen, auf den Reisterrassen mitzuarbeiten, um wenigstens zu festlichen Anlässen am Reisertrag Anteil zu haben. Die Reichen betrieben Brandrodung nur nebenher, als eine Art Krisenvorsorge, während die Armen auf die Erträge aus dem Brandrodungsanbau angewiesen waren. Das Ausmaß an ökonomischer Ungleichheit und sozialer Ungerechtigkeit konnte mittels sozial akzeptierter Regeln kontrolliert werden. Das akkumulierte Kapital mußte teilweise für Feste und Rituale der Bevölkerung zur Verfügung gestellt werden. Trotzdem bereicherte sich eine Elite durch die Arbeitskraft der ökonomisch Benachteiligten. Gold war und ist bis heute ein Machtfaktor in der Cordillera. Das Monopol auf dessen Abbau besaß wiederum nur eine Oberschicht der Ibaloi in der Region Benguet.

Diese unterschiedlichen ökonomischen Verhältnisse wirkten sich auch auf die politischen Machtbereiche aus. Die vorkoloniale Bevölkerung war keineswegs egalitär, sondern bis auf wenige Ausnahmen streng hierarchisch organisiert. Allgemein kann in der Cordillera zwischen drei Gesellschaftstypen unterschieden werden: einer leicht plutokratischen (Kalinga, Ifugao, Bontoc, Kankanay), einer kriegerischen (Tingguian, Kalinga, Isneg) und einer eher egalitären Gesellschaft (Ikalahan). Die politische Heterogenität der Igorot ist möglicherweise auch auf die unterschiedliche Landnutzung zurückzuführen. Während Reisterrassen-Produktionsgesellschaften hierarchische Sozialstrukturen aufweisen, sind Gesellschaften, die vor allem Brandrodung betreiben, eher egalitär organisiert. Ausschließlich Brandrodung wird in der Cordillera nur von den Hochland-Ikalahan betrieben. Politische Versammlungen bei den Ikalahan sind basis-demokratisch: Der Ältestenrat trifft Entscheidungen, nachdem die ganze Gemeinde diskutiert hat. Interessant ist, daß sich im Ikalahan-Ältestenrat auch Frauen einreihen; in anderen Ethnien der Cordillera haben sie keine formelle politische Macht.

Reisterrassen bei Banawe

Auswirkungen der spanischen Kolonialisierung

Die aristokratische Schicht der Cordillera verbündete sich mit den spanischen Kolonialisten und wanderte ins Tiefland und in die Küstenregionen Luzons ab. Im Tiefland festigte die ehemalige Hochland-Aristokratie ihre Macht, indem sie auf ihren neuen Plantagen »Sklaven« ausbeutete. Der zurückgebliebenen armen Bevölkerung in der

Cordillera überließ sie eine größtenteils kahlgeschlagene Bergregion mit erodierten Feldern. So jedenfalls stellt es der kritische philippinische Historiker Renato Constantino dar. Die Unterdrükkung hat sich mit der spanischen Kolonialisation ausgebreitet und verstärkt. Die Spanier schalteten gesellschaftliche Kontrollmechanismen, die Machtmißbrauch bis zu einem gewissen Maß einzudämmen vermochten, vollständig aus, indem sie die einheimische Aristokratie begünstigten. Diese mußte beispielsweise keine Steuern an die Spanier abführen und konnte sowohl ökonomisch wie politisch die oberste Gesellschaftsstufe beibehalten. Die nichtaristokratische Hochland-Bevölkerung wurde auseinandergerissen: Viele waren durch die wirtschaftliche Notlage gezwungen, das Hochland zu verlassen und auf den Plantagen im Tiefland zu arbeiten. Im Laufe der Zeit vermischten sie sich mit den Spaniern und der Tieflandbevölkerung, ihr kulturelles Erbe ging verloren. Dadurch vergrößerte sich die Differenz zwischen den TieflandplantagenarbeiterInnen und der indigenen Bevölkerung, die sich im Hochland erfolgreich gegen das spanische Eindringen zur Wehr gesetzt hatte.

Je komplexer eine Ethnie organisiert ist, desto mehr Kooperation ist notwendig, um der gesamten Gemeinschaft das Überleben zu sichern. Gegenseitige Hilfe und Verpflichtungen nehmen einen bedeutenden Platz im sozialen Leben ein. In egalitäreren Gesellschaften tragen die einzelnen Mitglieder ein größeres Maß an Selbstverantwortung.

Heute hat sich die Hierarchie und repressive politische Macht auf nationale und internationale Ebene verlagert. Die Igorot verloren ihr Land weitgehend und wurden von transnationalen und nationalen Minen-, Energie- und Industriekonzernen als LohnarbeiterInnen angeheuert.

Das System der Friedensverträge (Bodong)

Das *Bodong*-System, das von breiten Teilen der Bevölkerung in der Cordillera akzeptiert wird, ist ein System gegenseitiger Friedensabkommen. Traditionell kommt es neben den Kalinga noch bei den Tingguian als *Kalon* und bei den Bontoc als *Pechen* vor. Der *Bodong* ist vergleichbar mit einer Magna Charta (Verfassung), welche die ökonomischen, politischen und soziokulturellen Regeln zwischen zwei Ethnien, Dörfern oder Siedlungen vereinbart. Mit dem Friedensvertrag werden auch Blutfehden beseitigt, die sich sonst nach festgelegten Rache- und Vergeltungsmaßnahmen fortsetzen würden. Wurde eine Person eines Dorfes von jemandem eines anderen Dorfes verletzt oder getötet, so nahm die Bevölkerung des ersten Dorfes

Blutrache und brachte ihrerseits eine Person des anderen Dorfes um.

Meistens sind es einflußreiche Personen, die in der Funktion eines Friedensrichters agieren und Verhandlungen zur Wiederherstellung »diplomatischer« Beziehungen zwischen den Ethnien führen. Daneben gibt es VermittlerInnen oder ZeugInnen, die sich mit begründeten Aussagen an den Verhandlungen beteiligen. Der Friedensvertragshalter bürgt für sein ganzes Dorf oder seine Ethnie, daß der *Bodong* eingehalten wird. Er ist auch für die Sicherheit einer Person des anderen Dorfes oder Ethnie verantwortlich, wenn diese in das Gebiet seines Dorfes oder seiner Ethnie kommt. Um diese Aufgabe zu erfüllen, müssen die Friedensvertragshalter ein hohes Ansehen bei ihrer Bevölkerung genießen. Im Gegensatz zu anderen indigenen Völkern auf den Philippinen waren und sind Frauen in der Cordillera bei den Völkern, die das Bodong-System praktizieren, von all diesen Funktionen ausgeschlossen.

Seit 1978 existiert die *Cordillera Bodong Alliance* (CBA, Mitglied der *Cordillera People's Alliance*), die sich mit Erfolg dafür einsetzt, daß sich das *Bodong*-System in der gesamten Cordillera ausweitet. Sie ist Ausdruck der Vereinigungsbestrebungen der verschiedenen Ethnien im Kampf für eine echte regionale Autonomie. Die Zentralregierung in Manila ignoriert diese Bestrebungen, indem sie mit der von Conrado Balweg 1986 ins Leben gerufenen Cordillera Bodong Association (ebenfalls CBA) zusammenarbeitet. Das Autonomiekonzept des selbstgefälligen, machtlüsternen Conrado Balweg (katholischer Ex-Priester und einstiger NPA-Kommandant) unterscheidet sich deutlich vom Konzept einer echten regionalen Autonomie. Er versteht unter *Bodong* ein generelles Friedensabkommen zwischen der gesamten Cordillera-Bevölkerung und der Aquino-Regierung. Traditionell wird der *Bodong* indes nur zwischen zwei Ethnien, Dörfern oder Siedlungen abgeschlossen. Balweg mißachtet dies und steht heute mit seiner *Cordillera People's Liberation Army* (CPLA) faktisch auf der Seite des philippinischen Militärs.

Die indigene Bewegung

Das aus zehn verschiedenen ethnolinguistischen (d.h. nach Kultur und Sprache eigenständigen) Gruppen bestehende Volk der Igorot in der Cordillera blickt auf einen langen Widerstand zurück, der eine spanische Besetzung ihrer Territorien abwehrte und selbst die Kontrolle über die reichen, seit vorspanischer Zeit von ihnen selbst betriebenen Goldminen Benguets sicherte. Sein Widerstand setzte sich gegen die US-Amerikaner und Japaner fort, so daß bis heute keiner Kolonialmacht die militärische Unterwerfung der Berggebiete Nordluzons gelungen ist. Als Katalysator für das politische Zusammenrücken der Igorot-Gemeinschaften und die Herausbildung einer gemeinsamen stammesübergreifenden Identität hat vor allem der erfolgreiche Kampf gegen das Chico-Staudammprojekt der Marcos-Regierung gewirkt. Nach den von der Weltbank finanzierten Plänen hätten von 1974 an vier Dämme am Chico-Fluß gebaut und dabei Felder und Dörfer von rund 100000 Bontoc und Kalinga unter Wasser gesetzt werden sollen. Zur gleichen Zeit drohte in der Provinz Abra der Kahlschlag von 198000 Hektar Wald durch den Cellophil-Konzern, unterstützt von einem Konsortium europäischer und japanischer Banken und Firmen. Entscheidend für die Abwehr der existenzbedrohenden Projekte war einerseits der Rückgriff auf die seit altersher zwischen verfeindeten Dörfern der Tingguian, Kalinga und Bontoc geschlossenen Friedenspakte, die nunmehr auf die ganze bedrohte Region und zu

Beistandspakten über Stammesgrenzen hinaus erweitert wurden. Von Bedeutung war nicht zuletzt die Allianz mit der Neuen Volksarmee *New People's Army* (NPA) im Gebiet, die den Tingguian, Kalinga und Bontoc militärische Ausbildung und organisatorisches *Know-how* anbot.

Der jahrelange Kampf gegen das Chico-Projekt bewirkte, daß sich ein zunächst von den betroffenen Dorfbevölkerungen getragener Widerstand zu einer die verschiedensten Sektoren der Igorot-Gesellschaften umfassenden Selbstbestimmungsbewegung entwickelte. Eine zentrale politische Kraft in der Region bildet heute der Zusammenschluß aller Basisorganisationen, die *Cordillera People's Alliance* (CPA). Ihr Programm konzentriert sich auf die

- Verteidigung des angestammten Landes;
- Inanspruchnahme des Rechts auf freie Verfügung, Nutzung und Entwicklung dieses Landes und seiner Ressourcen durch die Bevölkerung der Cordillera;
- Forderung nach Achtung der indigenen Kultur und dem Recht auf selbstbestimmte wirtschaftliche, soziale und kulturelle Entwicklung;
- Geltung der den Gesellschaften der Cordillera eigenen soziopolitischen und rechtlichen Systeme;
- Realisierung einer echten regionalen Autonomie und damit Selbstregierung.

Bewaffneter Widerstand

Grundsätzlich dieselben Ziele, jedoch mittels des bewaffneten Kampfes, verfolgt die erstmals 1981 in Erscheinung getretene Demokratische Front des Cordillera-Volkes (*Cordillera People's Democratic Front* – CPDF). Sie entstand aus den Bemühungen von Igorot-Kadern der CPP/NPA, den Besonderheiten der Region und ihrer BewohnerInnen angepaßte Organisationsansätze zu entwickeln, da die im Tiefland unter den Bauern und Bäuerinnen erprobten Herangehensweisen und Analysen unter den Igorot versagten. Die Suche nach einer geeigneten politischen Linie, um die Cordillera-Bevölkerung für den Befreiungskampf zu gewinnen, erwies sich als langwierig. Eine verfeinerte Analyse war gerade in Bezug auf die Landbesitzverhältnisse gefragt, die sich in der Cordillera zum Teil erheblich von der Feudalsituation im Tiefland unterscheiden. Wo jedoch ungleiche Besitzverhältnisse existierten, bestanden sie im wesentlichen in einer Ungleichheit zwischen reicheren und ärmeren Verwandten, was es für die Guerilla bis heute schwierig macht, die Bevölkerung für die Überwindung dieser Machtstrukturen zu mobilisieren. Auch die CPDF fordert eigene legislative und administrative Strukturen für die Cordillera. In den von ihr kontrollierten Gebieten versucht sie, sogenannte Provisorische Revolutionäre Regierungen auf Dorf- und Distriktebene soweit wie möglich traditionellen Igorot-Modellen anzugleichen. Die Akzeptanz der CPDF unter der Igorot-Bevölkerung ist nach eigenen Angaben relativ groß. Es heißt, 90 Prozent der in der Cordillera operierenden Guerilleros seien Igorot. Zudem gibt die CPDF an, sie sei bereits in 50 Prozent des gesamten Berggebiets aktiv und genieße die Unterstützung von 35 bis 40 Prozent der Bevölkerung.

Friedensverhandlungen der Cordillera Peoples' Democratic Front

Rainer Werning

Moros

Im Süden nichts Neues

»Sollten sich die Sulu-Gruppe und Mindanao zum gelobten Land entwickeln und amerikanisches Unternehmertum und Kapital den Dschungel schrittweise in ein Paradies von Tabak-, Hanf- und Kaffeeplantagen verwandeln – dann werden die Moros samt ihren Institutionen beiseite geschoben und unterworfen werden, so wie sich zuvor unsere nordamerikanischen Indianer der überlegeneren Rasse beugen mußten.« Auf diese Kurzformel brachte die *Harper's Geschichte des Krieges in den Philippinen* (New York 1900) das Anliegen der Vereinigten Staaten, die zwei Jahre zuvor Spanien abgekaufte Pazifikkolonie zu »entwickeln«.

Mit Feuer und Schwert gegen die »Wilden«

Es wurde eine blutige Entwicklung; als US-Präsident Theodore Roosevelt die »Insurrektion« offiziell am 4. Juli 1902 für beendet erklärte, hatte ein Sechstel der damaligen philippinischen Bevölkerung gewaltsam den Tod gefunden. Diese erste militärische US-Intervention in Asien und eines der größten Kolonialmassaker in der Geschichte, in Washington kurz »Befriedung« genannt, sah laut Untersuchungen des amerikanischen Kongresses knapp 127000 US-Soldaten im Fronteinsatz, von denen 4234 Mann fielen.

Die um die Jahrhundertwende praktizierten »Befriedungs«methoden nahmen vorweg, was später in Malaya, Korea und Indochina technisch ausgeklügelter zur Anwendung kommen sollte – Wehrdörfer, Freifeuerzonen, systematische Such- und-Zerstör-Aktionen, Nahrungsmittelblockaden oder planmäßiges Massakrieren von Zivilisten. Aktenkundig wurde einer der spektakulären Fälle: Jacob H. Smith, Kommandeur der US-Truppen auf der Visayainsel Samar, hatte unter anderem folgenden Tagesbefehl an seine Soldaten erteilt: »Brennen, morden und plündern sollt ihr! Je mehr ihr das tut, um so größer wird mein Wohlgefallen sein!« Ziel dieser »Maßnahmen«, die sämtliche Samareños über zehn Jahre betraf, war es, die Insel in eine »heulende Wildnis« zu verwandeln.

Flankiert wurde die Haudegenpolitik mit gesetzlichen Auflagen: das *Sedition Law* (1901) ahndete jedwedes Eintreten für die Unabhängigkeit mit langjährigen Haftstrafen oder Tod; der *Brigandage Act* (1902) stufte Widerstandskämpfer als *ladrones* (Banditen) ein, worauf die Todesstrafe und für Helfershelfer eine zehnjährige Haftstrafe stand; der *Reconcentration Act* (1903) entsprach (unter Ausklammerung von Gaskammern) der archaischen Variante von KZs, während das *Flag Law* (1907) schlichtweg das Hissen der philippinischen Flagge sowie das Singen des gegen Ende der Marcos-Herrschaft wieder populären antikolonialen Liedes *Ang Bayan Ko* (Mein geliebtes Heimatland) verbot.

Trotz alledem dauerten die bewaffneten Auseinandersetzungen zwischen den neuen Kolonialtruppen und den strikt auf Eigenständigkeit bedachten, selbst von den Spaniern nicht endgültig in die Knie gezwungenen und von ihnen in Anlehnung an die Mohren (Mauren) Nordafrikas abschätzig *Moros* genannten muslimischen »Rebellen« an. Erst 1916 war es den US-Truppen nach grausamer Kriegsführung gelungen, den Morofuß in den amerikanischen Schuh zu pressen. War die Moro-Provinz lange von der US-Armee direkt verwaltet worden, so griff Washington seit 1920 auf Mitglieder der nordphilippinischen Elite als für den Süden zuständige Beamte zurück. Die von amerikanischen Militärs trainierten *Philippine Scouts* wie die *Constabulary* übernahmen seit den dreißiger Jahren verstärkt »Ordnungsfunktionen« im Sü-

Mindanao

den. Das sogenannte *Pensionado*-Programm tat ein übriges, um Teile der südlichen Herrschaftselite, der Datus und Rajahs, durch finanzierte Aufenthalte im »zivilisierten« Manila sowie kostenlose Studienreisen in die USA kulturell aufzuweichen.

Jahrzehnte sollten vergehen, bis die Moros, mittlerweile sich selbst stolz so bezeichnend, gegen die Zentralregierung im fernen Manila neuerlich und in großem Stil organisiert Widerstand leisteten.

Wider das Vergessen

»Wir haben Aquino im Wahlkampf unterstützt, jetzt aber werden wir ungeduldig. Wenn wir noch länger warten, werden wir wieder übers Ohr gehauen«, erregte sich ein Muslimführer im April 1986 auf dem ersten Kongreß des Moro-Volkes in Zamboanga City.

Der Süden, wegen seiner taifungeschützten Lage und reichen Bodenschätze gleichermaßen vom internationalen Agrobusiness und von der Zentralregierung in Manila umworben, war vor allem unter der Marcos-Herrschaft sturmreif geschossen worden. Ein Religionskrieg hindere die Entwicklung des Südens – unkte Manila. Für ein Überleben und die Selbstbestimmung kämpfe man – konterten die Moslems. Dieses »Mißverständnis« kostete in den vergangenen zwei Jahrzehnten über 80000 Menschen das Leben. Ganz zu schweigen von den zahlreichen Entwurzelten und Vertriebenen; noch immer leben einige Zehntausend im (benachbarten) ostmalaysischen Sabah auf Abruf.

Corazon Aquino war mehr mit internen Machtkämpfen und ihrem Überleben beschäftigt, als den Moros die notwendige Aufmerksamkeit zu schenken. Das schien sich zu ändern, als Agapito »Butz« Aquino, ein Schwager der Präsidentin, Ende August 1986 nach Saudi-Arabien reiste, um dort auch mit Nur Misuari, dem Vorsitzenden der ältesten muslimischen Widerstandsorganisation, der *Moro Nationalen Befreiungsfront (MNLF)*, direkte Gespräche aufzunehmen. Anfang September 1986 kam dann auf der Insel Jolo ein (vorläufiger) Waffenstillstand zustande, zu dessen feierlicher Unterzeichnung Frau Aquino, (Ex-)Verteidigungsminister Enrile und Misuari angereist waren.

El Dorado für Plantagenwirtschaften

Nach der erfolgten Flaggenunabhängigkeit (Sommer 1946) war der Süden neuerlich ins Blickfeld staatlicher Interessen gerückt. Manilas Strategie war es, durch die Umsiedlung nordphilippinischer Bauern sowie desertierter Guerilleros der *Hukbalahap* (Antijapanischen Volksbefreiungsarmee, 1950 in Volksbefreiungsarmee umbenannt) die aus erdrückenden Pachtverhältnissen resultierenden Probleme zu glätten. Unter Präsident Ramon Magsaysay fanden Mitte der fünfziger Jahre denn auch die ersten größeren systematischen Umsiedlungen nach Mindanao statt.

Auf dieser Insel werden ca. 50 Prozent der gesamten Mais- und Kokosnuß-, 20 Prozent der Reis-, 50 Prozent der Fisch-, nahezu 100 Prozent der für den Export bestimmten Bananen- und Ananasproduktion des Landes gewonnen. 40 Prozent der Viehzucht sind dort lokalisiert, und nahezu 90 Prozent der Nickel-, Kobalt- und Eisenerzsowie fast 100 Prozent der Bauxitvorkommen werden auf der Insel abgebaut. Eine Vielzahl natürlicher Häfen und seine Fruchtbarkeit mach(t)en Mindanao zum Magneten für ausländisches Kapital. Nach einer systematischen Kahlschlagpolitik wurde Grund und Boden vom ausländischen Agrobusiness unter Beschlag genommen. *Dole, Del Monte* und *United Brands* usw. unterhalten hier ihre weltweit größten Plantagen. Weit über hunderttausend Hektar beträgt deren Nutzungsfläche, die langjährig für nur 50 US-Cents pro Hektar/Jahr von der regierungseigenen Nationalen Entwicklungsgesellschaft gepachtet wurden. Für Manila war dies die Einlösung seiner Entwicklungspolitik exportorientierten Typs.

Squatters im eigenen Land

Betrug die muslimische Bevölkerung 1913 noch 98 Prozent der im Süden Ansässigen, so war ihr Anteil bereits 1976 auf 40 Prozent geschrumpft. Vor der Kolonisierung gehörte ihr sämtliches Land. Heute hingegen nennt sie weniger als 17 Prozent des Grund und Bodens ihr eigen, der zudem hauptsächlich in abgelegenen, unfruchtbaren Gebirgsregionen liegt. Gut 80 Prozent der Moslems sind gegenwärtig landlose Pächter.

Kurzschlüssig aber wäre es, das Gros der (christlichen) Siedler als besser gestellt zu betrachten. Von den ca. vier Millionen Siedlern sind knapp 2000 Eigner von Plantagen oder halbfeudalen Besitzungen. Der Verwaltungsapparat, das Militär sowie die Bourgeoisie im Dienstleistungs- und Handelssektor sind fest in den Händen der aus dem Norden eingeströmten herrschenden Klassen. Selbst die mächtigsten Vertreter der zahlenmäßig kleinen muslimischen Elite waren ihnen unter Marcos untergeordnet. Zur politischen wie wirtschaftlichen Benachteiligung gesellte sich eine von Manila systematisch geschürte kulturelle Geringschätzung: In Schulbüchern und Schauspielen figurierten die Moros bestenfalls als bemitleidenswertes Schlußlicht nationaler Entwicklung.

MNLF – der Widerstand

Am 1. Mai 1968 unterzeichnete der frühere Gouverneur von Cotabato, Datu Udtog Matalam, ein Manifest, das die Errichtung eines islamischen Staates – der Republik von Mindanao und Sulu – vorsah. Dies signalisierte den Beginn der auf Sezession drängenden *Muslim Independence Movement*, die später in *Mindanao Independence Movement* (MIM) umbenannt wurde. Die auf Loslösung Mindanaos und der anderen südlichen Inseln aus dem philippinischen Staatsverband fixierte Politik mußte unter zwei Aspekten gesehen werden: 1. Angesichts der Durchdringung der Region durch die vereinte Gewalt transnationaler Konzerne und des ihren Interessen dienenden Marcos-Regimes war es nicht länger möglich, in politischer Abstinenz zu verharren, was der MIM-Führung jegliche politische Legitimation entzogen hätte. 2. Ihr Insistieren auf staatliche Eigenständigkeit geschah unter bewußter Ausklammerung einschneidender sozialpolitischer und wirtschaftlicher Ziele, deren Opfer sie schließlich selbst hätte werden können.

Die muslimische Elite war, wollte sie ihren Rückhalt in der Bevölkerung nicht preisgeben, in die Rolle eines nach außen sich antikolonial gebenden Kämpfers gedrängt, dem jedoch aus materiellen Erwägungen daran gelegen war, antiimperialistische, antikoloniale Inhalte zu verschleiern bzw. sie möglicherweise erst später in dem noch zu gründenden neuen Staat aufgehoben zu wissen.

Die religiös gewendete Anti-Marcos-Kritik sicherte der MIM-Führung beträchtliche finanzielle Zuwendungen aus dem Nahen Osten. Ob sie allerdings aus Malaysia und Indonesien aktive Schützenhilfe bezog, bleibt ungewiß. Dies dürfte angesichts der innerhalb des seit 1967 bestehenden südostasiatischen Staatenbündnisses ASEAN strikt auf Vermeidung staatlicher Grenzverschiebungen und sezessionistischer Ambitionen bedachten Politik wohl kaum der Fall gewesen sein. Seit der Niederlage der USA in Indochina und dem unzeremoniellen Ableben der SEATO (Südostasiatischen Paktorganisation) gebot es die übergeordnete Staatsräson der ASEAN-Mitgliedsländer, »interne Unruheherde« und zentrifugale Tendenzen notfalls gewaltsam zu unterbinden. Die »Befriedung« Osttimors und das Herunterspielen des einst zwischen Kuala Lumpur und Manila schwelenden Grenzproblems (Manilas Anspruch auf das ostmalaysische Sabah) veranschaulichten dies.

Die 1971 gegründete MNLF verstand sich als wirkliche Vertreterin des Moro-Volkes. Die von Nur Misuari, einem ehemaligen Politologie-Lehrer, geführte MNLF warf der MIM vor, weder eine überzeugende Perspektive noch ein klares Programm zu besitzen. Schließlich sei sie aufgrund ihrer Kollaborationsbereitschaft mit Marcos außerstande, die Unabhängigkeit der Moros zu garantieren. Die bald einsetzende Rekrutierungskampagne muß zumindest in militärischer Hinsicht spektakuläre Erfolge gezeitigt haben. Wenige Monate nach Verhängung des Kriegsrechts (22. September 1972) kam es überall im Süden zu heftigen bewaffneten Auseinandersetzungen zwischen Regierungstruppen und MNLF-Verbänden.

Schwere Zeiten nach dem Tripolis-Abkommen

Bis Mitte 1974 hielt die MNLF an der Sezession des Südens und der Schaffung einer unabhängigen islamischen Republik fest. Das Hauptquartier der MNLF war zwischenzeitlich in Libyen aufgeschlagen und politisch-diplomatische Unterstützung seitens der Islamischen Konferenz gesichert worden. Das aber hatte einen Pferdefuß: Auf Drängen der Islamischen Außenministerkonferenz kam es 1975 im saudiarabischen Dschidda zu Gesprächsrunden zwischen Vertretern der MNLF und des Marcos-Regimes. Deren vorläufigen

Schlußpunkt bildete das am 23. Dezember 1976 in der libyschen Hauptstadt Tripolis unterzeichnete Abkommen zwischen Manila und der MNLF. Im Vordergrund standen dabei: 1. die politische und friedliche Beilegung des Konflikts sowie 2. Autonomie für die Moros »innerhalb der nationalen Souveränität und territorialen Integrität der Republik der Philippinen«. Die MNLF war folglich zur Rücknahme ihrer maximalistischen Forderung nach staatlicher Eigenständigkeit genötigt worden.

Nutznießer des Tripolis-Abkommens war eindeutig das Marcos-Regime. Scharenweise kehrten desillusionierte MNLF-Kader ihrer Organisation den Rücken, was ihnen Manila mit stattlichen Geldspritzen und/oder Posten in der Bürokratie erleichterte.

Zudem blieben etliche Mitglieder des Zentralkomitees, darunter auch Nur Misuari, in Libyen und anderen Nahoststaaten, so daß die Kommunikation nur durch Emissäre erfolgte. Ethnische Rivalitäten, nie ganz verstummt, brachen unter solchen Bedingungen neuerlich auf und schürten Querelen zwischen Auslandsführung und lokalen Kommandeuren ebenso wie zwischen den vor Ort agierenden Befehlshabern. In dieser Situation entstand die offen gegen die MNLF opponierende und mit saudisch-amerikanischer Finanzierung aus Mekka operierende *Bangsa Moro Liberation Organization* (BMLO).

Im Sommer 1985 konstituierte sich mit der *Moro Islamic Liberation Front* (MILF) unter Hashim Salamat eine weitere gegen die MNLF gerichtete Gruppierung, während innerhalb der MNLF eine von Dimas Pundato geführte Exilfraktion auf umfassende Autonomie drängte.

Nur Misuari, ein Tausug aus Sulu, ist damit in lähmende interethnische Konflikte verstrickt; seine Widersacher Salamat und Pendatun beispielsweise sind Maguindanao. Ali Dimaporo hingegen, einst Gouverneur von Lanao del Sur, ist Maranao, der als Relikt der Marcos-Ära eine große Privatarmee befehligte. Das durch ethnische Konflikte überschattete Gerangel um politische Vorherrschaft und Macht schnürt somit strukturelle sozialpolitische Veränderungen seitens des muslimischen Widerstands ein.

Andauernde Spannungen

Wie zuvor die Kolonialmächte hat Manila den Krieg in den Südphilippinen durch religiöse Antagonismen definiert, um die verelendeten, von ihm ausgebeuteten (christlichen Siedler-)Massen ideologisch an sich zu binden. Davon profitierten die transnationalen Konzerne in hohem Maße, er-

schweren doch kommunale Konflikte die Schärfung eines antiimperialen Bewußtseins.

Schließlich hat selbst die MNLF streckenweise militaristisch operiert und wiederholt auf religiöse Argumente zurückgegriffen, um die Kampfbereitschaft ihrer Kader hochzuhalten, finanzielle Zuwendungen von konservativen islamischen Staaten nicht zu gefährden und ihre Massenbasis vom Übergreifen einer Klassenideologie fernzuhalten, wie sie von der seit Beginn der achtziger Jahre verstärkt in benachbarten Gebieten agierenden Kommunistischen Partei und der NPA vertreten wird.

Die dominierenden Auslandskonzerne sind dem alltäglichen Bewußtsein der Moslems weitgehend entrückt. Das Proletariat ist nicht-muslimisch. Und die meisten Ländereien, die erstere okkupieren, sind nordphilippinischen Kleinsiedlern entrissen, nachdem Moslems zuvor von ihrem Boden verjagt worden waren. Muslimischer Widerstand war und ist deshalb selten unmittelbar gegen die Auslandskonzerne, vielmehr gegen das ihren Einfluß ausweitende (christliche) Regime in Manila gerichtet.

Bleiben der MNLF im wesentlichen zwei Optionen: Entweder nähert sie sich sozialrevolutionären Positionen an, oder aber sie sieht in Manila den Garanten einer letztendlich möglichen Autonomie. Die erste Option würde sie zwangsläufig einer weiteren Rückendeckung seitens der Islamischen Konferenz berauben. Eine politisch-wirtschaftliche Autonomie, deren letzter Plan Mitte November 1989 scheiterte, bescherte zuallererst der Moro-Elite größere Machtbefugnisse, was die MNLF in die Zwickmühle triebe, eine Eigenständigkeit ohne soziale Emanzipationsbestrebungen zu favorisieren. Als Organisation könnte ihr das zum Verhängnis werden.

Frank Braßel

Darauf eine Ananas

Del Montes »süßes« Imperium

»Es beginnt in den frühen zwanziger Jahren mit zwei Amerikanern, die auf einem Plateau in den Bergen des nördlichen Mindanao stehen und über das weite jungfräuliche Land blicken, das sich vor ihnen erstreckt, soweit das Auge reicht. Durch Krieg und Frieden waren die Leute von PHILPAK vereint in ihrem Streben um Entwicklung.« *(Maria Teresa Coloyaco: Crowning the land. The History of Philippine Packing Corporation, Manila 1987)*

»Vielleicht ist jetzt die Zeit, wo wir Gehör finden, auch wenn man uns nicht wirklich zuhört. Unser einziger Ruf ist *Land, Land, das uns zusteht, denn es gehört uns*. Land, wo wir unsere Ahnen zur letzten Ruhe gebettet haben. Land, das wir mit anderen geteilt haben, die aber, ohne daß wir es bemerkten, unsere Herren wurden.« *(Aus einem Appell zweier Minderheitenorganisationen aus Bukidnon, 1987)*

Konserven des US-Konzerns Del Monte mit Ananas von den Philippinen finden sich in jedem Supermarkt. Das südostasiatische Land war der erste Standort Del Montes in der Dritten Welt. Wie die Anwesenheit des Konzerns so ist auch der Ananasanbau auf den Philippinen ein Produkt des Kolonialismus. Ursprünglich war die Pflanze in Mittelamerika beheimatet und gelangte im 17. Jahrhundert mit den spanischen Handelsschiffen in die Philippinen. Dort wurde die agaveähnliche Pflanze in erster Linie zur Gewinnung von Stoffasern für die teuren und feinen *Piña*-Kleider genutzt. Seit 1921 erforschte der in Kalifornien beheimatete Konzern Del Monte die besten Anbaugebiete in dem Inselstaat und entschied sich für das Hochland von Bukidnon im nördlichen Mindanao. In den frühen zwanziger Jahren bewegte eine Insektenplage, die die Plantagen auf Hawaii schwer schädigte, den Konzern, nach alternativen Anbauorten für den wachsenden US-Markt zu suchen. In Bukidnon gab es fruchtbaren Ackerboden, ein günstiges Klima und billige Arbeitskräfte. Der Tageslohn eines philippinischen Arbeiters lag damals wie heute unter dem Stundenlohn auf Hawaii, wo zudem die Preise für Land hoch waren. Die ökonomische und politische Stabilität wurde durch den Status der Philippinen als US-Kolonie (seit 1898) garantiert. 1929 gründete Del Monte die *Philippine Packing Corporation* (PPC oder PHILPAK), die fortan als hundertprozentige Tochtergesellschaft vornehmlich Ananasplantagen betrieb.

Del Monte gibt in seiner zitierten Jubiläumsschrift zum Sechzigsten vor, »Entwicklung« in das »jungfräuliche« Bukidnon gebracht zu haben. Tatsächlich hat sich der Konzern in bemerkenswerter Weise entwickeln können – durch Landraub auf Kosten der dort traditionell siedelnden Bevölkerung. Die Provinz Bukidnon war vor Ankunft Del Montes überwiegend von dem Volk der Manobo bewohnt, eine der zahlreichen nicht-christlichen und nicht-muslimischen Volksgruppen *(Lumad)* auf Mindanao. Mit Zuwanderung von christlichen Filipinos von Cagayan de Oro aus spalteten sich die Manobo in zwei Untergruppen, die Higaonon und die Bukidnon, die über eine eigenständige Sprache und Kultur verfügen. Bis heute tragen viele Orte der Region Namen in der Stammessprache Binukid, etwa Impasug-ong, Sumilao oder Kibawe. (Manolo Fortich, wo sich das Zentrum der Del Monte-Ananasplantagen befindet, hieß zuvor Tankulan, was in Binukid soviel wie »kleine Bambus-Trompete« heißt.)

Neben der Sprache unterscheidet sich auch die Religion der Manobo-Volksgruppen, was gravierende Auswirkungen auf ihr Landrechtsverständrende Auswirkungen auf ihr Landrechtsverständnis hat. Für die Bukidnon, ursprünglich ein halbnomadisches Bauernvolk, gab es keinerlei individuelle Landrechte. Als »Besitzer« betrachteten sie zwar denjenigen, der ein Stück Land urbar machte, aber das Besitzrecht bezog sich nur auf die Nutzung des Bodens. »Der wirkliche Besitzer des Landes ist der Schutzgeist des Landes, der *migbaya ho bogta* oder *talabogta*, und der Bauer muß seine Erlaubnis erbitten, durch Opfergaben, ehe er neuen Boden bebaut«, faßt der aus den USA stammende Jesuitenpriester Vincent G. Cullen seine Beobachtungen aus mehr als zwanzigjähriger Tätigkeit in Bukidnon zusammen. Eine Veräußerung des Bodens war nur nach Rücksprache mit dem Stammesführer möglich und immer nur vorübergehend. Die Produkte des Landes waren im wahrsten Sinne des Wortes heilig. In einigen Gebieten Bukidnons war es verboten, Produkte für den Verkauf anzubauen. Und der Begriff für Grundnahrungsmittel in Binukid *kauyagan* leitet sich von der Wurzel *uyag* (= Leben) ab.

Dieses Landrechtsverständnis der Bukidnon, deren Wirtschaft zudem weitgehend auf Tausch und nicht auf einer Geldwirtschaft basierte, kontrastierte aufs schärfste mit den Bedürfnissen des US-Konzerns Del Monte, der für seine Plantagen 25 Jahre gültige Pachtverträge wünschte und mit zunächst großzügig anmutenden Finanzofferten manchen Landbesitzer des Bukidnon-Volkes ködern konnte. Hinzu kam, daß sich skrupellose Personen aus dem nahegelegenen Cagayan de Oro bei den dortigen Regierungsstellen als juristische Besitzer von Landflächen registrieren ließen, die seit Generationen von den Bukidnon bestellt worden waren. Erst nach dem Zweiten Weltkrieg setzte es sich unter ihnen langsam durch, Rechtstitel für ihre Felder zu beantragen. Zwischen 1918 und 1938 waren in Bukidnon nur 816 Landtitel bei einer Bevölkerung von über 50000 Menschen ausgegeben worden. Während dieser Zeit war es für Del Monte leicht, große Landflächen für den Ananasanbau zugewiesen zu bekommen.

Ananas gehen gut

Inzwischen übt Del Monte die Kontrolle über mindestens 25000 Hektar Ananasplantagen in Bukidnon aus, wie der regionale katholische Amtsträger, Bischof Gaudencio Rosales, ausführt. Das entspricht einer Fläche von 50000 Fußballplätzen. Hinzu kommen mindestens 6000 Hektar Bananenplantagen, die auf fester Vertragsbasis seit Ende der siebziger Jahre für Del Monte produzieren. Zwischenzeitlich hat der Konzern seine Produktion auf andere Früchte erweitert: Zwar ist Ananas nach wie vor sein Standbein, doch haben der Anbau und die Verarbeitung von Tomaten und Südfrüchten wie Papayas an Gewicht gewonnen. Bereits 1930 hatte Del Monte eine seitdem ständig ausgebaute und modernisierte Konservenfabrik in Bugo bei Cagayan de Oro errichtet. Heute zählt der Konzern zu den größten im Lande und lag

Plantagenwächter auf Basilan

1987 an 27. Stelle der Rangliste. Ananas gehen gut. Der US-Konzern erzielt einen offiziellen Reingewinn von mindestens 400 Millionen Pesos und zählt damit zu den zehn erfolgreichsten Unternehmen auf den Inseln. 400 Millionen Pesos Gewinn sind mehr, als im philippinischen Staatshaushalt 1988 zur Durchführung der Landreform vorgesehen waren.

400 Millionen Pesos beträgt in etwa auch die Summe der Gehälter für alle PPC-Beschäftigten. Einschließlich des Topmanagements, das im internationalen Vergleich bei Del Monte zum bestbezahlten zählt. Für die etwa 9000 ArbeiterInnen auf den Plantagen und in der Konservenfabrik gilt das allerdings nicht. Sie verdienen mit ca. 80 Pesos am Tag mehr als der philippinische Durchschnitt. Doch macht ein Tagesverdienst von Del Monte gerade die Hälfte der staatlich definierten Armutsgrenze aus. Del Monte-Beschäftigte leiden nicht an krassem Hunger wie viele LandarbeiterInnen, aber ein menschenwürdiges Leben ist ihnen gleichsam nicht möglich. Eine Familie mit zwei Kindern, wo beide Eltern in der Konservenfabrik von Del Monte arbeiten, lebt in der Regel in einer armseligen Holzhütte. Das Hausbauprogramm, mit dem sich Del Monte so gerne rühmt, reicht nur für ein Viertel der Beschäftigten – in erster Linie Angestellte, Aufseher und Techniker. Das Management wohnt indes idyllisch in großzügigen Bungalows im üppigen Grün Bukidnons, trifft sich abends zum Drink im Clubhaus oder am Nachmittag auf dem firmeneigenen Golfplatz. »Keine Fotos, bitte«, sagt mir der offizielle Führer von Del Monte, als ich mit offenen Augen auf diesen Protz starre. Die Ananasplantagen läßt er mich fotografieren, aber ansonsten gibt sich der Konzern recht publicityscheu. Auch beim Besuch in der Konservenfabrik gibt's eine Taschenkontrolle, den Fotoapparat »kassiert« der Pförtner, auf dem Rundweg sind Gespräche mit den ArbeiterInnen nicht möglich. Will man vermeiden, daß sie von dem höllischen Arbeitstempo an den Verpackungsfließbändern berichten, von willkürlich festgelegten Überstunden oder den Repressionen gegen aktive Gewerkschafter?

Del Monte hat sich bereits in den dreißiger und sechziger Jahren in seiner Heimat Kalifornien den Ruf eingehandelt, gegenüber kritischen Gewerkschaftern nicht zimperlich vorzugehen. In der philippinischen Niederlassung hat es bis heute keine freien Gewerkschaftswahlen gegeben. Derzeit sind die nominellen gewerkschaftlichen Vertretungen bei Del Monte dem Gewerkschaftsdachverband TUCP *(Trade Union Congress of the Philip-*

pines) angeschlossen, der unter Marcos gegründet und von diesem gefördert worden war. Von einer gewerkschaftlichen Interessenvertretung in unserem Sinne kann nicht die Rede sein. Bei Del Monte arbeiten sie aufs engste mit der Firmenleitung zusammen und haben es mit deren Unterstützung seit den siebziger Jahren vermocht, den Aufbau authentischer Arbeitsvertretungen zu verhindern.

Vor den Gewerkschaftswahlen am 17. September 1988 in der Konservenfabrik von Bugo schüchterten die leitenden Del Monte-Angestellten ihre Untergebenen vor einem Engagement für die »National Federation of Labour« (NFL) ein, kauften einzelne ihrer Aktivisten mit Geld und Zusagen für bessere Arbeitsplätze und bemühten sich, die Aktivitäten der Mitglieder dieser moderaten Gruppe des linksnationalistischen Gewerkschaftsbundes KMU im Werk zu stören, indem sie sie in andere Abteilungen versetzten. Hinzu kam der Einsatz von antikommunistischen Sekten und des Militärs. »Einige Tage vor der Wahl tauchten bei mir zu Hause angetrunkene Armeeangehörige in voller Bewaffnung auf und fragten nach mir«, berichtet ein NFL-Aktivist. »Meine Frau sah die Militärs glücklicherweise kommen, und ich versteckte mich. Sie blieben mehrere Stunden vor meinem Haus stehen, ehe sie wieder verschwanden. So erging es vielen Leuten, die für eine wirkliche Arbeitervertretung bei Del Monte eintraten.«

Chemieintensive Monokultur

Immer wieder hat es Kritik an der Umweltpolitik des US-Konzerns gegeben. Wie jede Monokultur bedürfen auch die Ananasplantagen von Del Monte eines massiven Einsatzes von Agrarchemikalien, um den Boden über lange Zeit produktiv zu halten. Die Beschäftigten und Anwohner der Del Monte-Plantagen in Bukidnon haben häufig von schädlichen Auswirkungen der Pestizide und des Kunstdüngers auf ihre Gesundheit, die Gewässer und den Boden berichtet. Wenn ein Flugzeug des Konzerns die Agrargifte über den Plantagen versprüht, reicht die kleinste Unkorrektheit oder ein leichter Wind, um die direkt angrenzenden privaten Felder und Wohnsiedlungen in Mitleidenschaft zu ziehen. Wissenschaftliche Beweise für diese Nebeneffekte der Ananasmonokultur fehlen bislang. Zum einen verfügen die Gewerkschaften und unabhängigen Dokumentationszentren nicht über die Fachkräfte und Geräte, um exakte Untersuchungen vorzunehmen. Zum anderen versanden die Beschwerden, die von möglichen Gift-Opfern in seltenen Fällen an die Gerichte herangetragen werden, in den Getrieben der philippinischen Justiz, die auch unter Aquino nur selten gegen die Mächtigen und Reichen vorgeht. Fest steht allerdings, daß der Boden durch den Ananasanbau Del Montes ausgelaugt und für die Kultivierung anderer Produkte ungeeignet wird. Nach zehn Jahren chemieintensiver Ananaskultur muß der Boden sechs Jahre lang brach liegen, um wieder für den traditionellen Maisanbau nutzbar zu sein. Nun verpachten die Kleinbauern ihre Ländereien für mindestens zehn Jahre an Del Monte, und es ist ihnen aus ökonomischen Gründen unmöglich, ihr Land für mehrere Jahre unbestellt zu lassen. Der Pachtvertrag wird also zu einem faktischen Kaufvertrag, was der neuen philippinischen Verfassung von 1987 widerspricht, die Landbesitz von Ausländern auf 1000 Hektar limitiert. Daraus abzuleiten wäre – neben einer unabhängigen Überprüfung der zahlreichen Beschwerden über ökologische Schäden –, daß Del Monte sich bei Ablauf des Pachtvertrages verpflichten müßte, die Produktivität des Bodens für den Anbau von Grundnahrungsmitteln wieder herzustellen. Stattdessen nutzt der Konzern selbstverantwortete ökologische Schäden für seine Zwecke aus. Zahlreich sind die Fälle, da Traktoren von Del Monte angrenzende private Ländereien »zufällig« umpflügten. Dabei handelte es sich um Landparzellen, die der Konzern gerne anpachten wollte, wogegen sich die Besitzer aber wehrten. Während in den siebziger Jahren solche Praktiken ungesühnt blieben, sah sich Del Monte in jüngster Zeit aufgrund

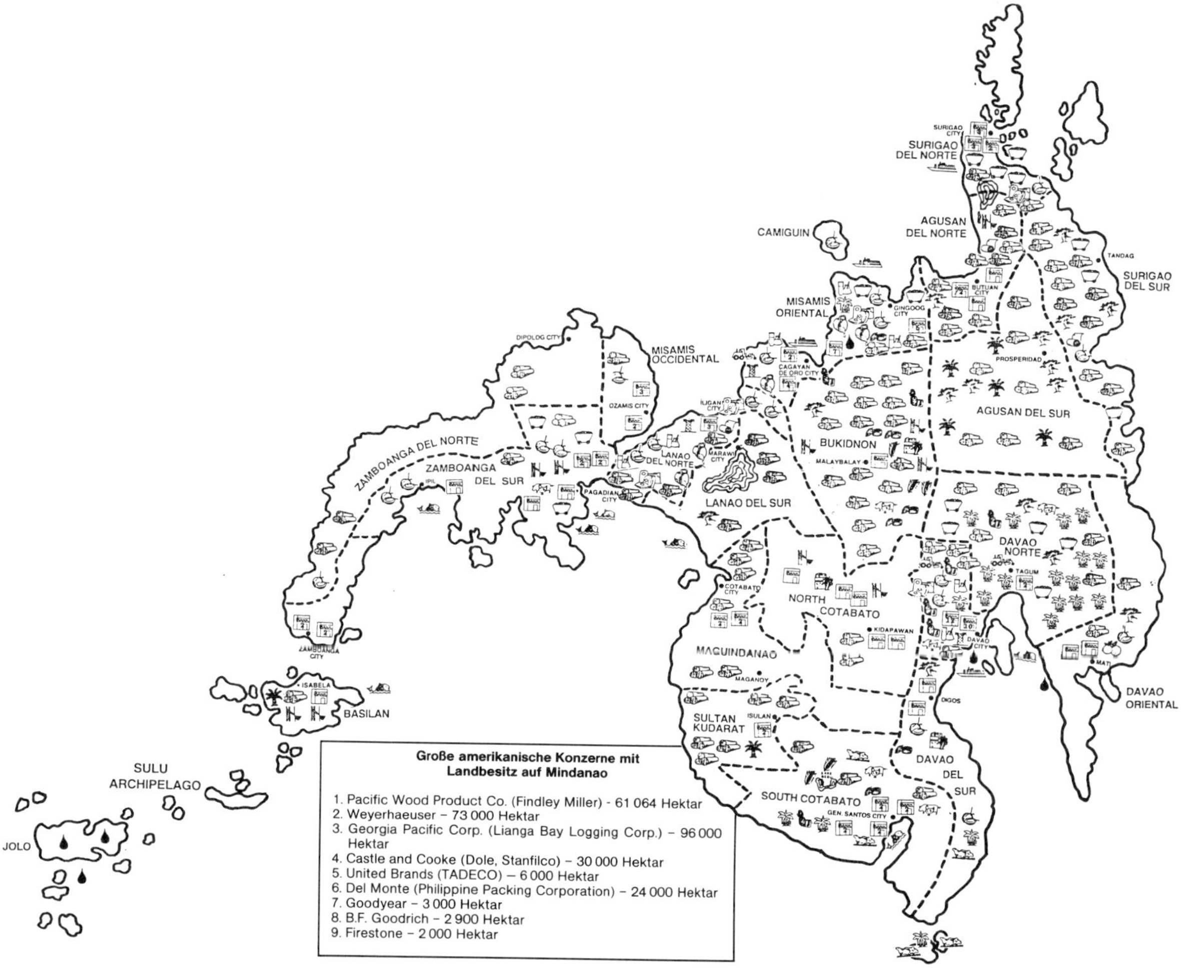

öffentlichen Drucks gezwungen, den betroffenen Kleinbauern eine Entschädigung zu zahlen. Aber nur für die untergepflügte Ernte. Da Del Monte für den Ananasanbau den Boden besonders tief umpflügt, wird dessen Säuregehalt erhöht, was für Ananas gut, für Mais aber außerordentlich schlecht ist. Ein genossenschaftliches Entwicklungsprojekt in Bukidnon hat berichtet, daß selbst mit dem höchstmöglichen Zusatz an Kalk, um den Säuregehalt wieder zu senken, die Produktivität des Bodens für den Maisanbau um etwa 50 Prozent niedriger ausfällt als ohne Del Montes »Versehen«. Für die Kleinbauern in der Region ein herber Verlust, der vielen die Verpachtung an den Agrarriesen als letzten Ausweg erscheinen läßt.

Del Monte hat den Menschen in Bukidnon eine »Entwicklung« beschert, die an ihren Interessen vorbeigeht. Mit dieser Erfahrung haben sich die dortigen Kleinbauern in den letzten Jahren zunehmend zusammengeschlossen, um ihre eigene Entwicklung in die Hand zu nehmen. Wichtig waren dabei die Erfolge der Genossenschaft »KAANIB« in Impasug-ong, ein Gebiet, das Del Monte gerne für weitere Ananasplantagen nutzen würde. Mit einer gemeinsamen Vermarktung und angepaßter Technologie ist es den Mitgliedern von KAANIB gelungen, den Ertrag einer Maisernte pro Hektar auf über 4000 Pesos zu erhöhen, bei zwei Ernten im Jahr. Demgegenüber zahlt Del Monte nur 1500 Pesos Jahrespacht pro Hektar. »Ich will keine Ananas anpflanzen. Ich will Mais anpflanzen, denn es ist der Mais, den ich essen kann«, bringt ein Kleinbauer aus Bukidnon seine Ablehnung gegen die Verpachtung an Del Monte zum Ausdruck. Der US-Konzern hat sich mit der breiten Widerstandsfront gegen seine Expansionsbestrebungen nicht abfinden wollen. 1987 und 1988 versuchte er, neue Ländereien zu erwerben, ging sogar soweit, durch bestellte Maisfelder illegal Schneisen für den Straßenbau zu schlagen. In Bukidnon gründete sich daraufhin das *Stop Expansion and Exploitation by Del Monte Movement* (SEED) und blokkierte tagelang sämtliche Zufahrtswege zur Konzernzentrale. Auch der Druck verschiedener Gruppen aus dem Ausland auf Del Monte wird von den Betroffenen in Bukidnon als wichtige Unterstützung ihrer Bemühungen um ein menschenwürdiges Leben empfunden.

Mary Lou U. Hardillo / Rainer Werning

Im Zeittakt

Barriofiestas

Taifune, Präsidenten, Wirtschaftskrisen kommen und gehen. Was bleibt, oft zum Ärger rationaler Kosmopoliten und Nationalhelden wie José Rizal, ist des Filipinos untrübbare Vorliebe für Feste und Spiele. *Mamimiesta* – auf Dorffiestas gehen – ist, obgleich das Leben dazu zahlreiche Anlässe bietet, stets ein Erlebnis besonderer Art. In ihnen spiegeln sich Vorstellungen, Verhaltensweisen, Umgangsformen – nicht zu vergessen herzhafter Appetit.

Zelebriert werden Fiestas in ehrendem Gedenken der Dorfheiligen oder -heroen. Bands geben sich ein Stelldichein, vielfach mit Instrumenten, um die sie so manches Museum in Übersee beneidete. Die Bewirtung obliegt den Bessergestellten oder dem Bürgermeister. Fiesta-Königinnen, für jedes Mädchen ein bereits auf Erden in Erfüllung gegangener himmlischer Traum und meist von angereisten Starlets aus der Filmindustrie gekürt, eröffnen den Ball, während man in einigen Provinzen die Aufsteiger – Ärzte, Rechtsanwälte, Wirtschaftsfachleute – hochleben läßt.

Wochen vor Beginn des eigentlichen Festes wird emsig gehämmert, gezimmert und improvisiert. So entstehen gerade rechtzeitig Karusselle, Buden für Wahrsager, Scharlatane, Witzfiguren, mit und ohne Imbiß, *beto-beto* – Wettplätze, Mäuserennbahnen. Transvestitenshows erheitern die Zuschauer. Ernster genommen wird Baseball. Wenn es nicht schon längst geschehen ist, wird zumindest ein Baum »gekrönt« – mit einer wie auch immer gearteten Vorrichtung, die wenigstens erfolgreiche Basketball-Würfe zuläßt.

Häuser werden gesäubert, Fußböden erhalten den letzten Bohnerschliff mit einer halbierten, faserigen Kokosnuß, Chinawaren (bestes Porzellan, würden wir sagen) werden aus den schützenden Glasschränken genommen. In den Hinterhöfen der Reichen quieken sich Schweine in schicksalsergebener Panik die »Seele« aus dem Leib. Flink muß man sein und geschickt, um auch die Hühner ins Kochwasser zu befördern.

Fiestas sind gut für Überraschungen. Da hält schon mal, unangemeldet versteht sich, ein Bus oder Jeepney voller Arbeitskollegen vor der Haustür, um bei Taufen Pate zu stehen. Spendierfreudige *Ninang* oder *Ninong* – Patentanten und -onkel – fahren neben Geschenken unter leicht provozierbarem Beifall ein *litson*, Spanferkel, auf. Um die-

Damespiel

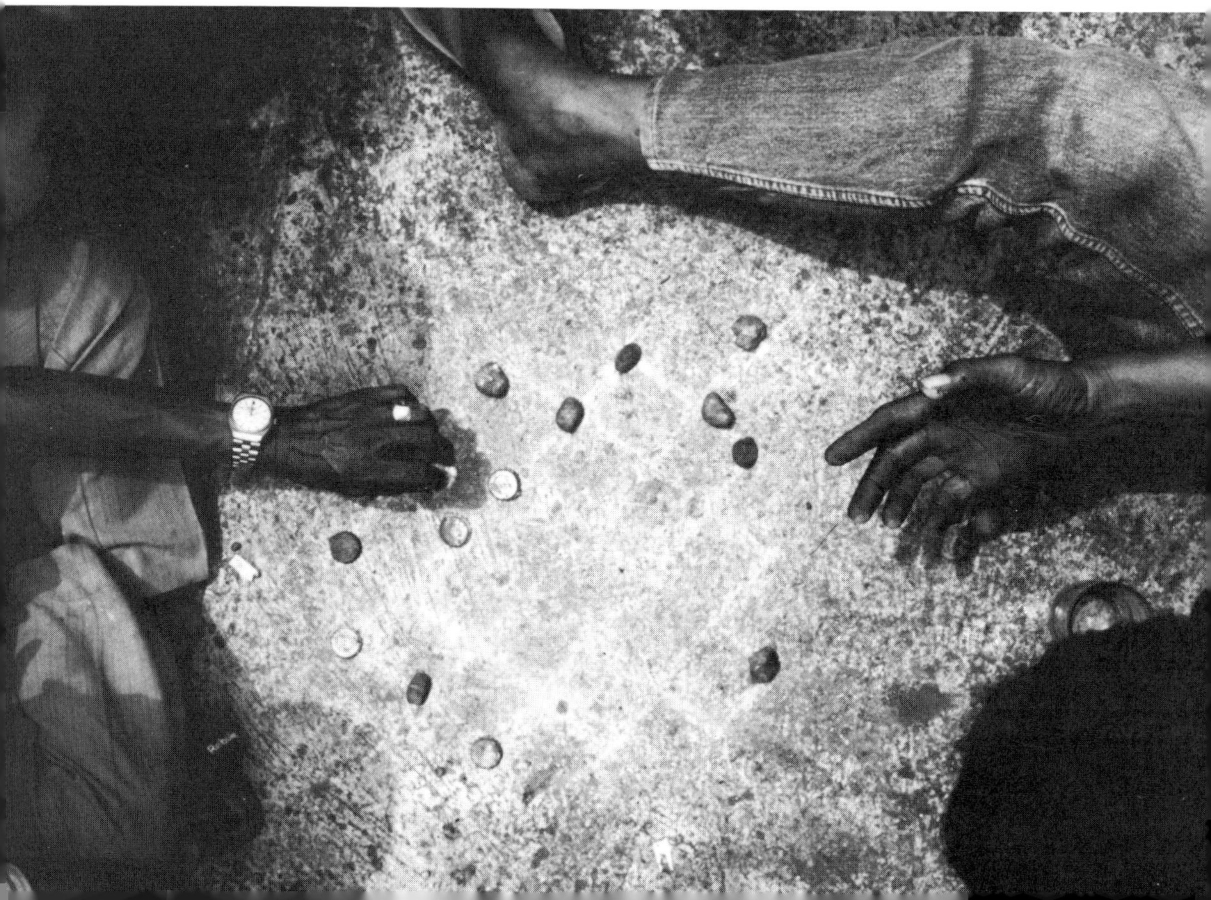

ses angeröstete, noch dampfende, ausdrucksstarke (der Kopf wird mitserviert) Zentrum gruppiert sich im Nu eine unwiderstehliche Fülle kulinarischer Gedichte: *embutido* – Fleischröllchen; *crispy pata* – knuspriges Eisbein; *kaldereta* – Ziegenschmortopf; *chicken relleno* – gefüllte Hühnchen; *pancit* – chinesische Nudeln; *inihaw* – verschiedene Sorten gegrillten Fleisches und Fisch; *adobo* – mit Zwiebeln, Knoblauch, Essig, Sojasauce, Zukker, Lorbeerblättern und Ingwer zubereitetes Hähnchen oder Schweinefleisch – und Reistürme. Nicht weniger vielfältig fällt der Nachtisch aus: *buko salad* – junge Kokosnußstreifen; *rambutan* – kleine rote, »stachelige« Früchte, deren Innerstes, Lychees vergleichbar, weißes, saftiges Fruchtfleisch preisgibt; vielleicht gar *durian*, eine gelblich-grünbraune, »pickelige Gladiatorenwaffe«, von der man im Süden des Landes sagt, der Sarong (Wickeltuch) gehe »up« – wölbt sich ein wenig –, wenn die Frucht »down« – also im Magen – ist, ein feinfühliges Anspielen auf seine aphrodisiakische Wirkung; Reiskuchen. Schließlich *halo-halo*, keine Dienstanweisung für störungsfreies Telefonieren – schlichtweg ein Fruchtcocktail aus *langka* (Jackfruit), *mango*, *kaong* (Palmfrucht), junger Kokosnuß, Yams, Süßerbsen und Maiskörnern, angereichert mit zerkleinertem Eis und (Kondens)Milch.

Mit San Miguel – der Name dieser Biersorte ist zum Synonym für Bier schlechthin geworden – und Gin finden Männer sofort ihre Zechkumpanen. Vielleicht findet sich ja zudem ein Gönner, der einen seit Monaten im Schrank »gelagerten«, noch in der Originalverpackung belassenen und als untrügliches Zeichen weitläufiger Auslandsconnections geschätzten Whiskey »köpft«. Frauen ziehen sich derweil mit ihren *sward* (homosexuellen)-Freunden ins Schlafzimmer der Gastgeber zurück, durchstöbern deren Familienalben, rekeln sich Augenblicke auf dem Bett, machen sich zurecht oder nesteln ein gerade getauftes Kind, bis ein *O halika na kayo, kain na ho tayo* (wobei *ho* eine respektvolle Anrede ist) oder das informelle *Kain na tayo* die Gäste zu Tisch bittet. Noch zieren sie sich, als erste zuzulangen. *Sigue lang ha! Parang hindi bisita* – »Benehmt euch nicht wie Gäste – greift endlich zu!« Zusätzliche Teller und Papierservietten machen die Runde.

Gewehrsalven mischen sich mit aufdringlicher Disco-Musik und kräftigem Gelächter, das von trinkfesten Brüdern herüberschallt. Für sie ist die Fiesta stets eine willkommene Bereicherung ihrer normalen *pulutan* – häppchenweise zubereitetes Hunde- oder Ziegenfleisch. Hier rutscht alles besser mit *lambanog*, dem destillierten Kokosnußpalmwein. Der steigt ihnen mitunter so sehr zu Kopfe, daß Neckereien unversehens in eine derbe Keilerei ausarten.

Die Straßen füllen sich mit *mamimiesta* – eingeladenen wie ungebetenen Gästen. Bekannte werden aufgesucht, während Bekannte von Bekannten andere Bekannte zu Bekannten einladen. »O daan muna!« – schreit jemand familiär dreinschauenden Gesichtern zu, eine Impromptu-Einladung, die, abhängig von Situation und Intonation, freundlich angenommen oder ebenso höflich ausgeschlagen wird. Hochzeiten für Bettler. Sie sammeln eifrig Eßpakete, stibitzen hier einen Happen und dort ein Bier, nur selten signalisiert ihnen ein »Verzeihen Sie uns«, daß partout nichts zu holen ist. Hochzeiten auch für die Straßenhändler, die sich, wo immer sich ein Stellplatz bietet, mit ihren Habseligkeiten in Pose setzen: Spielzeug, Luftballons, *bananacues* – gebratene Bananen am Spieß – und *sorbetes*, selbstgemachte, »schmutzige Eiskrem« anbietend. Nur die, die sich's leisten können, weichen auf gute *Magnolia*-Eiscreme aus – *with the flavor of the month*, dem jeweiligen Geschmack des Monats. Maiskolben, Fisch- und Fleischröllchen und Körbe voller *balut* (angebrüteter Enteneier) säumen die Hahnenkampfarena, um nach dem Großen Derby verspeist oder als *pasalubong*, Mitbringsel, abgeräumt zu werden. Pasalubong begleiten den Filipino auf Schritt und Tritt, sind wortgetreu hand-feste Willkommensgrüße und richten sich in ihrer Qualität nach dem jeweiligen Anlaß. (Imaginative Filipinos preisen *balut*, dieses für den Uneingeweihten ungewöhnliche Produkt als etwas, das erst genießen könne, wer es das erste Mal in einem dunklen Raum bei seichten Pianoklängen verspeise.) Auch *balut* wird eine potenz-, zumindest aber energiesteigernde Wirkung zugeschrieben. Die ist besonders beim *sabong*, Hahnenkampf, vonnöten. Vor allem die Verlierer sind auf derlei Stärkung angewiesen, wollen sie die Niederlage verwinden und barsche Reaktionen der Ehefrauen ohne Blessuren überstehen. Derweil landet der »entthronte« Gockel unzeremoniell im Kochtopf und liefert als *talunang manok* – besiegtes Hähnchen – eine unerwartete Krönung des Abendmahls.

Der Morgen nach den Festlichkeiten beschert dann allerhand Überraschungen; die Summe der geborgten Gelder will errechnet sein, geliehene Küchenutensilien sind zurückzugeben, Ärger über nicht erschienene Ehrengäste und über die durch unerwartete Gäste zu Bruch gegangene Lieblings-Bukosalatschüssel. *Bahala na* – nicht so schlimm, Gott wird's schon richten! Schließlich Aufräumen, Säubern, Schrubben. Selbst das hat seinen Reiz; irgendwo in der Nähe rüstet man zu einer neuen Barriofiesta, zu Pedros Taufe, zum Fest der Blumen, zu Weihnachten, Neujahr und... taktvoll schließt sich ein weiteres Mal der Kreis des (fast) ewigen *merry-making*.

Elizabeth P. Marcelino

Von der Schief- in die Rückenlage

Zur Psychologie des Filipino

Die Philippinen sind erwartungsgemäß kein einheitliches Sprachgebiet. Unterschieden werden mehr als 70 malaio-polynesische Sprachen und Dialekte. Tagalog *ist Muttersprache etwa eines Viertels der Bevölkerung und wurde 1973 zur Nationalsprache erklärt, ab 1959* Pilipino *genannt. Um der Vielsprachigkeit des Archipels mehr gerecht zu werden, entwickelten Linguisten, basierend auf der tagalischen Hauptsprache, in den siebziger Jahren eine neue Nationalsprache, in die sie sprachliche Formen der übrigen philippinischen Dialekte einarbeiteten. Da einige der philippinischen Sprachen, anders als das Tagalog, einen f-Laut verwenden, heißt diese »künstliche« Nationalsprache seither offiziell* Filipino. *Als zweite Amtssprache hat sich seit der Einflußnahme der Amerikaner Englisch etabliert.*

Sikolohiyang Pilipino (Psychologie des Filipino) bildete sich Anfang der siebziger Jahre ursprünglich als Protest gegen den kolonialen Charakter der philippinischen Psychologie und die unkritische Übernahme amerikanischer psychologischer Modelle heraus. Amerikanische Psychologielehrbücher führten dazu, daß Filipinos nicht nur die amerikanische Psychologie, sondern eine neue Kultur erlernten und übernahmen. Die Verwendung der englischen Sprache in Lehre und Forschung auf den Philippinen unterstreicht die amerikanische Ausrichtung der Psychologie und bildet zusätzlich eine Gewähr für deren Fortdauer. AbsolventInnen eines Psychologiestudiums, die in aller Regel amerikanische Theorien und Methoden hochhalten und auf sie angewiesen sind, vermögen meist nicht, die Grenzen der englischen Sprache zu erkennen. Sie haben keinerlei Möglichkeit, in Filipino zu denken und auf den Erfahrungen der philippinischen Bevölkerung basierende Theorien zu formulieren. Damit entsteht ein Teufelskreis; bei ihrer Berufsausübung, sei es im universitären oder außeruniversitären Bereich, untermauern sie die amerikanische Orientierung. Dies hat zu einer elitären Psychologie geführt, d. h. zu einer Psychologie, die sich auf eine Elitegruppe beschränkt, welche kaum in der Lage ist, mit der nicht-englischsprechenden Masse der Bevölkerung zu kommunizieren.

Sikolohiyang Pilipino fordert die philippinischen PsychologInnen auf, sich sozialen Problemen und nationalen Fragen als Teil ihrer Verantwortung als SozialwissenschaftlerInnen zu stellen. *Sikolohiyang Pilipino* bildete sich folglich in den Reihen derjenigen heraus, die die amerikanische Ausrichtung des Bildungswesens auf den Philippinen und die Verwendung des Englischen in Forschung und Lehre kritisierten.

Das koloniale Verhältnis zwischen den USA und den Philippinen zeigt, daß Sprache Macht ist. Mit der Einführung des Englischen wurde das Land von einer geborgten Sprache abhängig, die gleichzeitig Träger der herrschenden Ideologie und politisch-wirtschaftlichen Interessen der USA ist. Mit der Abhängigkeit des Landes von einer geborgten Sprache wurde es auch abhängig von ausländischen Theorien und Methoden, die an die geborgte Sprache geknüpft sind, was letztlich ein geborgtes Bewußtsein zur Folge hat. Dadurch konnten die Wertvorstellungen des Volkes leichter modifiziert werden, so daß ausländische mit nationalen Interessen gleichgesetzt wurden.

Die Bedeutung von Sprache

Sprache ist weder lediglich Kommunikationsinstrument noch ein neutrales System von Zeichen und Symbolen. Mit jeder Sprache verbinden sich die Wertvorstellungen, Perspektiven und Wahrnehmungsgesetze einer bestimmten Art von Gesellschaft. Man muß mit der Hypothese von Sapir-Whorf,[1] nach der Sprache Denken und Wahrnehmung determiniert, nicht völlig übereinstimmen, um von einigen offensichtlichen Zusammenhängen zwischen Sprache und Kultur überzeugt zu sein. Unser diesbezügliches Vertrauen in die Sprache veranlaßt uns anzunehmen, daß sich wichtige Begriffe für das Verständnis von Gesellschaft und menschlichem Verhalten am ehesten sprachanalytisch identifizieren lassen.

An dieser Stelle ist es sinnvoll, auf die Frage von Sexismus in der Sprache einzugehen. Während der letzten drei Jahrzehnte ist die Frauenbewegung, insbesondere im Westen, gegen Sexismus in der Sprache zu Felde gezogen. Jedem, der sich bemüht, Deutsch, Spanisch oder Japanisch zu lernen, wird bald die Parteilichkeit dieser Sprachen zugunsten des männlichen Geschlechts auffallen.

In einer umfang- und aufschlußreichen Studie wies Estrada[2] nach, daß das ursprüngliche Tagalog (eine der acht Hauptsprachen auf den Philippinen) keine geschlechtsspezifische Parteilichkeit kennt, vielmehr die Gleichbehandlung widerspiegelt, die Männern und Frauen zuteil wird. Leider haben jedoch spanische und amerikanische Einflüsse bewirkt, daß allmählich Sexismus auch in Tagalog und andere philippinische Sprachen Eingang fand.

Als Beispiel führt Estrada die Beobachtung an, daß die meisten Filipinos, selbst solche, die ansonsten gut Englisch sprechen, im normalen Gespräch häufig er/sie, sein/ihr miteinander verwechseln. Dieses Phänomen erklärt sich aus der Tatsache, daß das Tagalog keine Entsprechungen zu dem englischen *he/she* etc. verfügt – es kennt lediglich *siya* oder *kanya* bzw. das formale *sila* oder *kanila*. Estrada verweist auch darauf, daß die anderen wichtigsten auf dem Archipel gesprochenen Sprachen ebenfalls kein er/sie, sein/ihr kennen.

Darüber hinaus gelangt Estrada zu der Ansicht, eventuell vorhandene sexistische Elemente in der Sprache manifestierten sich am ehesten in verwandtschaftlichen Beziehungen. Tagalog kennt jedoch keine besonderen, geschlechtsspezifischen Bezeichnungen für die nächsten Verwandten. Zum Beispiel gibt es nur ein Wort *(pamangkin)* zur Bezeichnung von Nichte oder Neffe. Natürlich kann das Geschlecht der betreffenden Person durch Hinzufügen der entsprechenden Bestimmung *babae* (weiblich) oder *lalake* (männlich) zur Verwandtschaftsbezeichnung ausgedrückt werden. Im gesamten System der Verwandtschaftsgrade, für die es eine genau festgelegte Terminologie gibt, finden sich nur zwei Bezeichnungen, die geschlechtsspezifisch und keine Lehnwörter sind, und dabei handelt es sich um die Bezeichnungen für Verwandtschaft ersten Grades, nämlich *ama/ina* (Vater/Mutter).

Estrada belegt dann ihre These, Tagalog sei im wesentlichen nicht sexistisch, mit Beispielen aus den verschiedenen Bereichen des philippinischen Lebens und der philippinischen Kultur. Besonderes Augenmerk richtet sie dabei auf Formen der Anrede, Koseworte, sexuelle Terminologie, Berufe/Tätigkeiten, Lernen in der frühen Kindheit, Schimpfwörter/Flüche, Mythologie und Volksheilkunde. Beiläufig sei erwähnt, daß, sofern Tagalog überhaupt eine Parteilichkeit aufweist, diese mehr das Alter als das Geschlecht betrifft.

Den Eingang sexistischer Elemente in das Tagalog aufgrund spanischer und amerikanischer Einflüsse illustriert sie an den aus dem Spanischen kommenden Bezeichnungen *lolo/lola* (von *abuelo/abuela* – Großvater/Großmutter) und die von ihnen abgeleiteten Formen *lelong/lelang* sowie *tiyo/tiya* (von *tio/tia* – Onkel/Tante) und ihre Ableitungen *tiyuhin/tiyahin*. Der Begriff *maybahay*, heute im allgemeinen in der Bedeutung von »Hausfrau« verwendet, bedeutete früher sowohl »Ehemann« als auch »Ehefrau«. Die Festlegung von *maybahay* als feminin ist ein Beispiel für das, was Estrada als zunehmende Chauvinisierung des Tagalog betrachtet.

Wertvorstellungen der Filipinos

Enriquez [3] wies darauf hin, daß trotz des Rückgriffs auf Tagalog in früheren Untersuchungen die angewandten Methoden noch immer amerikanische Vorbilder nachahmten und die gezogenen Schlußfolgerungen nach wie vor auf englischen Analysekategorien fußten. Die Studien selbst waren noch immer in Englisch verfaßt und spiegeln nur einen begrenzten Ausschnitt der Psyche der Filipinos. Von daher vermochte die daraus resultierende Theorie, trotz des verwendeten indigenen Materials, die gesellschaftlichen Realitäten auf den Philippinen nicht adäquat abzubilden. Tatsächlich führt sie die subtile Verzerrung der Realität und, um die vielzitierte Formulierung eines unserer bekanntesten Sozialwissenschaftler, Renato Constantinos, zu verwenden, »die Miß-Bildung des Filipino« weiter fort.

Nehmen wir zum Beispiel *pakikisama* (Anpassung an den Willen der Mehrheit) als eine angebliche Werthaltung des Filipino. Es besteht die Neigung zu übersehen, daß dies nur eine der vielen Ebenen oder Formen der Interaktion in der Filipino-Psychologie ist. Zwar sollte *pakikisama* als ein Wert zwischenmenschlicher Beziehungen anerkannt werden, doch ist der Kontext, in dem *pakikisama* stattfindet, sorgfältig zu berücksichti-

gen. Wie nennt man zum Beispiel einen Menschen, der nicht bereit ist, sich an Korruption zu beteiligen? Er wird als *walang pakikisama* (sich nicht dem Willen der Mehrheit anpassend) bezeichnet, einfach deshalb, weil er darauf besteht, ehrlich zu sein. Ist die Belohnung von Fügsamkeit und Konformität in diesem Fall ein Wert? Welches Bild des Filipino wird dadurch geprägt? Die logische Folge ist, daß sie als negativ gelten und im Geltungsbereich von *pakikibaka* (sozialem Protest) nicht als Wert auftauchen.

Der Begriff *hiya* wurde von Sibley[4] frei als *shame* (Schande, Scham) übersetzt, wo uns doch der philippinische Kontext lehrt, daß es sich schlicht um »Anstandsgefühl« handelt. Bezeichnet man jemanden als *nahihiya* (wörtlich: beschämt, schamerfüllt), so heißt dies nicht, daß er das Gesicht verloren hat. Ist jemand indes *nakakahiya* (wörtlich: unanständig, schändlich), bedeutet das, daß er keine Manieren hat. In diesem Fall ist es wichtig, die Vorsilben *na-* und *nakaka-* sorgfältig zu beachten. Das Filipino verfügt über ein ausgefeiltes System von Affixen, das das Englische nicht aufweist. Die irrige Interpretation Sibleys zeugt von mangelnder Berücksichtigung der Bedeutung der einheimischen Sprache und ihrer Feinheiten und Nuancen. Zuweilen ist es gefährlicher, eine Sprache symbolisch zu verwenden, als sie gar nicht erst einzubeziehen!

Kapwa: Ein Schlüsselbegriff der Sozialpsychologie des Filipino

Bei der gezielten Suche nach einem Schlüsselbegriff, der die zwischenmenschlichen Beziehungen der Filipinos erklärt, stieß Enriquez auf den übergeordneten Begriff *kapwa*.

Fragt man nach dem englischen Begriff, der *kapwa* am nächsten kommt, so fällt einem das Wort *others* (andere) ein. Doch *kapwa* unterscheidet sich wesentlich von *others*, da sich ersteres auf die Einheit des Selbst mit den »anderen« bezieht. Das englische Wort *others* wird ja gerade in Abgrenzung/Gegensätzlichkeit zum »Selbst« verwendet und beinhaltet die Anerkennung des »Selbst« als eigenständige Identität. Im Unterschied dazu bedeutet *kapwa* die Anerkennung einer gemeinsamen Identität.

Eine Person hat *kapwa* nicht so sehr aufgrund der Anerkennung eines ihr von anderen zugewiesenen Status, sondern wegen ihres Bewußtseins gemeinsamer Identität. Das *ako* (Ego) und die *iba sa akin* (anderen) sind ein und dasselbe in der *kapwa*-Psychologie, die besagt: *Hindi ako iba sa akin kapwa* (Ich bin nicht anders als die anderen). Sowie das *ako* zu glauben beginnt, es sei anders als *kapwa*, verweigert das »Selbst« dem anderen den Status von *kapwa*.

Vermutlich wegen dieser Bedeutung von *kapwa*

verfügt das Filipino über zwei Pronomen für das englische *we* (wir): *tayo* (du und ich und eventuell noch andere) und *kami* (ich und andere). *Tayo* schließt den Angesprochenen ein, *kami* schließt ihn aus.

Der Begriff *pakikipagkapwa* ist psychologisch wie philosophisch äußerst wichtig. Er ist tiefschürfender und weitreichender in seinen Implikationen, da er als Werthaltung und *paninindigan* (Überzeugung) – ein weiterer gleichermaßen zentraler Begriff in der philippinischen Sozialpsychologie – sowohl einen moralischen als auch normativen Aspekt aufweist. *Pakikipagkapwa* bedeutet, den anderen Menschen als Gleichen zu akzeptieren und zu behandeln, ihm mit Achtung und Würde zu begegnen. Er ist absolut unvereinbar mit zwischenmenschlichen Beziehungen, die eine Ausbeutung oder ein Ausnutzen des anderen beinhalten. *Pakikipagkapwa* meint »Menschlichkeit« auf höchster Stufe.

Die große Bedeutung von *kapwa* im Denken und Verhalten der Filipinos kommt in der negativen Reaktion auf jemanden zum Ausdruck, der *walang kapwa tao* ist. Ist jemand *walang pakikisama*, d.h. paßt er/sie sich nicht dem Willen der Mehrheit an, so könnte ihm/ihr dies verziehen werden; das ist das Vorrecht des Individuums. Ist jemand *walang hiya*, mangelt es jemand also an Anstandsgefühl, so kann das durchaus noch geduldet werden, da das allmählich dazugelernt wird. Wird jedoch jemand als *walang kapwa tao* bezeichnet, dann ist er/sie der schlechteste Mensch. Ein tagalisches Sprichwort sagt: *Madaling maging tao, mahirap ang magpakatao* (Es ist leicht, als Mensch geboren zu werden, schwer aber ist es, wie einer zu handeln).

Übersetzung: Ingrid Rein/ Rainer Werning

Anmerkungen

1 Whorf, Benjamin L., 1940: Science and Linguistics, Technological Review, 42 (6), S. 229–231.
2 Estrada, Rita, 1981: An inquiry into sexism in the Tagalog language. Philippine Social Science and Humanities Review, Bd. XLV, Nr. 1–4.
3 Enriquez, Virgilio, 1977: Filipino Psychology in the Third World, Philippine Psychology Research House, Quezon City.
4 Sibley, W., 1965: Area Handbook on the Philippines, Human Relations Area Files, Inc., University of Chicago.

Hanns F. Groeschke

Millionen-Heer

Straßenhändler in Metro Manila

Sie laufen auf der Fahrbahn der großen Durchgangsstraßen zwischen den im dichten Verkehr nur mühsam vorankommenden Autos umher. Sie sind in einer Wolke von Abgasen eingehüllt, und selbst die heiße Mittagssonne schreckt sie nicht ab.

Sie springen auf Busse und Jeepneys,[1] oder sie eilen zu den stoppenden Fahrern und verkaufen Lotterielose, kleine Frottier-Schweißtücher oder duftende *Sampaguita*-Blumenketten,[2] die die Fahrer am Innen-Rückspiegel befestigen, oder die sie einer kleinen Madonna-Figur umhängen, die das Armaturenbrett ziert oder auf einem Brettchen über der Windschutzscheibe befestigt ist, umrahmt von kleinen roten Lämpchen, die jedesmal aufleuchten, wenn der Fahrer auf das Bremspedal tritt.

Sie rennen unermüdlich mit großen, bunt beklebten Holzkästen an den Fahrzeugen entlang und bieten Eukalyptus-Bonbons, Kaugummi, hauptsächlich aber Zigaretten an – einzeln, – *stick by stick* – und geben den genervten Fahrern auch schnell noch Feuer.

Sie rufen die Schlagzeilen des Tages und reichen die neueste Ausgabe der Boulevard-Zeitung *Balita* (»Neuigkeiten«) oder einen der beliebten Love-Story-Komiks durch die Autofenster.

Sie zwängen sich durch die überbesetzten Busse der *Super Line*- oder *Philtranco*-Transportgesellschaften und bieten lautstark *Bibinka* (Reiskuchen), *Mani* (Erdnüsse), geröstete Bananen, kunstvoll geschälte Ananas oder kalte Coke in kleinen Plastikbeuteln (!) nebst Strohhalm als Reiseverpflegung an.

Sie ziehen abends mit ihren Körben durch die Seitenstraßen und offerieren lautstark die berühmten *Balut*,[3] oder sie künden mit einer Bimmel erfrischende *Ice Candies* (»Eis am Stiel«) an.

Sie verkaufen den Touristen den »dramatischen Sonnenuntergang am Palmenstrand«, kitschig in Öl gemalt, oder sie breiten »garantiert billige Schmuggelwaren« aus Hongkong oder Singapur aus: Sonnenbrillen, Digitaluhren, Regenschirme.

Sie ziehen mit ihren Ochsenkarren aus der 200 Kilometer entfernten nördlichen Pangasinan-Provinz nach Manila und handeln mit Korbwaren.

Sie schieben ihre aus Holz gezimmerten Handkarren durch die Straßen und bringen mühsam aus dem stinkenden Müll herausgepickte Flaschen, Konservendosen oder sortiertes Altmetall zu den Aufkäufern.

Sie verkaufen aus alten Marmeladengläsern und Dosen gefertigte kleine Petroleum-Lampen oder Spielzeug-Windmühlen, die geschickte Hände aus weggeworfenen Plastikbechern gebastelt haben.

Sie breiten ihre in Tüchern eingewickelten Waren auf den Gehwegen aus: T-Shirts und Schnürsenkel, Plastikbänder und Schlüsselanhänger. Aber sie sind immer auf der Hut vor den Ordnungshütern.

Sie stehen mit appetitlichen Snacks – wie z.B. Fischbällchen, *Siopao*[4] oder Fleischspießen –, die sie auf ihren mit Grillrost und Gasflamme ausgerüsteten Wagen und Ständen zubereiten, am Straßenrand. Sie verkaufen von großen Holzkarren *Buko* (junge Kokosnüsse), die sie zum Austrinken und Auslöffeln mit einem Buschmesser geschickt öffnen.

Sie bieten überall ihre Dienste an: Als Schuhputzer oder Scherenschleifer, als »Vermittlungsagenten« für jeden Zweck: sei es als Touristenführer oder Schlepper für Bars, Girls oder zu den Geldwechslern auf dem Schwarzmarkt; sei es als »Formularausfüller« und Helfer durch das heiße Gedränge und den schier unüberwindbaren korrupten Dschungel der Ämter.

Ihre Zahl geht in die Millionen. Sie sind Tag und Nacht in dieser nie zur Ruhe kommenden Metropole unterwegs. Viele haben keine feste Bleibe. Die meisten wohnen in den ständig wachsenden Elendsvierteln: In Tatalon Estate. In Tondo.[5] In der Nähe der großen Müllhalden.

Fast alle stammen aus der Provinz. Die große Stadt hat sie geschluckt: enttäuschte und landlose Fischer, Kokosfarmer oder Zuckerrohr-Pflanzer, Jugendliche, die auf dem Lande keine Zukunft haben. Ohne Ausbildung gelten sie als *unskilled workers* (ungelernte Arbeiter) – »nicht vermittelbar«. Sie gehören zu einem gigantischen Potential von Arbeitskräften, das keine Arbeitslosenstatistik berücksichtigt.

Viele von ihnen sind Kinder, die schon längst nicht mehr zur Schule gehen und kaum lesen und schreiben können – sogenannte *School Dropouts*. Ein Teil dieser Kinder ist vom Elternhaus entwurzelt. Ihr Verdienst reicht oft nicht aus, den hungrigen Magen zu füllen. Viele sind krank. Ihr Leben auf der Straße ist mit Gefahren verbunden. Oft werden sie ihrer in Kommission angebotenen Waren beraubt. Ihre Existenz auf der Straße ist durch Gesetze gegen illegalen Straßenhandel und wegen ihres Status als *Squatters* (Besetzer von Privat-Grundstücken, öffentlichen Plätzen und Wegen) bedroht. Es gibt keine Plätze, wo sie sicher ihre aus Brettern, Wellblech, Kartons und Spanplatten zusammengenagelten feueranfälligen Hütten errichten können.

Häufig sind es Polizisten, die die Straßenhändler erpressen und bestehlen, bevor sie sie schließlich von einer Straße zur anderen vertreiben, wo ihr Kampf ums tägliche Überleben von vorne beginnt.

Anmerkungen

1 *Jeepney*: Aus dem Militärjeep nach dem 2. Weltkrieg weiterentwickeltes Nahverkehrsmittel, in dem etwa 20 Leute Platz finden. Jeepneys sind bunt bemalt, reichlich dekoriert – Beispiele »philippinischer Volkskunst auf Rädern«.
2 *Sampaguita*: Nationalblume der Philippinen.
3 *Balut*: Angebrütete gekochte Enteneier, die als eine Delikatesse angesehen werden. Im Volksmund gelten sie als Aphrodisiakum.
4 *Siopao* (sprich »Tschopao«): Eine beliebte chinesische Speise, eine Art von Dampfnudeln, die mit einer Fleisch-Gemüse-Mixtur, gekochtem Ei oder auch süß gefüllt sind.
5 *Tondo* und *Tatalon Estate*: Die größten Slums in Metro Manila.

Rainer Werning

Augenblicke im Leben der Solema J.

Für die Mitvierzigerin Solema – kurz: Sol – Jubilan ist der aufrechte Gang keine literarische Metapher, sondern erklärte wie praktizierte Lebensaufgabe. Aufrecht muß sie schon stehen, um zumindest ihre volle Körpergröße von 1,55 Meter zu erreichen. Das freilich feit nicht vor Anflügen von Genickstarre. »Euer Bundespräsident«, feixt Sol, »der Herr Richard von Weizsäcker, unterhielt sich einige Minuten mit mir, während ich ihm ins Gesicht schauen mußte. Er muß wohl gemerkt haben, wie unwohl ich mich fühlte, ständig zu ihm aufzublicken. Erst am Tisch – jetzt im Sitzen – fiel es mir viel leichter, entspannt zu sein und mit ihm zu sprechen.« Das war im Dezember 1988, als Sol auf Einladung von amnesty international zusammen mit anderen engagierten MenschenrechtsanwältInnen zu Gast im Bundespräsidialamt war.

Aufgewachsen im Nordwesten der Insel Panay, zog es Sols Familie, fast durch die Bank Lehrer, ins gelobte Mindanao: Was den Mythos des »Go West« in den USA beflügelte, war auf den Philippinen seit den dreißiger Jahren der Blick gen Süden; Mindanao schien für jeden und alles Perspektiven zu bieten. Seit den frühen achtziger Jahren, Sol hatte gerade ihr Staatsexamen der Jurisprudenz absolviert, ließ sie sich in Kidapawan, Provinz Nord-Cotabato, als Rechtsanwältin nieder. Ein folgenreicher Entschluß, der ihr Leben von Grund auf änderte.

Besonders in der Endphase der Marcos-Diktatur geriet auch Kidapawan in die Schußlinie bewaffneter Auseinandersetzungen zwischen Regierungstruppen und Guerilla-Verbänden der Neuen Volksarmee und Moro Nationalen Befreiungsfront. Hauptbetroffene waren vorwiegend die Ärmsten der Armen – landwirtschaftliche Arbeiter, Pacht- und Kleinbauern, in die Städte und Dörfer vertriebene Familien aus dem Hinterland. Mit deren Sorgen und Nöten hatte sich Sol fortan auseinanderzusetzen; sie suchten ihren menschlichen Rat und Rechtsbeistand. Es war eine Politisierung in Zeitraffermanier, die Sol durchlaufen mußte, wollte sie in diesem Flecken bleiben und nicht ihr dortiges Leben gegen die gesicherte, lukrative Existenz im Dienste namhafter Wirtschaftsunternehmen in Davao, Cebu oder gar Manila eintauschen.

»Es ging einfach nicht«, meint Sol rückblickend, »zur Tagesordnung überzugehen. Die geringen Rechtsräume, die Leuten meines Schlages verblieben, mußten genutzt, die legitimen Rechte der Opfer staatlicher Willkür gegen die Arroganz der Macht verteidigt werden. Das aber schloß zwangsläufig paralegale Aktions- und Widerstandsformen ein.« Für die herrschenden Provinzgrößen – Politiker, Großgrundbesitzer und Militärs – trug ihr ein solches Engagement über Nacht den zählebigen Vorwurf ein, eine »Rote« und »kommunistische Aufrührerin« zu sein. Dieses Kainsmal haftet Sol bis heute an. »Allein auf mich gestellt«, erläutert sie, »wäre ich nicht weit gekommen. Eine wachsende Zahl von Leidtragenden der Diktatur verschafften mir und sich selbst den notwendigen Rückhalt. Landesweit operierende Organisationen wie FLAG (die auf Initiative des mittlerweile verstorbenen Ex-Senators José W. Diokno zurückgehende Freie Rechtsbeistandsgruppe; R. W.) und PLLP (Protestantische Rechtsanwaltvereinigung der Philippinen; R. W.), deren Mitglied ich wurde, taten ein übriges, um unseren Protest und Widerstand über den Brunnenrand Kidapawans hinaus bekannt zu machen.« Heute vertritt Sol beide Organisationen auf regionaler Ebene.

Der Machtwechsel im Februar 1986 brachte den Menschen in Kidapawan keine Wende zum Besseren. »Wir erlebten vielmehr«, so Sol verbittert,

»wie das Militär ungeschminkter denn je seine Einschüchterung mißliebiger Personen fortsetzte; im fernen Manila ließ es sich ja in Gestalt von (Generalstabschef Fidel; R. W.) Ramos und (Verteidigungsminister Juan Ponce; R. W.) Enrile als Helden der Geschichte zelebrieren.« Vollends ins Kreuzfeuer der Kritik geriet die quirlige Sol, als sie, von mehreren Seiten dazu gedrängt, als regionale Vermittlerin der kurzweiligen Waffenstillstandsverhandlungen zwischen der Aquino-Regierung und der NDF in Erscheinung trat. Im kruden Weltbild der Militärs galt und gilt ein Rechtsberater *für* die NDF bereits als ausgemachter NDF-Anwalt – mit bisweilen tödlichen Konsequenzen. Vom Machtantritt Aquinos 1986 bis Ende März 1989 sind allein sechs Rechtsanwaltkollegen Sols umgebracht worden – mehr als während der Marcos-Herrschaft! Keiner dieser »Fälle« ist bis dato aufgeklärt, obgleich erdrückende Indizien für die Mittäter-, zumindest aber Mitwisserschaft des Militärs sprechen. »Immer wieder«, gibt Sol zu bedenken, »taucht als zentrales Problem die Sicherheit der Zeugen auf.« Ihr Schutz bleibt fragwürdig, solange Regierungspolitiker unumwunden zugeben, daß deren Sicherheit einzig vom Ermessensspielraum des Militärs abhängt. Als Relikt der Marcos-Ära hat Frau Aquino unter anderem das ominöse Präsidialdekret 1850 herübergerettet, das in Verfahren verwickelte staatliche Ordnungskräfte grundsätzlich der Militärgerichtsbarkeit überantwortet.

Als Sol selbst dazu überging, gemeinsam mit gleichgesinnten Freunden den Opfern von Militarisierung und staatlichem Terror praktisch zu helfen, stand ihre eigene Sicherheit auf dem Spiel. Im Frühjahr 1989 begann sie mit Unterstützung der *Stiftung für Kinder* (Freiburg) und Mitgliedern der Freiburger Menschenrechtskommission die Arbeit der *Pagsagop Foundation, Inc.*, die heute etwa 30 vom Bürgerkrieg schwer gezeichneten Kindern Unterkunft, Verpflegung und therapeutische Behandlung sichert. Darunter sind Kinder, deren Eltern und Geschwister vor ihren eigenen Augen ermordet bzw. selbst von Soldaten oder Angehörigen paramilitärischer Banden vergewaltigt wurden. Im Mai 1990, Sol hielt sich gerade ein zweites Mal auf Einladung von amnesty international in Europa auf, mehrten sich gegen sie und ihre nächsten Angehörigen ausgestoßene Todesdrohungen. Sie waren bitterernst zu nehmen; in einem der zirka 150 Fälle, die Sol juristisch betreut, war es um die Aussetzung der Zwangsräumung einer Squattersiedlung gegangen, der sich ihr Bruder, ein Streifenpolizist, aus Protest widersetzt hatte – wenig später, im Sommer 1989, wurde er erschossen aufgefunden. Nunmehr war die Pagsagop Foundation von den verantwortlichen Militärkommandeuren in Nord-Cotabato öffentlich als »Trainingsstätte jugendlicher Stadtpartisanen der NPA-Guerilla« diffamiert worden. Dem energischen Engagement von Menschenrechtsanwälten, amnesty international, Solidaritätsgruppen, verschiedenen Nicht-Regierungsorganisationen sowie Europaparlamentariern war es zu verdanken, daß Sol und ihre Arbeit internationale Publizität erlangten und ihr selbst quasi eine Immunität zuteil wurde. Nur zu gut weiß sie, daß dies keine endgültige Sicherheitsgarantie ist: »Ich bewege mich mit notwendiger Vorsicht, doch solange ich meinem Tun nicht abschwöre, bleibe ich den Herrschenden ein Dorn im Auge, ein ›Sicherheitsrisiko‹.«

Rastlos schmiedet Sol, die ihren Mut und ihre Ausdauer aus der Gewißheit schöpft, daß überall im Lande Menschen offen oder verdeckt im Sinne des Projekts Befreiung aktiv sind, neue Pläne – neben einem Frauenzentrum sinnt sie über die Organisierung der schulischen Ausbildung in der nahe von Kidapawan gelegenen Friedenszone in Bituan. »Bituan«, strahlt Sol, »kann ein Modell werden. Hier haben sich knapp 170 Familien zusammengefunden, die Produktion von Reis, Mais, Süßkartoffeln, Erdnüssen und Bohnen genossenschaftlich organisiert und seit Anfang 1990 auf dem Verhandlungswege erreicht, daß sich die bewaffneten Kontrahenten der Bürgerkriegsparteien aus ihrer Gemeinschaft heraushalten. Alle denkbaren Mittel müssen in Bewegung gesetzt werden, um den militärischen Konflikt im Interesse der Menschen und eines wirtschaftlichen Aufbaus zu deeskalieren.« Wer möchte ihr da widersprechen?

Solema Jubilan

Adrian Portmann

Passion und Revolution

Amtskirche, Basisgemeinden und Theologie des Kampfes

Am 25. Juli 1989 veröffentlichte die Sugar Development Foundation, eine Organisation der Zukker-Hacienderos von Negros, ein ganzseitiges Inserat im *Visayan Daily Star.* »Wir teilen die Hoffnung des Gouverneurs Daniel D. Lacson«, war da zu lesen, »daß sich unsere Kirche und ihre Leitung energisch für die spirituelle Erbauung unseres Volkes einsetzen, anstatt für soziale und politische Programme, die zur Spaltung von Kirche und Volk führen.« Anlaß für das Inserat war die Einsetzung eines neuen Bischofs in der Hauptstadt Bacolod. Sein Vorgänger, Antonio Fortich, hatte es mit den Großgrundbesitzern verdorben. Selbst aus dieser Schicht stammend, war er anfangs ein Oberhirte für die Oberschicht – bis er begann, sich für die Situation der ZuckerarbeiterInnen zu interessieren. Fortan unterstützte er Basisgemeinden, Gewerkschaften und ergriff Partei für Streikende. Den einflußreichen Negrensern war das zuviel. In ihren Augen hetzte Fortich die ArbeiterInnen auf, spaltete Volk und Kirche. Einige von ihnen besuchten aus Trotz die chinesische Kirche, obwohl sie da kein Wort verstanden. Gegen Fortich machten Demonstranten mobil, sein Bischofssitz wurde niedergebrannt, er selbst entging nur knapp einem Mordanschlag. Nun also Camilo Gregorio, der neue Bischof. In ihm sehen die Hacienderos einen »Mann Gottes«, von ihm erhoffen sie die Wiederherstellung des kirchlichen Normalzustandes.

Kirche von oben...

Aus der Sicht historischer Kontinuität waren die Zuckerpflanzer durchaus im Recht: Die Nähe zur Elite, damit die Feindschaft, zumindest die Gleichgültigkeit den Armen gegenüber ist *die* Konstante der katholischen Kirche auf den Philippinen, dem einzigen christlichen Land Asiens, in dem sich 85 Prozent der Bevölkerung zum Katholizismus bekennen. Als koloniale Kirche mit vorwiegend spanischem Klerus war sie von Anfang an mit den Kolonialherren, später dann mit der entstehenden lokalen Elite, liiert. Ihre Hierarchie stammt auch heute noch weitgehend aus der oberen Mittelschicht und der Oberschicht – wie in Politik und Armee halten die Eliten auch in der Kirche die Schlüsselpositionen besetzt.

Seit der Christianisierung im 16. Jahrhundert haben sich die Diener Gottes nicht nur der Heidenbekehrung gewidmet, sondern die eigene

Strandgut

Machtstellung auf- und ausgebaut: Während die spanische Verwaltung kaum über Manila hinausreichte, setzten sich die Mönche auf dem Land fest. Dort eigneten sie sich den Boden an, wurden auf Kosten der Landbevölkerung wohlhabend und schreckten nicht vor der blutigen Niederschlagung von Aufständen zurück. Am Ende der spanischen Kolonialzeit waren die Orden die größten Landbesitzer. Wirtschaftliche Macht hat sich die Kirche bis heute erhalten: Landbesitz, Wirtschaftsunternehmen, eine Bank. Oberst Galileo Kintanar, Kirchenexperte der Armee, urteilt: »Abgesehen von religiösen Gesichtspunkten verfolgt die katholische Kirche auf den Philippinen ausgesprochen weltliche Interessen, die sie offensichtlich an die konservative oder sogar reaktionäre Seite binden. Sie unterhält ein gewaltiges Vermögen an Kapital und Land, das sie nicht freiwillig in einer gewaltsamen Revolution aufs Spiel setzen würde. Die weltlichen Interessen der Kirche rühren her aus einer langen Geschichte, da sie ein Werkzeug kolonialer Herrschaft und enger Verbündeter der herrschenden Elite war, und das in jeglichem gesellschaftlichen System, das auf den Philippinen bestand.«

Da überrascht es nicht, wie die Bischofskonferenz politisch agiert: Die Ausrufung des Kriegsrechts 1972 hat sie mit wenigen Ausnahmen stillschweigend akzeptiert. Erst später fand man zu einer lauwarmen »kritischen Zusammenarbeit«. Auch der sich kritisch gebende Teil der Bischofskonferenz, etwa Manilas medienwirksamer, im Lavieren geübter Kardinal Sin, hielt und hält hartnäckig an einem Elite-Modell für Kirche und Gesellschaft fest. Reformen, später dann der Rücktritt Marcos' wurden nicht zuletzt deshalb gefordert, um ein befürchtetes Anwachsen der nationaldemokratischen Bewegung zu verhindern. Bis heute auch ist die Haltung gegenüber dem unter prominenter kirchlicher Mithilfe installierten Aquino-Regime im wesentlichen »konstruktiv«. Nur gerade zehn Prozent der Bischöfe vertreten grundlegend kritische Positionen.

Mindestens so bedeutend ist ein anderer Aspekt der Religion: Der Katholizismus mit seiner Fähigkeit, lokale Religiosität selektiv zu integrieren, ist in einem jahrhundertelangen Prozeß zu einem bestimmenden Faktor von Kultur und Bewußtsein geworden. Eine inbrünstige Volksreligiosität mit unzähligen Festen, ja Flagellantentum und einem allgegenwärtigen Marienkult zeugen davon. Entsprechende Werte und Verhaltensweisen sind bis heute prägend: Das Verständnis von Armut und Leiden als Ausdruck von Gottes gerechtem Willen, Duldsamkeit, Gehorsam, Verzicht auf Forderungen und Kampf und natürlich die Vertröstung aufs Jenseits. Solche »christlichen Werte« funktionieren als wirkungsvolle Legitimation bestehender Zustände und minimieren die Bereitschaft der Armen, für ihre Rechte zu kämpfen.

...und Kirche von unten

Die Zuckerpflanzer von Negros, gute Katholiken allesamt, hatten diese konservative Elite-Kirche vor Augen. Was sie in ihrem Inserat beklagten, war allerdings längst und landesweit Realität: Die Kirche spiegelt die philippinische Gesellschaft gerade auch in ihren Polarisierungen. Der traditionellen, von der Elite dominierten Kirche steht heute eine Kirche der Armen gegenüber, die seit zwanzig Jahren wächst.

Wichtigster Träger dieser Kirche sind die Basisgemeinden, die, Ende der sechziger Jahre in Mindanao entstanden, sukzessive ein Teil der Volksbewegung wurden. 1974 erklärte die Bischofskonferenz den Aufbau von Basisgemeinden zum vorrangigen Anliegen pastoraler Arbeit – sie sah darin vor allem eine Möglichkeit, den Priestermangel zu beheben. In dieser Anfangszeit lag der Schwerpunkt durchgehend auf Liturgie und Religionsunterricht. Nach und nach kamen sozio-ökonomische Projekte dazu, etwa Kreditgenossenschaften oder die Schaffung von Verdienstmöglichkeiten. Entscheidend war das Jahr 1978: Damals wurde die Methode des *Community Organizing* (der Organisierung des Gemeindewesens – d.Hg.) ins Programm integriert. Die Perspektive war jetzt die der Befreiung, der sozialen Transformation. Der Schwerpunkt lag entsprechend auf der Förderung sektoraler Organisationen, in denen ArbeiterInnen, SlumbewohnerInnen oder Bauern und Bäuerinnen ihre spezifischen Forderungen stellen konnten. In Zukunft soll verstärkt der lokale Zusammenschluß dieser Sektoren zu multisektoralen Räten gefördert werden. Gemeinsame Bibellektüre und Gottesdienste behalten bei jenen Basisgemeinden, die diese Entwicklung durchlaufen haben, ihren wichtigen Platz im alltäglichen Leben. Sie sind einer der Orte, an denen die »Kultur des Schweigens« überwunden werden kann. »Integrale Evangelisation« ist ein Schlüsselbegriff, mit dem dieser umfassende Ansatz umschrieben wird. Dem landesweiten Sekretariat, das vehement für dieses politisierte Modell eintritt, waren 1989 5000 Basisgemeinden mit 250000 Familien angeschlossen.

Zur Kirche der Armen zählen gleichsam kirchliche Institutionen und Gruppen, die in Bereichen wie Bildung (z.B. *Socio Pastoral Institute*), Menschenrechte (z.B. *Task Force Detainees*) oder Entwicklung (z.B. *Ecumenical Center for Development*) die Basiskirche unterstützen. Gleichzeitig bemühen sie sich in ihrem eigenen Umfeld, also in

Iglesia Ni Kristo in Tondo, Manila

Katholische Kirche auf Panay

der Institution Kirche und in den Mittelschichten, aus denen viele ihrer MitarbeiterInnen stammen, das Bewußtsein zu schärfen und die Menschen zu organisieren (z.B. *Ecumenical Forum for Church Response*).

Eine über ihre zahlenmäßige Stärke von fünf Millionen hinausgehende Bedeutung kommt dem Nationalen Kirchenrat und einigen seiner protestantischen und nationalkatholischen Mitgliedskirchen zu. Sie haben zudem in solchen Fragen wie Landreform, US-Militärbasen und Menschenrechtsverletzungen eindeutig Positionen der Volksbewegung bezogen, sowohl unter Marcos als auch unter Aquino.

In der Analyse der philippinischen Gesellschaft und in ihren politischen Forderungen stimmt die Kirche der Armen weitgehend mit der *National Democratic Front* (NDF) überein, ohne allerdings selbst auf den bewaffneten Kampf zu setzen. Die Berührungsängste zu den Kommunisten hat sie schon deshalb überwunden, weil die NPA auf dem Land oft den einzigen Schutz gegen Übergriffe des Militärs bietet.

Anders die *Christians for National Liberation* (CNL): 1972 als nationaldemokratische Organisation gegründet, markierte sie den Abschied von der Idee eines christlichen Dritten Weges und die Beteiligung von ChristInnen am Kampf für nationale Befreiung und Demokratie. Mit der Wahl des Gründungstages, dem 100. Jahrestag der Hinrichtung dreier Priester durch die spanischen Behörden, bezogen sie sich auf die Filipinisierung von Kirche und Klerus als wichtigem Moment der nationalen Revolution. Die Ausrufung des Kriegsrechts, ebenfalls 1972, zwang die CNL in den Untergrund. Dort beteiligte sie sich an der Gründung der NDF und ist heute nach der Kommunistischen Partei und der *New People's Army* deren drittwichtigste Gruppierung. Neben dem Aufbau einer revolutionären Massenbewegung von ChristInnen und der Unterstützung des bewaffneten Kampfes gehört auch die Umgestaltung der Kirchen zu den Programmpunkten. Nach eigenen Angaben gehören der CNL 3000 bis 4000 Mitglieder an, zu einem großen Teil Priester, Nonnen und kirchliche MitarbeiterInnen. Einige von ihnen sind untergetaucht; die meisten arbeiten legal in kirchlichen Einrichtungen.

Zorniger Christus

»Als ich die Sprache der politischen Ökonomie kennenlernte, begann ich, die philippinische Theologie als ein abhängiges Unternehmen zu verstehen, dominiert von theologischen Großhändlern, die sich darin überbieten, Fertigprodukte aus Europa zu importieren, zu verpacken und zu verkaufen.« Diese von Edicio (Ed) de la Torre beschriebene Theologie war in den sechziger Jahren unangefochten. Immerhin vermittelte sie Anregungen – etwa die Sozialenzykliken und das zweite Vatikanum –, die einzelne Kirchenleute zu sozialen Aktionen und zur Organisationsarbeit unter den Armen führte. Die Praxis entwickelte sich bald in Richtung auf strukturelle Veränderung der Gesellschaft weiter, ohne sich aber auf eine neue, dieser Praxis entsprechende Theologie zu berufen. Die gibt es auch heute nicht – jedenfalls nicht im Sinne einer in sich geschlossenen, umfassenden Konzeption, wie sie die lateinamerikanische Theologie der Befreiung darstellt. Was hingegen die neue Praxis provoziert hat, sind theologische Reflexionen, die zumeist als Theologie des Kampfes bezeichnet werden.

Kitschbilder vom sanften Heiland gibt es auf den Inseln überall und überreichlich. In Negros existiert auch eine andere Darstellung – ein Jesus, der mit dem ausgestreckten Zeigefinger auf die BetrachterInnen zeigt, mit funkelnden Augen, einer, der die Händler aus dem Tempel vertreibt: Der »zornige Christus von Negros«. Das Bild ist Teil der Theologie des Kampfes, ebenso wie die Pantomime, die im Gottesdienst Leiden und Kampf der ZuckerarbeiterInnen darstellt. Es war vor allem der Redemptoristen-Bruder, Sozialwissenschaftler und ehemalige politische Gefangene Karl Gaspar, der diese lebendigen Ausdrucksformen beschrieben hat: Bilder, Symbole, Pantomime, wie sie in einer erneuerten Liturgie und bei Demonstrationen verwendet werden, Gedichte, Geschichten, Briefe. Es ist eine Sprache, so Gaspar, die jener der Israeliten gleicht, als die Bibel erst im Entstehen begriffen war.

Bücher schreibt auch die zweite AutorInnen-Gruppe nur selten. Es sind zwar professionelle TheologInnen, Leute wie Ed de la Torre, Carlos Abesamis, Mary John Mananzan, Karl Gaspar oder die beiden Protestanten Levi Oracion und Feliciano Cariño. Sie aber sind, schreibt Gaspar, so stark mit praktischer Arbeit für die Volksbewegung ausgelastet, daß Zeit zum Forschen und Schreiben ein Luxus ist. Was es von ihnen gibt, sind Artikel, Aufsätze und transkribierte Vorträge.

Die Theologie des Kampfes ist entstanden als Reflexion einer Praxis, als Reflexion von Menschen, die im Kampf um Befreiung engagiert sind. Auf diesen Kampf bleibt sie ausgerichtet. De la Torre: »Viele TheologInnen sind mehr daran interessiert, theologisch akzeptiert zu werden, als den konkreten Befreiungsprozessen zu dienen. Sie sind zwar für Befreiung, aber nur wenn sie vollkommen und rein ist. Wir sind aber in einem unvollkommenen Kampf mit vielen Fehlern engagiert – es ist der einzige, den es gibt.«

Diese Betonung geschichtlicher Prozesse hat auch für die Reflexion selbst Bedeutung; soziale

Friedhof in Ilocos

und historische Analyse werden zu einem Teil der theologischen Arbeit.

Die konkrete Situation der Armen wird auch bestimmend für die Hermeneutik: Aus ihrem Blickwinkel wird die Bibel gelesen, werden Begriffe wie Erlösung oder Reich Gottes interpretiert. Verbreitet und bezeichnend ist zum Beispiel das Verständnis der Heilsgeschichte als umfassenden Prozeß, in den der gegenwärtige Kampf eingeordnet werden kann. So auch tut es die CNL in ihrem Programm: »In dieser Volksbefreiungsbewegung der Filipinos glauben wir Gott am Werk, der uns aufruft, unser gemeinsames Heil in der Geschichte zu erwirken.« Der Mensch wird so befreit aus Apathie und Fatalismus, er wird zu Gottes Mit-Schöpfer und Mit-Befreier. Auf diese Weise sind die konkrete Geschichte und die Lebensweisen nicht nur Ausgangspunkt, sondern auch ›Rohmaterial‹ der Theologie: Ereignisse, Situationen und Erwartungen der Menschen können, biblisch gesprochen, Zeichen der Zeit sein. In ihnen spricht wie in der biblischen Überlieferung Gott. Der Kontext wird Teil des Textes.

Die Theologie des Kampfes weist in ihrer Ausrichtung und Arbeitsweise viele Berührungspunkte mit der lateinamerikanischen Befreiungstheologie auf. Beide sind kontextuelle Theologien. Der Unterschied liegt wohl am ehesten darin, daß sich die Theologie des Kampfes im Großen und Ganzen stärker mit einer politischen Bewegung identifiziert, die sie zwar nicht selbst initiiert hat, aber deren Teil sie ist.

Verfolgte Kirche

Wen wundert es da, daß die Elite in Kirche und Gesellschaft diese Kirche der Armen nicht mag. Bereits in den siebziger Jahren wurden die Basisgemeinden in einem Bericht des Militärs als »gefährlichste Form der Bedrohung durch religiöse Radikale« bezeichnet. Eine Einschätzung, die sich in den Kreisen der Widerstandsbekämpfer durchgesetzt hat. Immer häufiger werden progressive Kirchenleute als »KommunistInnen« und kirchliche Organisationen als »Frontorganisationen« gebrandmarkt. Diese Vorwürfe – nie bewiesen, manchmal wieder dementiert – zielen darauf ab, Teile der Kirche zu diskreditieren, sie zu isolieren und ein eventuelles Vorgehen gegen sie bereits vorbeugend zu legitimieren, beziehungsweise ein solches Vorgehen zu provozieren. Neuerdings werden fundamentalistische, oft fanatisch antikommunistische Sekten unterstützt, von denen viele aus den USA stammen. Ihre Zahl ist von 238 (1980) auf 1365 im Jahre 1987 hochgeschnellt. Diese Bemühungen zur Isolierung der Kirche der Armen finden Unterstützung in den Kirchen selbst, vornehmlich in der katholischen Hierarchie. Progressiven Programmen werden die Mittel gestrichen, Priester versetzt, aufgebaute Basisstrukturen zerstört. Die Bischofskonferenz spricht mit Blick auf die Arbeit von Menschenrechtsorganisationen von »manipulativem Gebrauch von Menschenrechtsverletzungen«. Kardinal Sin, bei uns voreilig als Befreiungstheologe gehandelt, spricht sich gar für bewaffnete Bürgerwehren (Vigilantes) aus und behauptet, auf den Philippinen gäbe es keine Menschenrechtsverletzungen mehr. Diese staatlich-militärischen und kirchlichen Aktivitäten erzeugen ein Klima, das Repressionen gegen die Kirche der Armen ermöglicht. Kirchliche MenschenrechtlerInnen sprechen mittlerweile von einer Kirchenverfolgung: Dutzende von Priestern und LaienmitarbeiterInnen wurden unter Aquino ermordet. Parallelen zur Situation in Lateinamerika drängen sich auf: Dort wie auf den Philippinen sind US-Berater wesentlich an der Formulierung von Konzepten zur Aufstandsbekämpfung beteiligt; die Kirche der Armen wird an beiden Orten verfolgt.

»Revolution ist komplizierter!« Interview mit Ed de la Torre

Jemand, der diesen kirchlichen Aufbruch entscheidend mitgeprägt hat, ist Ed de la Torre: Theologe, Maler, Dichter, brillanter Redner, prominenter und kreativer Vordenker und Sprecher der Linken. Geboren 1943, 1968 im Orden *Society of the Divine Word* zum Priester geweiht, engagierte er sich in den sechziger Jahren in sozialen Aktionen und Organisationsarbeit unter der Landbevölkerung, unter anderem in der *Federation of Free Farmers*. Bezeichnend für den Katholizismus jener Zeit war, daß ein Zusammengehen von ChristInnen mit der revolutionären Linken, mit MarxistInnen als unvorstellbar galt. Für nicht wenige wurde dies zu einem Dilemma, in dem sie sich für die Revolution entschieden und ihr Christsein aufgaben. Daß beides auch zusammengedacht, gar eine Zusammenarbeit zwischen ChristInnen und MarxistInnen möglich war, mußte erst noch gezeigt werden. De la Torre war einer der WegbereiterInnen dieser Zusammenarbeit, die 1972 zur Gründung der CNL führte, deren erster Vorsitzender er war. Für ein kirchliches Engagement über einen engen, reformistischen Ansatz hinaus war damit wichtige Vorarbeit geleistet.

Nach der Deklaration des Kriegsrechts ging de la Torre in den Untergrund und beteiligte sich am Aufbau der NDF. 1974 wurde er verhaftet und ohne Gerichtsurteil fünf Jahre lang gefangengehalten. Unter starkem nationalen und internationalen Druck kam er frei, jedoch unter der Bedingung, ins Ausland zu gehen. Nach Studienaufenthalten in Rom und Löwen (Belgien) wurde er nach seiner Rückkehr erneut verhaftet und von 1982 bis 1986 inhaftiert. Neben seiner politischen Arbeit ist de la Torre maßgeblich an der Entwicklung der Theologie des Kampfes beteiligt. 1988/89 koordinierte er die Herausgabe des Dokumentes *Der Weg nach Damaskus – Kairos und Bekehrung*, eines theologisch-politischen Grundsatzpapiers von ChristInnen aus sieben Trikont-Ländern.

Frage: Die katholische Kirche auf den Philippinen war und ist eine konservative Kraft. Wie sehen Sie Ihre Rolle als Priester in einer revolutionären Volksbewegung?

De la Torre: 1968 wurde ich Priester. Politisch radikal, revolutionär, wenn Sie so wollen, wurde ich 1970/71. Zu dieser Zeit sah ich meine Rolle unter zwei Gesichtspunkten. Zum einen in der Beziehung zur Volksbewegung: Ich nenne diesen Teil meiner Rolle Exorzismus, Austreiben der Teufel, die allen Linken zugeschrieben werden. Noch in den sechziger Jahren – dies zur Illustration

Ed de la Torre

– arbeiteten wir als progressive Katholiken für Reformen, um eine Revolution, erst recht eine kommunistisch geführte, zu verhindern. Natürlich sah die Kirche in uns Kommunisten, das ist die Ironie: Anti-kommunistische Katholiken, die für Reformen arbeiten, werden »Kommunisten« genannt. Diese Dämonisierung der Linken wird mitunter dadurch verstärkt, daß die linke Tradition anti-kirchlich, anti-religiös ist. Auf diese Weise erhält auch eine gute Sache wie die Revolution ein schlechtes Image unter Armen, die religiös sind und sagen: »Was nützt es uns, wenn wir die ganze Welt retten, aber unseren Glauben verlieren?« Aber wenn du eine symbolische Figur bist, ein Priester zum Beispiel, und du politisch für radikale Veränderungen sprichst und dies mit deinem Glauben verbindest, dann kann das schon etwas bewirken. Darin sah ich meinen Beitrag zur Befreiung des Volkes.

Die zweite Aufgabe konzentrierte sich auf die Transformation jener Teile der Kirche, die verändert werden können. Sehr bescheiden: Nicht die ganze Kirche, nur Teile davon. Weshalb? Weil die Kirche eine Macht ist. Auch wenn du versuchst, sie zu umgehen, ist sie da. Wenn es keinen Kampf um ihre Veränderung gibt, dann ist sie eine Macht, die gegen das Volk vereint ist. Auch in diesem Kampf innerhalb der Kirche haben Kleriker etwas mehr Macht als Laien. Seit 1986 bin ich laisiert. Früher, als wir nur wenige waren, hätte ich das nicht gewollt. Aber mittlerweile gibt es Hunderte, Tausende, eine ganze Bewegung.

Wieso überhaupt eine Theologie des Kampfes? Ist es nicht wichtiger zu kämpfen, als zu theologisieren?

Ich glaube, das ist eine falsche Frage. Die Voraussetzung einer Theologie des Kampfes ist ja gerade, daß es bereits einen Kampf und in diesem Menschen mit religiösem Bewußtsein gibt. Die Theologie des Kampfes versucht, dieses religiöse Bewußtsein zu systematisieren, damit es ein integraler Teil des Kampfes ist und keine Last aus der Vergangenheit, kein unbestimmtes Gefühl, keine losgelöste Idee. Sie tut dies nicht nur zum Nutzen dieser Menschen selbst, damit sie als ganze Menschen am Kampf teilnehmen können; sie tut es auch zum Nutzen des Kampfes, damit die Auseinandersetzungen selbst in der Kirche und in der Theologie ausgefochten werden können. Es war die Bewegung in Südafrika, die den Begriff »Kirche als Arena des Kampfes« prägte, und ich denke, dies ist ein sehr treffender Begriff. Die Theologie hängt stark von ihrem Kontext ab. In einem islamischen Land, in dem es eine Befreiungsbewegung gibt, braucht es keine christliche Theologie, sondern eine islamische Theorie der Befreiung. Es gibt philippinische Muslime, die versuchen, vom Koran und der islamischen Tradition her eine Sprache und Theorie zu entwickeln, in die ihr Kampf einbezogen werden kann. 1521 und 1565, als die Spanier auf den Philippinen landeten und uns im Namen des Christentums von Heidentum und Islam befreien wollten, war das Christentum keine besonders progressive oder befreiende Kraft. Das religiöse Bewußtsein, das den Kampf des Volkes begleitete, war animistisch und islamisch. Erst später, als die Kämpfenden aus verschiedenen Gründen – die Leute waren bekehrt und das Christentum zu einem Teil ihrer Sprache geworden – anstatt animistischer oder islamischer Konzepte christliche Themen benutzten, gab es den Kampf zwischen einer Theologie, die sagte, »das Christentum muß auf der Seite der nationalen Befreiung und der Armen stehen«, und einer, die meinte: »Das Christentum war stets auf der Seite der westlichen Zivilisation.« In einer säkularisierten Gesellschaft, schlimmer, in einer Gesellschaft, in der es keine Volksbewegung gibt; noch schlimmer, in der es keine Kirche und keine Menschen mit religiösem Bewußtsein in einer Volksbewegung gibt – in einer solchen Gesellschaft wird eine Theologie der Befreiung zu einer Ware, die man am Kirchentag probiert: »Netter Geschmack! Wann ist der nächste?« Es ist der falsche Kontext. Und deshalb betone ich: Der Kontext einer Theologie des Kampfes ist eine Gesellschaft, in der die Notwendigkeit für einen Kampf besteht, in der es einen konkreten Kampf gibt und in der religiöses Bewußtsein und kirchliche Institutionen am Kampf beteiligt sind.

Was ist nun der Text zum Kontext?

Ein Beispiel: In einem Seminar baten wir eine Gruppe von Bauern um zwei Dinge: Sie sollten zuerst ihre wichtigsten theologischen Themen nennen und anschließend erklären, wie diese mit Konzepten wie Gott, Himmel, Erlösung etc. zusammenhängen. Die Antwort war interessant: Das erste Thema war »Land«. Sie erklärten: »Himmel bedeutet, das Land, das wir bebauen, zu besitzen. Gott ist die Kraft, die uns in unserem Kampf um den Boden begleitet.« Sie verfügten nach wie vor über die traditionellen religiösen Themen – Himmel, Gott –, aber sie sagten: »Land ist ein theologisches Thema, weil es in unserem Kontext die wichtigste Frage ist, unser Leben ist darauf ebenso bezogen wie unser Verständnis von Gerechtigkeit.« Ein anderes dieser zentralen Themen ist der Kampf.

Worauf kann informierte Hoffnung in der gegenwärtigen Situation setzen?

Meine erste Antwort ist einfach: Auf die Armen, nämlich dann, wenn sie organisiert sind und ihre eigene lokale Führung hervorbringen. Das ist nicht alles, aber es ist die Grundlage. Du kannst über die beste führende Partei, Guerilla, progressive Kirche, die besten *Nicht-Regierungsorganisationen* (NGOs) verfügen – all das ist auch Teil der Hoffnung –, aber wenn die Armen nicht selbst organisiert sind, kein kritisches Bewußtsein und keine eigene Führung haben, dann werden sie sagen, »Gott sei Dank, daß wir eine Partei, eine Guerilla, eine Kirche haben – Ihr seid unsere Hoffnung.« Dabei wird der zentrale Punkt verpaßt, der gleichermaßen christlich und marxistisch ist: Daß das Reich Gottes in uns ist, daß uns kein höheres Wesen rettet, wenn Du Dich an die zweite Strophe der Internationale erinnerst (jemand hat gesagt, das wichtigste Kriterium für den Zustand der Linken sei, ob sie nicht nur die erste, sondern die zweite Strophe auswendig kann!). Der Grund, weshalb ich Hoffnungen hege – obwohl viele meiner FreundInnen getötet wurden und die Bewegung viele Fehler macht – ist, daß es etwa drei bis vier Millionen Menschen gibt, die zu Basisbewegungen gehören. Die sind nicht alle revolutionär, einige sind reformistisch, aber es sind Organisationen der Armen selbst.

Zusätzlich existieren weitere Hoffnungsträger: Ich denke, das Wachsen der NGOs gehört dazu. Sie sind meist ein Instrument für engagierte Intellektuelle, für Leute aus den Mittelschichten mit Hochschulbildung, die anstatt für eine Firma oder für die Regierung für das Volk arbeiten (wollen), aber trotzdem ein Einkommen brauchen. Normalerweise werden diese NGOs teilweise mit internationalem Geld finanziert. Es gibt da zwar Probleme, doch NGOs, die die Volksbewegungen unterstützen, sind ein neues, hoffnungsvolles Phänomen, das es in der traditionellen linken Strategie nicht gibt. Natürlich gehört dazu auch die älteste NGO, die Kirche. Das Zeichen der Hoffnung ist hier deren Spaltung. Wäre sie eine Einheit, bliebe sie nämlich einheitlich konservativ. Daß sie gespalten ist, heißt, daß ein Teil der Institution Kirche, nicht nur Individuen, nicht nur Propheten, die Seite gewechselt hat. Natürlich ist auch die Befreiungsbewegung ein Zeichen der Hoffnung. Der Unterschied zwischen mir und anderen in der Bewegung liegt darin, daß einige sagen, sie sei die einzige Hoffnung, während sie für mich integraler Bestandteil der Hoffnung ist.

Dann gibt es noch etwas, das Hoffnung und Frage zugleich ist: Eine Befreiungsbewegung in einem Land der Dritten Welt, das vom Norden dominiert wird, ist auf die Solidarität der progressiven Kräfte des Nordens angewiesen. Aber zu fragen bleibt: Wo ist Eure Hoffnung? Es ist schwierig, eine solidarische Beziehung aufrechtzuerhalten mit Leuten, die keine Hoffnung haben, denen wir erst zur Hoffnung verhelfen sollen.

Literatur

Mary Rosario Battung u.a. (Hg.), Theologie des Kampfes, Christliche Nachfolgepraxis auf den Philippinen, Edition Liberaĉion, Münster 1989.
(Texte von 24 philippinischen AutorInnen zur Theologie und Kirche.)

Edicio de la Torre, Touching Ground, Taking Root, Theological and Political Reflections on the Philippine Struggle, Socio Pastoral Institute, Manila 1986 (auch: Catholic Institute for International Relations, 22 Coleman Fields, London N1 7AF).

Aktionsgruppe Philippinen (Hg.), Zeichen der Zeit. Die philippinischen Kirchen in den Herausforderungen der Gegenwart, Polch 1986 (agphi, Postfach 1141, 5444 Polch).
(Übersicht über Kirchengeschichte und gegenwärtige Strömungen in Kirche und Theologie.)

Victoria Narciso-Apuan (Ed.), Basic Christian Communities, Catalysts for Liberation, Part I: Rationale and Perspective; Part II: Methodologies and Experiences (beide 1987); A Seminar Kit (1988), Claretian Publications, Quezon City (University of the Philippines, P.O.Box 4, Diliman, Quezon City 1101).

Rainer Werning

Politiker, Poet, Visionär

José Maria Sison

José Maria »Joma« Sison, 52, ist seit etwa drei Jahrzehnten einer der herausragenden Theoretiker der philippinischen Linken. Sein politisches Engagement ist weitgespannt, seine Vitalität nach der wiedergewonnenen Freiheit im Frühjahr 1986 ungebrochen.

1964 zählte Sison zu den Gründern des seinerzeit einflußreichsten Jugendverbandes *Kabataang Makabayan* – heute eine der vierzehn Mitgliedsorganisationen des Untergrundbündnisses der Nationalen Demokratischen Front (NDF) –, der Ende 1968 neukonstituierten Kommunistischen Partei (CPP) sowie der im August 1986 entstandenen *Partido ng Bayan* (Volkspartei).

Er schrieb – in Südostasien preisgekrönte – Gedichte, politische Essays und lehrte unter anderem am Asian Center der renommierten Universität der Philippinen in Quezon City Politologie.

Als CPP-Vorsitzender und Verfasser des grundlegenden Werkes *Philippine Society and Revolution* (deutsche Ausgabe: Münster 1973) war er unter dem Marcos-Regime lange Zeit die meistgesuchte und -gehaßte Un-Person. Im November 1977 wurde er von Militärs gefangengenommen und blieb bis Anfang März 1986 inhaftiert – in Einzelhaft, zwischenzeitlich ans Bettgestell gefesselt und schwer gefoltert.

Seit seiner Freilassung durch Präsidentin Aquino, die er (1) als »kandierte Mordklinge« bezeichnete, unternahm Sison zusammen mit seiner Weggefährtin Julieta ausgedehnte Vortragsreisen nach Ozeanien, Asien und Europa. Augenblicklich lebt er, politisches Asyl begehrend, in den Niederlanden.

Der Kreis schließt sich: in seiner Heimat nimmt Sison heute auf den Mordlisten von Todesschwadronen und Teilen des Militärs einen Spitzenplatz ein. Neuerlich ist er das, was er vor Jahren war – ein, milde formuliert, *enfant terrible:* Kaum ein Tag vergeht, an dem nicht irgendeine philippinische Tageszeitung Regierungsquellen zitiert, in denen Sison als das inkarnierte Böse der Anstiftung zu Streiks, Terror und Mord beschuldigt wird.

Noch immer ist der Wald verzaubert

Sie sind geflohn,
die launenhaften Feen und Geister
Aus alten Bäumen, dichtem Unterholz,
Aus dunklen Höhlen, Hügeln und Dämmerlicht,
Aus moosbewachsnen Felsen
und flüsternden Bächen.
Knorrige Stämme und Amseln
Haben ihre Faszination verloren.

Das ehrfurchtgebietende,
angstmachende Ungewisse
Vergangener Zeiten lauert nicht mehr.
Etwas anderes breitet sich aus im Wald –
Unsichtbar fast, aber vertraut wie das Fällen
Von Bäumen, das Jagen von Eber und Wild,
Das Sammeln von Früchten, Honig
Und selbst Orchideen.

Noch immer ist der Wald verzaubert,
Ein neues Lied singt der Wind;
Einen neuen Zauber birgt das dunkle Grün,
Berichten Bauern den Freunden,
Heute herrscht allein der Geist des Kampfes,
Lockt Eindringlinge an, schlägt sie in seinen Bann.

José Maria Sison 1981

Übersetzung: Ingrid Rein / Rainer Werning

Der Guerillero ist wie ein Dichter

Der Guerillero ist wie ein Dichter.
Mit wachem Sinn für das Rascheln der Blätter
Das Brechen von Zweigen
Das Plätschern des Baches
Den Geruch des Feuers
Und die Spuren des Aufbruchs.

Der Guerillero ist wie ein Dichter.
Eins geworden mit den Bäumen
Den Sträuchern und Felsen –
Mehrdeutig aber klar.
Er kennt das Gesetz der Bewegung
Beherrscht ungezählte Kunstgriffe und Techniken.

Der Guerillero ist wie ein Dichter.
Im Einklang mit der Natur
Dem zarten Rhythmus des Laubes
Der inneren Stille, der äußeren Unschuld
Der unsichtbaren stählernen Schlinge
Die sich um den Feind zusammenzieht.

Der Guerillero ist wie ein Dichter.
Er bewegt sich mit der grünbraunen Menge
Im Dickicht gekrönt von leuchtend roten Blumen
Ansporn und Ermutigung für alle
Die das Land überschwemmen, um
Endlich die Festung zu erklimmen.

Eine beharrlich sich entfaltende Kraft.
Seht das alte Thema:
Des Volkes Dichtung, des Volkes Krieg.

José Maria Sison 1968

Übersetzung: Ingrid Rein/Rainer Werning

1 Siehe Rainer Werning (Hg.), Das Projekt Befreiung. Widerstand auf den Philippinen. José Maria Sison berichtet, Köln 1988.

Mary John Mananzan

Traum-Haft

Ausbruchversuche philippinischer Frauen

Die gesellschaftliche Stellung der Frau entsprach unter den Tagalen der vorspanischen Ära offenbar mehr als der Hälfte des Himmels. Für das Gott-Konzept bzw. als Bezeichnung für Gott stand der aus drei Konsonanten zusammengesetzte Begriff *bathala*, dessen erster Konsonant dem der ersten Silbe im Wort *babae* (Frau) entspricht und die Schöpfung symbolisiert. Der dritte Konsonant stimmt mit dem Anlaut von *lalake* (Mann) überein und symbolisiert Potenz. Verklammert sind beide durch den mittleren Konsonanten, einen Hauchlaut, der »Licht« oder »Geist« bedeutet. *Bathala* meint demnach die im Lichte/Geiste vollzogene Vereinigung von Frau und Mann. Rückwärts gelesen bedeutet *lahatba* totale Schöpfung. Das Gott-Konzept war in den alten tagalischen und anderen insularen Gemeinschaften eher mit Frauen assoziiert: Das Mann-Frau-Verhältnis war zumindest von strikter Gegenseitigkeit geprägt.

Egalität

Bekanntlich reflektieren Sprache und Geschichten eines Volkes die in der jeweiligen Gesellschaft akzeptierten bzw. vorherrschenden Wertvorstellungen. Mythen und Legenden, insbesondere solche über die Schöpfung, wirken ätiologisch, d.h. sie beschreiben gesellschaftliche Bedingungen. So war den meisten Stammesgemeinschaften der vorspanischen Ära eine etwa der Bibel vergleichbare Schöpfungsgeschichte fremd, welche die Frau aus der Rippe des Mannes entstehen ließ. Gemäß dem wohl bekanntesten philippinischen Schöpfungsmythos flog ein Vogel zwischen Himmel und Meer und ließ sich, schließlich müde geworden, auf einem auf der See treibenden Bambusrohr nieder. Als er aus diesem Geräusche vernahm, pickte es der Vogel mit seinem Schnabel auf. Der Bambus splitterte, und ihm entstiegen sodann augenzwinkernd Mann und Frau, vor der sich der Mann ehrerbietig verbeugte. Die Frau erkannte daraufhin den Mann an, und beide gingen Hand in Hand ihres Weges.

In den vorspanischen Stammesgemeinschaften genossen die Frauen das Recht, allein zu bleiben, verheiratet (wobei sie ihren Namen beibehielten) oder unverheiratet Kinder zu haben, als Erstgeborene Erbschaften anzutreten, ihren Kindern Namen zu geben und sich vorehelich sexuell zu betätigen. Hervorragendes Ansehen zeichnete auch die *babaylan*, die Priesterinnen, aus, die zu allen bedeutsamen sozialen Ereignissen zu Rate gezogen wurden und begleitende Zeremonien ausführten.

Noch die ersten spanischen Historiographen äußerten sich im Unterton der Bewunderung über die Frauen. Sie beschrieben sie als von Natur aus geschäftstüchtig und agil – im Gegensatz zu den Männern, die ihnen als apathisch und träge galten. Je nachhaltiger die spanische Kolonialmacht das Leben auf dem Archipel beeinflußte, desto auffälliger wandelten sich die den »Indios« anerzogenen Verhaltensmuster und Denkweisen, was besonders die Stellung der Frau und ihr Bild in der Gesellschaft erschütterte. Im Schlepptau der Kirchenväter wie Tertullian, Johannes Chrysostomos, Augustinus und Thomas von Aquin, die die Stellung der Frau demütigend und bisweilen haßerfüllt herabsetzten, sollte beispielsweise der Augustinermönch Casimiro Dias seinen Priestern für ihren Dienst auf den Inseln einimpfen: »Das Weib ist das scheußlichste Tier in der Natur, launisch und voller Doppelzüngigkeit. Dieses Tier im Haus zu haben, verheißt für den Mann mannigfachen Ärger; wo immer sich das Weib aufhält, sind Frieden und Ruhe fern. Selbst das wäre zu ertragen, gäbe es da nicht die allerorten lauernde Gefahr der Unkeuschheit. Nicht nur sollten sich Ortspriester davor hüten, Indio-Weiber in ihren Häusern zu beschäftigen, sie sollten ihnen nicht einmal gestatten, diese zu betreten, selbst wenn sie nur eben hereinschauen sollten.«[1]

Es gibt den Mythos, daß die Spanier den Status der Frauen hoben, als sie das Christentum auf den Philippinen einführten. Richtig ist jedoch, daß die Frauen zuvor einen egalitären Status hatten, wobei nie bewiesen werden konnte, ob vor der Ankunft der Spanier eine matriarchale oder matrilineare Gesellschaft bestand. Der egalitäre Status manifestierte sich auf der wirtschaftlichen, politischen, kulturellen, sozialen und religiösen Ebene.

Wirtschaftlich führte die Frau die gleichen Tätigkeiten aus wie der Mann. Es gab keine Arbeitsteilung. Beide konnten auf dem Feld oder sonstwo arbeiten, allerdings verrichteten die Männer keine Hausarbeiten. Frauen waren genauso an den ökonomischen Tätigkeiten beteiligt wie die Männer. Ein Vertrag ohne die Zustimmung der Frau war ungültig, gültig hingegen war ein solcher ohne die Einwilligung des Mannes. Denn die *Mujer Indigena* (Ureinwohnerin) der Philippinen war so vertrauenswürdig, daß ihre Unterschrift als Garantie für das Einhalten der Vertragsbedingungen galt. Auf die Männer traf das nicht zu.

Auf politischer Ebene bestand eine strikte Erbfolge. Wenn die FührerInnen starben, waren die Erstgeborenen die NachfolgerInnen, egal ob

Mann oder Frau. Eine wichtige Funktion in der Gesellschaft nahmen die Friedensvertragsgaranten ein. Eine Frau oder ein Mann eines Stammes bürgte für die Sicherheit der Angehörigen eines anderen Stammes, wenn diese in sein/ihr Stammesgebiet kamen. Das läßt darauf schließen, daß die Frauen hohes politisches Ansehen genossen.

In der Familie waren Töchter akzeptiert und willkommen: Auf den Philippinen bekam die Frau die Mitgift, d.h. je mehr Töchter eine Familie hatte, desto mehr Mitgiften erhielt sie. Der Mann mußte vor der Heirat zwei Monate für die Familie der zukünftigen Frau arbeiten, um den sogenannten Brautdienst zu leisten. Das wurde später von den christlichen Mönchen scharf verurteilt, denn während dieser Zeit geschah vorehelicher Geschlechtsverkehr. Bevor die Spanier kamen, war Jungfräulichkeit unwichtig; unverheiratete Mütter waren begehrt, weil sie nicht erst beweisen mußten, daß sie fruchtbar waren. Die Frauen konnten sich selbst scheiden lassen (heute existiert indes kein Scheidungsrecht; d. Übers.) und abtreiben. Vor der Eroberung durch die Spanier genossen philippinische Frauen all die Rechte, wofür die feministische Bewegung heute kämpft.

Fischerfrau

Im religiösen Bereich wurden bei allen gesellschaftlichen Ereignissen von einer Priesterin Opfer erbracht, sei dies bei der Geburt, der Hochzeit, dem Tod oder der Ernte. Ein Mann konnte auch opfern, aber er mußte das Gewand einer Frau anziehen.

Subordination

Als die Spanier kamen, führten sie das Patriarchat ein. Betrachten wir die Dokumente der Mönche aus jener Zeit, so priesen sie die *Mujer Indigena* himmelhoch: Sie sei zuverlässig, vertrauenswürdig und gut. Doch sie hatte einen großen Fehler – sie war promiskuitiv. Warum nannten die Mönche nicht auch den eingeborenen Mann promiskuitiv? Weil es in der spanischen Gesellschaft für den Mann normal war »fremdzugehen«. Die Spanier zeigten sich schockiert über das Verhalten der philippinischen Frau, die sich wie der Mann verhielt und dieselben sexuellen Freiheiten genoß. Deshalb bezeichneten sie die Promiskuität als einen Fehler der Frau, nicht des Mannes. Sie unterzogen die philippinische Frau einer systematischen Gehirnwäsche und wollten, daß sie brav und unterwürfig werde und dem Image der folgsamen Frau des sogenannten *Siglo de Oro* (Goldenen Jahrhunderts) entspreche, deren Tagesablauf ausgefüllt war mit Beten, Ruhe und Hausarbeit, vergleichbar dem einer heutigen Nonne. In Mädchenschulen und mit dem Vorbild der heiligen Jungfrau Maria gelang den Spaniern innerhalb von hundert Jahren die Unterwerfung der Frau.

Doch finden wir immer wieder Frauen, die aus ihren Ketten ausbrechen und selbst Geschichte machen. Eine unter vielen ist Gabriela Silang. Als wir unsere Organisation GABRIELA nach ihr benannten, haben wir bewußt diese kämpferische, revolutionäre Frau zum Vorbild genommen. Frauen sind in der Geschichte praktisch unsichtbar. Über Gabriela wissen wir nichts, außer daß sie die Frau von Diego Silang war. Als dieser starb, setzte sie die Bäuerinnen- und Bauernrebellion gegen die Spanier in der Ilocos-Region fort. Sie wurde verhaftet und zum Tode verurteilt. Von José Rizal kennen wir dagegen alles, was er schrieb, was er dachte, sogar alle seine Freundinnen in jeder Hauptstadt Europas.

Vor den siebziger Jahren hatten wir einige Frauenorganisationen, so auch die Suffragetten, die wie in den Vereinigten Staaten in den dreißiger Jahren das Frauenstimmrecht für uns erkämpften. Weiter gab es mehrere kirchliche und viele säkulare, bürgerliche Frauenorganisationen, die aber nie die sozialen Strukturen kritisierten: Sie kämpften oder arbeiteten für das Wohlergehen der Frauen innerhalb der herrschenden Struktur, ohne diese wirklich anzugreifen. Das ist der Unterschied zwischen der Frauenbewegung vor und nach 1970.

1970 entstand die erste moderne, militante Frauenbewegung, Seite an Seite mit den populären Massenorganisationen und der nationalen Befreiungsbewegung der späten sechziger Jahre. Damals konstituierte sich mit MAKIBAKA die erste feministische Organisation. Leider waren ihre Aktivitäten von kurzer Dauer. 1972 verhängte Marcos das Kriegsrecht, und alle bis dahin legalen Organisationen mußten in den Untergrund gehen, darunter auch MAKIBAKA. Bis Ende der siebziger Jahre existierte keine feministische Organisation mehr. Die ersten, die nach der Verhängung des Kriegsrechts entstanden, waren FILIPINA und das Zentrum für Frauenstudien (CWR). Das von zwei Frauen gegründete CWR spielte, sozusagen als Großmutter, eine zentrale Rolle beim Aufbau von GABRIELA. Am Anfang war es nur ein kleiner Raum, in dem einige Bücher gelagert waren. Wir wollten das CWR zum Studien- und Dokumentationszentrum einer ganzen Frauenbewegung ausbauen. 1983, nach der Ermordung von Ninoy Aquino, entstanden weitere Frauenorganisationen wie SAMAKANA (Frauen der Armenviertel), SAMAKA (Studentinnen), WOMB (Frauen der Mittelklasse) und viele andere mehr. Aber es gab keine Struktur oder Grundlage, die sie vereinte. 1984 lud das CWR all diese Organisationen sowie die Frauenkommissionen anderer Massenorganisationen zu einer Konferenz ein, um herauszufinden, über welche Gemeinsamkeiten wir verfügten, um darauf aufbauend eine Strategie für die Frauenbewegung auf den Philippinen zu entwickeln. So wurde dieses Treffen zur Geburtsstunde unserer Dachorganisation GABRIELA – ein Akronym, das übersetzt »Generalversammlung von Frauen im Dienste von Reformen, Integrität, Gleichheit, Freiheit und Tatkraft« heißt.

Emanzipation

Die Frauenbewegung in einem Trikontland wie den Philippinen steht im Zusammenhang mit der nationalen Befreiung und der gesellschaftlichen Veränderung. Mit anderen Worten, es ist keine separate, isolierte Mann-gegen-Frau-Bewegung, sondern eine wesentliche Dimension des Befreiungsprozesses. Der Erfolg der Frauenbefreiung hängt von der grundlegenden Veränderung der wirtschaftlichen, politischen und sozialen Bedingungen ab. Ein Beispiel dafür ist die Prostitution. Welche Alternative können wir den Prostituierten bieten? Keine – ohne das Wirtschaftssystem grundsätzlich zu verändern. Daher ist eine wirt-

schaftliche, politische und sozio-kulturelle Restrukturierung der Gesellschaft die notwendige, keineswegs jedoch ausreichende Voraussetzung für jede Frauenbefreiung. Andererseits gibt es keine wirkliche Befreiung ohne die Befreiung der Frau. Wir bestehen darauf, Teil und Subjekt und nicht Anhängsel der Befreiung zu sein, wobei Klasse, Geschlecht und Militanz grundlegend sind.

Wir werden nicht warten, bis die Gesellschaft befreit ist, um die Geschlechterfrage zu stellen. Wir wissen, daß in vielen Fällen die Frauen während der Revolution gekämpft haben und nach dem Sieg wieder zurück an den Herd geschickt wurden. Ebenso wenig glauben wir an eine automatische Geschlechterbefreiung.

Strategien

Die erste Strategie ist natürlich die Organisierung, weil wir glauben, daß unterdrückte Gruppen sich niemals befreien, wenn sie nicht organisiert sind. Ein Individuum hat weder die Kraft noch die Macht, alleine etwas zu erreichen. Wir wollen nicht um Zugeständnisse betteln, wir werden dafür kämpfen. Jedes Recht, das uns zugestanden wird, kann uns wieder genommen werden. Aber jedes Recht, das wir erkämpft haben, kann man uns nur nehmen, indem man uns bekämpft.

Um zu verstehen, warum wir zu gewissen Themen mobilisieren, möchte ich auf zwei Grundsätze von GABRIELA verweisen: Einer der Grundsätze ist der Kampf unserer Frauenbewegung im Zusammenhang der nationalen und gesellschaftlichen Veränderung. Daher arbeiten wir nicht nur zu sogenannten Frauenthemen, sondern auch zu nationalen Themen. Wäre unsere Organisation isoliert, würden sich unsere Aktivitäten vielleicht auf Themen wie Frauenhandel, Sextourismus oder Prostitution beschränken. Dazu arbeiten wir natürlich auch. Vor drei Jahren, als siebzehn norwegische Bräutigame hierher kamen, um ihre philippinischen Frauen abzuholen, haben wir eine Protestaktion vor dem Las Palmas Hotel durchgeführt. Wir protestierten ebenfalls vor dem Obersten Gerichtshof, als zwei Frauen den Frauenhandel in Holland vor Gericht brachten.

Weil wir eine wichtige Rolle in der gesellschaftlichen Veränderung spielen, mobilisieren wir unsere Frauen auch zu nationalen Themen wie Auslandsverschuldung, US-Militärbasen, Konsumentinnenanliegen wie die Ölpreiserhöhung, Mehrwertsteuer oder den Milchskandal von Nestlé...

Feministische Wissenschaft

Der Schlüssel zu Aufklärung und Schulung ist feministische Wissenschaft. Ich mache einen Unterschied zwischen feministischer Bildung und feministischer Wissenschaft. Bildung heißt, Bewußtsein entwickeln, feministische Wissenschaft geht indes weiter. Sie ist der Versuch, Bereiche und Disziplinen wie Psychologie, Geschichte und Theologie aus einer Frauenperspektive zu entwickeln. Alle diese Wissenschaften wurden während mehr als 2000 Jahren von Männern entwickelt, übersetzt, gelehrt und reflektiert. Sie sind also durch und durch von Männern geprägt. Die Theologie z.B. wird heute dazu verwendet, die Frauen zu unterwerfen.

Am St. Scholastica's College haben wir feministische Bildung und Wissenschaft eingeführt. Wir eröffneten ein Institut für Frauenstudien, dessen Besuch für alle Frauen am College obligatorisch ist. Wenn ich kritisiert werde, entgegne ich: »Nun, wenn Theologie, Englisch oder Mathematik Pflichtfächer sind, sehe ich nicht ein, warum an einem Frauencollege nicht auch Frauenstudien ein Pflichtfach sein sollen!«

Politisches Engagement

Die Kampagne zur Verankerung der Frauenrechte in der Verfassung war eine unserer erfolgreichsten Aktivitäten. Wir forderten Frauen auf, auf Stoff-

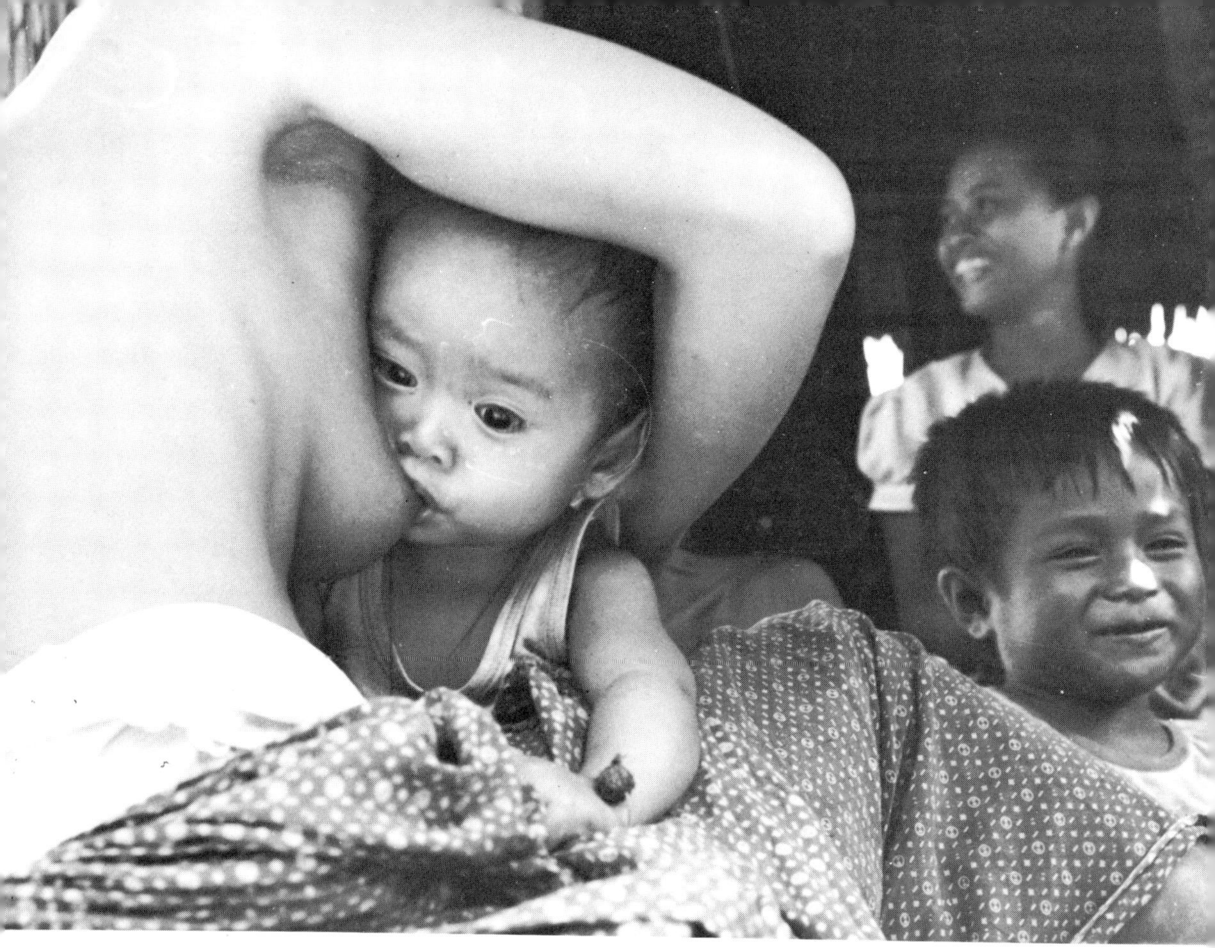

bildern alle Frauenrechte darzustellen, die sie in der Verfassung verankert wissen wollten. Es war ein Riesenerfolg! Wir erwarteten 500 Frauen, und es kamen 2500. Wir erwarteten mindestens zehn Stoffbilder, und als wir die Kunstwerke, die uns aus allen Landesteilen zugesandt wurden, zusammennähten, war der Stoff so lang, daß in der verfassunggebenden Versammlung nicht genug Platz war und wir auf den Vorplatz hinausgehen mußten. Das Ganze war einen Kilometer lang! Der verfassunggebenden Kommission konnten wir eine Broschüre mit allen Gesetzen, die wir in die Verfassung aufgenommen haben wollten, unterbreiten. Natürlich nahmen sie nur einen Paragraphen auf. Aber das war nicht das wichtigste. Zumindest steht dort, daß wir vor dem Gesetz gleichberechtigt sind. Wir sind uns natürlich bewußt, daß es nicht ausreicht, diesen Paragraphen in der Verfassung verankert zu haben. Dazu müssen wir unablässig im Kongreß Lobbyarbeit leisten.

Wir haben erst angefangen, Kunst und Medien in unseren Kampf einzubeziehen. Früher scherten wir uns nicht groß um Kultur. Bis wir realisierten, daß Kultur und Kunst bedeutsam sind. Auf der letzten Demonstration anläßlich des internationalen Frauentages am 8.März haben wir ein Sofortgemälde gemacht. Während die Kulturgruppe ein Frauenlied sang, standen die Leute mit offenen Mündern da und verfolgten gespannt, was geschehen würde. Wie aus dem Nichts erschien eine Frau mit rotem Haar in verschiedenen Gestalten. Speziell in Zeiten starker Repression durch das Militär gehören kulturelle Ausdrucksformen, die Medien und die Kunst, zu den wirkungsvollsten Strategien. Bei Demonstrationen nehmen wir meistens einen fünfachsigen Lastwagen mit, der uns als improvisierte Bühne dient. Wenn wir vor der US-Botschaft stehen, führen wir ein Theaterstück über den US-Imperialismus auf oder zeigen an einem anderen Ort ein Stück zum Internationalen Währungsfonds und zur Weltbank.

Internationale Solidarität

Die Frauenfrage ist global, daher muß auch unsere Strategie global sein.

GABRIELA erwartete nach dem Sturz der Marcos-Diktatur zumindest einen demokratischen Freiraum. Aber nicht einmal der wurde Realität. Obwohl gewisse demokratische Mechanismen wieder eingeführt wurden, findet kein demokratischer Prozeß statt. Derselbe Repressionsapparat und dasselbe Wirtschaftsmodell der Fehlentwicklung existieren weiter. Die Armut und die Misere des Volkes dauern fort. Zu den Prioritäten der neuen Regierung gehört die Aufstandsbekämpfung. Mehrfach hat Aquino dem Volk den »totalen Krieg« erklärt. Die Hetzkampagne gegen die sogenannte rote Gefahr hat eine noch nie dagewesene Dimension erreicht. GABRIELA ist eine der Volksorganisationen, die Ziel systematischer Angriffe sind. Mit Lügenkampagnen wird GABRIELA als Front der Kommunistischen Partei denunziert. Unsere Pressemitteilungen werden nicht veröffentlicht, Demonstrationsbewilligungen verweigert. Uns werden keine Visa ausgestellt. Hilfswerke werden gewarnt, unsere Projekte zu finanzieren. Die Repression geht bis hin zu tätlichen Angriffen gegen unsere Mitglieder. Sie werden gezwungen, fabrizierte Papiere zu unterschreiben, daß sie sich als NPAs ergeben. Ihre Häuser werden unter Beschuß genommen, und einige werden sogar ermordet.

Trotz dieser Repressionen lassen sich die Frauen von GABRIELA nicht einschüchtern. In den letzten zwei Jahren ist GABRIELA von 40000 auf 45000 individuelle Mitglieder angewachsen.

Übersetzung:
Mary Lou U. Hardillo / Asia-Pazifik Infostelle / Radio LoRa (Zürich)

1 C. R. Boxer: Mary and Misogyny, Woman in Iberian Expansion Overseas, 1415–1815, London: Duckworth 1975, S. 97.

Frank Braßel

Baseball auf der Zuckerinsel Negros

Avelin Leal ist im Jahr der philippinischen Unabhängigkeit (1946) als Fünfjährige mit ihrer Familie auf die Zuckerplantage »San Antonio I« im Norden von Negros unweit der Stadt Victorias gekommen. Die heute 50jährige Frau hat ein tiefzerfurchtes Gesicht, gegerbt von der glühenden Sonne, der Knochenarbeit auf den Feldern und dem Hungerlohn. »Früher hatten wir nie genug zu essen. Für einen Tag Schufterei erhielten wir vom Haciendero vierzehn Pesos. Das reichte für höchstens zwei Mahlzeiten«, erinnert sich Avelin Leal. »Und Geld für Kleidung, Medizin, den Schulbesuch der Kinder, das war unter dem Haciendero nicht da. Doch seit wir das Land selbst übernommen haben, hat sich unser Leben in allen Punkten verbessert.«

Negros ist Monokultur, Negros ist Zucker, Elend, Unterdrückung. Über Jahrzehnte produzierte die Insel den größten Teil des philippinischen Rohrzuckers, der lange das wichtigste Exportprodukt des Landes war. Hauptabnehmer waren die USA. Als dort die Rohrzuckerimporte durch Isoglycose, einen chemisch hergestellten Süßstoff aus Mais, ersetzt wurden, blieb auf Negros die Hälfte der 400000 ZuckerarbeiterInnen arbeitslos, ohne jede Sozialversicherung. Philippinischen Rohrzucker auf dem Weltmarkt anzubieten, war aussichtslos, da die EG mit ihrem subventionierten Rübenzucker weitaus günstiger verkaufte. Die Zuckerbarone gehören zu den reichsten und politisch mächtigsten Personen in dem südostasiatischen Inselstaat. Ist der Zuckerpreis niedrig, schmeißen sie ihre ArbeiterInnen raus, steigt er, stellen sie wieder ein. Die gesetzlich festgelegten Mindestlöhne wurden und werden von 90 Prozent der Zuckerbarone nicht gezahlt. Ob der Zuckerpreis gut oder schlecht war, machte für die ZuckerarbeiterInnen »nur« den Unterschied zwischen Unterernährung und Hunger aus. 82 Prozent der

Landbevölkerung Negros' sind landlos, vier Prozent der Landbesitzer kontrollieren indes drei Viertel des Bodens.

»Land to the Tiller«

Während der großen Zuckerkrise Mitte der achtziger Jahre hatte der Besitzer von San Antonio die kleine Plantage bei der Bank verpfändet, um seine anderen Ländereien schuldenfrei zu halten. In dieser Situation ermöglicht die philippinische Rechtslage die Übertragung der Besitztitel an die (ehemaligen) ArbeiterInnen. Ende 1987 gelang es Avelin Leal und ihren KollegInnen, die Landtitel für »San Antonio« mit Hilfe eines von der Gewerkschaft gestellten Rechtsanwalts zu erhalten. In Verhandlungen mit der Landbank wurde ein günstiger Preis ausgehandelt; geschenkt bekamen die ArbeiterInnen nichts. Für die Anzahlung besorgte die Gewerkschaft einen Zuschuß von westlichen Hilfswerken, den Rest soll die neue Genossenschaft »San Antonio« selbst erwirtschaften.

»Wir wollen wegkommen von der Abhängigkeit vom Zucker. Im Moment ist der Preis für Zuckerrohr zwar wieder gut, deshalb haben wir die Hälfte unserer 84 Hektar mit Zuckerrohr bestellt, aber wir wollen diese Anbaufläche reduzieren«, erklärt Felix Gevero, der Vorsitzende der Genossenschaft. Neu ist, daß auf der ehemaligen Hacienda Reis und Gemüse für den Eigenbedarf angepflanzt werden. Hinzu kommen Obstanbau und die Aufzucht von Schweinen und Enten. Und die Genossenschaftler haben neue Hilfskräfte gewonnen – zunächst nur 3000, jetzt bereits 80000 Würmer, die in einem kleinen Schuppen am Rand der Hacienda für organischen Dünger gezüchtet werden. Neu ist auch ein Kräutergarten von einem halben Hektar, der die Grundsubstanzen für eine Basisgesundheitsstation liefert. Dort empfängt mich Presentacion Constantino, eine fröhliche ältere Dame, die von der Genossenschaft für ihre Gesundheitsdienste bezahlt wird. »Der nächste Arzt ist in Victorias, doch es gibt keine Verkehrsverbindung zur Stadt. Und für einfache Erkrankungen sind die Produkte der kommerziellen Medizin nicht nötig.« Bei Husten oder Heiserkeit empfiehlt Presentacion Constantino »SLK«, in der Inselsprache Ilongo eine Abkürzung für die Hauptingredienzen des Saftes: Calamansi (eine kleine Zitronenart), Ingwer und Zucker. Gegen Durchfall werden Kapseln mit den gestampften Blättern des

Zuckerrohrernte

Bocag-Bocag-Krautes gefüllt. Gerade wird ein neues Präparat für Hautreizungen, die bei der Zuckerrohrernte häufig auftreten, erprobt. Und bei Kopfschmerzen greift Presentacion selber kräftig zu, mit Massagen und Akupressur.

Hilfe durch die Gewerkschaft

»Für uns sind viele Dinge neu. Wir müssen ständig lernen. Früher waren wir einfache Arbeiter. Jetzt gilt es, die Buchführung selbst abzuwickeln, neue Produkte und Anbaumethoden anzuwenden, die Arbeit selbst einzuteilen«, beschreibt Felix Gevero die Probleme der jungen Genossenschaft. »Ohne die Hilfe der Gewerkschaft wäre das alles nicht möglich.« Mit der Gewerkschaft ist die *National Federation of Sugar Workers* (NFSW) gemeint. »Die Erde ist eine Quelle des Reichtums, ein Geschenk, das Gott allen Menschen vermacht hat, und deshalb sollten Besitz und Kontrolle des Reichtums nicht nur dem Nutzen einiger weniger, sondern der Entwicklung aller dienen«, heißt es im Statut der NFSW. Mit dieser Mischung aus einer Philosophie des Bodens und egalitär ausgerichtetem Christentum – hinzu kommt eine konsequente, aber flexible Praxis – ist die NFSW zum wichtigsten Träger der Überwindung der halbfeudalen Strukturen auf Negros geworden. Bei der Gründung im Jahr 1971 waren es nur wenige hundert, heute zählt die Gewerkschaft gut 80000 Mitglieder. Gleich unseren Gewerkschaften tritt die NFSW für Verbesserungen der Lohn- und Arbeitsbedingungen ein, geht aber darüber hinaus. »Land to the Tiller – Das Land dem, der es bebaut« ist ihre zentrale Forderung. Doch ist die NFSW bei alledem nicht maximalistisch; während der Zukker- und Hungerkrise verhandelte sie mit den Großgrundbesitzern, ihr Teile der brachliegenden Ländereien leihweise zum Anbau von Grundnahrungsmitteln zu überlassen. Nun lehnt zwar die NFSW das schwache Landreformgesetz der Aquino-Regierung vom Prinzip her ab, nutzt aber dessen wenige Möglichkeiten zur Erweiterung ihrer Basis: etwa verschuldete Ländereien, wie San Antonio, an die ArbeiterInnen übertragen zu lassen. »Es ist uns gelungen, bislang fünfzehn Haciendas zu übernehmen. Es sind nur kleine Ländereien

mit zusammen etwa 2000 Hektar, es gibt auf Negros einzelne Haciendas, die wesentlich größer sind. Doch wir müssen jede Chance nutzen, um das Schicksal der Zuckerarbeiter zu verbessern«, faßt Serge Cherniguin vom NFSW-Vorstand die Bemühungen der Gewerkschaft zusammen. »Wir sehen in gut funktionierenden Genossenschaften ein wichtiges Modell für die Zukunft auf Negros. Doch wird unsere Arbeit immer wieder von der Regierung und dem Militär behindert.« Die NFSW hatte allein während der ersten drei Amtsjahre Aquinos mehr Opfer politischer Morde unter ihren Mitgliedern zu beklagen als während der gesamten Marcos-Diktatur.

Permanente Repressalien

»Das Militär ist unser größtes Problem. Erst in der vergangenen Woche drangen drei Dutzend Militärs auf unser Gelände ein. Sie schikanierten uns, schlugen einzelne und beschuldigten uns, wir seien Kommunisten, da wir ohne Chef arbeiteten«, berichtet auch Antonio Bagnisal von der NFSW-Gruppe in San Antonio. Der Landtransfer an die Arbeiter wurde vom ehemaligen Besitzer der Hacienda befürwortet, die Angelegenheit über Regierungsstellen abgewickelt, trotzdem gibt es permanent Repressalien gegen die GenossenschaftlerInnen. Für die 53 Familien auf San Antonio hat sich ihr Leben deutlich verbessert, seit sie es selbst in die Hand nehmen konnten. Heute können sämtliche Kinder zur Schule gehen, früher waren es nur knapp die Hälfte. Kinderarbeit an Wochentagen ist untersagt. Der Arbeitsablauf wird unter den Genossenschaftsmitgliedern besprochen und aufgeteilt. »Daß wir nun regelmäßig das ganze Jahr über Arbeit haben, uns drei Mahlzeiten am Tag leisten und über unser Leben selbst bestimmen können«, antwortet Avelin Leal auf die Frage nach ihren größten Erfolgen durch die Übernahme der Hacienda. Dementsprechend entspannt ist die Atmosphäre auf San Antonio: Ein halbes Dutzend Genossenschaftsmitglieder nimmt sich die Zeit, mir Rede und Antwort zu stehen. Während wir plaudern, kommen viele der Genossenschaftlerinnen bereits von den Feldern zurück. Es ist noch keine vier Uhr am Nachmittag. Die Frauen hocken sich unter ein paar Büsche, rauchen ein Zigarettchen, tauschen Neuigkeiten aus. Plötzlich läßt mich lautes Rufen aufmerken. Auf einem abgeernteten Zuckerrohrfeld hat sich eine Gruppe von Frauen eingefunden. Erst verstehe ich nicht, was sie dort treiben, gehe näher heran: Die Frauen der Genossenschaft San Antonio spielen Baseball. Als Schläger dienen zurechtgeschnitzte Knüppel, die Fanghandschuhe sind phantasievoll aus Stoffetzen zusammengesetzt. Bald gesellt sich ein Mann hinzu. Er will mitspielen, bekommt einen Handschuh. Als er einen Ball nicht fangen kann, bricht das vereinte Lachen der Frauen über ihm zusammen.

Karl Rössel

Ver-rücktes Olongapo

Dollarsegen für US-Militärbasen und organisierte Prostitution

Die größten US-Militärstützpunkte außerhalb der Vereinigten Staaten befinden sich nicht in Europa, sondern auf den Philippinen. Für 481 Millionen Dollar pro Jahr dürfen auf philippinischem Territorium unbeschränkt US-Bomber starten und landen und US-Kriegsschiffe vor Anker gehen.

»Schandflecken« nannte unverblümt der philippinische Schauspieler und Kongreßabgeordnete Joseph Estrada in einem Weltspiegel-*Interview (10. Dezember 1989) die amerikanischen Stützpunkte in seinem Lande. Für ihren Erhalt, so Estrada, riskieren gar die USA einen Bürgerkrieg. Der nämlich sei inklusive seiner »Folgekosten« immer noch billiger als die Verlagerung der Basen außerhalb der Philippinen. Mit seiner Kritik erinnerte Estrada an den ehemaligen nationalgesinnten Senator Claro M. Recto, der von diesen Stützpunkten bereits in den fünfziger Jahren als einem »Dolch im Rücken des philippinischen Volkes« sprach.*

Bis heute sind sie es geblieben. 1991 läuft aller-

dings das noch geltende Militärbasenabkommen zwischen Washington und Manila aus. Die philippinische Regierung pokert um mehr Dollars für die fortgesetzte Nutzung der Stützpunkte. Amerikanische Militärs geben sich derweil optimistisch und meinen, daß diese ihnen auch über das Jahr 1991 hinaus erhalten bleiben...

Olongapo steht in großen, roten Lettern auf dem Schild neben dem Fahrersitz. Nach vierstündiger Fahrt von Manila aus in Richtung Norden windet sich der alte, klapprige Bus langsam auf steil ansteigenden Straßen durch die Berge vor der philippinischen Westküste. Auf der Paßhöhe bremst der Fahrer plötzlich. Philippinische Militärs blockieren die Straße. Sie halten Maschinengewehre im Anschlag, US-Gewehre. »Nur zu Ihrer Sicherheit«, erklärt der Soldat, der schwer bewaffnet durch den Bus geht und die Pässe kontrolliert. »Damit Ihnen dort unten nichts passiert.«

Happy Valley

Dort unten – jenseits der Paßhöhe – glänzt das Südchinesische Meer, davor ist eine von Bergen umgebene weite Bucht zu sehen. Im Tal liegt eine Stadt. Sie erscheint aus der Ferne wie ein dichtes, wucherndes, dunkelgraues Geschwür aus Gassen, Betonbauten und Hütten: Olongapo.

Dagegen heben sich deutlich die hellen, weitläufigen modernen Anlagen ab, die sich rund um die gesamte Bucht bis weit an den Horizont erstrekken: Ich erkenne breite, asphaltierte Straßen und sauber weißgestrichene mehrstöckige Bürogebäude, große Lagerhallen und riesige Docks, Hubschrauber-Landeplätze und gigantische Schiffskräne, ein Kraftwerk und hohe Radarantennen. Das muß die *Subic Naval Base* sein, der Stützpunkt der US-Pazifikflotte auf den Philippinen. Im Hafen liegen graue Schiffe, Kriegsschiffe. Von der Paßhöhe wirken sie wie Spielzeugboote. Von der langen Rollbahn am Ufer startet gerade ein Spielzeugbomber.

Das riesige Militärgelände rund um die Bucht erscheint von der Stadt Olongapo wie abgeschnitten. Der Marinestützpunkt ist von einem Kanal umgeben. Nur eine Brücke verbindet die *Subic Naval Base* mit der Viertelmillionen-Stadt Olongapo.

White House

Über diese zentrale Brücke und durch das »gate«, das große Eingangstor der US-Base, strömen jeden Abend Tausende US-Soldaten nach Olongapo. Sie tauchen ein in ein aufdringliches Gemisch aus Neonreklamen und Plastikgirlanden, Werbespots und Musikfetzen, die aus Dutzenden Eingängen gleichzeitig dröhnen. Das ist der Magsaysay Drive, die Hauptstraße Olongapos, die am »gate« beginnt. Die meisten Fassaden der ein- bis zweistöckigen Betonbauten auf beiden Seiten der Straße sind abgeblättert. Nur die gemalten oder neonbeleuchteten Namensschilder glitzern noch über den Eingangstüren: »Sundance Club, Kyoto Massage and Sauna Bath, Sam's Hotel, White House, Burger King, Happy Valley...« Vor vielen dieser Bars stehen frisch gemalte Schilder: »Welcome USS Tripoli«. *Welcome US-Ship Duluth, Durham, Frederick, Germantown.* So heißen die Kriegsschiffe, die gerade im Hafen liegen. Auf manchen Schildern steht: *We love you.*

Vor jedem Club-Eingang stehen, sitzen, tanzen, werben Frauen, Hunderte, Tausende Filipinas in Mini-Röcken, Tangas, Hot-Pants oder Bikinis. Zu zweit, dritt oder viert umringen die zierlichen Filipinas die breitschultrigen Marines. Die Frauen rufen *Hallo Sir!* und haken sich bei den Soldaten unter. Sie flüstern *Come in, Sir!* und bieten Massagen und Saunabäder an. Sie sagen *Very cheap, Sir!* und versuchen, die GIs in die Clubs zu ziehen.

In vielen kleinen Geschäften hängen bedruckte Mützen, Hemden und T-Shirts. Die Aufdrucke verweisen auf den Geschmack der potentiellen Käufer. Es sind vor allem Kriegsschiffe und militärische Symbole. Ein T-Shirt zeigt eine Atomrakete. »Ein Liebesgruß für Moskau« steht darauf. Auf einem Hemd ist Ghaddafi im Fadenkreuz abgebildet, darunter der Kommentar: »Das Ziel nie aus den Augen verlieren.« Auf dem Shirt daneben der Spruch: »Leben wie's geht, lieben wie's kommt, töten als Beruf.«

Sam's Place

Die Basen der US-Militärs auf den Philippinen sind die wichtigsten im pazifischen Raum und in ganz Asien. Allein der Luftwaffenstützpunkt *Clark Air Base* bei Angeles City, zwei Fahrstunden östlich von Olongapo, hat die Größe West-Berlins. Bis zu 800 Flugzeuge können dort gleichzeitig repariert werden, und monatlich gibt es 12000 Start- und Landemanöver von Transport-Flugzeugen und Jagdbombern – mit und ohne Atomwaffen an Bord. 20000 US-Militärs sind insgesamt auf den philippinischen Basen fest stationiert und 70000 Filipinos dort beschäftigt. Das US-Militär ist nach der philippinischen Regierung damit der zweitgrößte Arbeitgeber im ganzen Land. Die meisten Filipinos, knapp 40000, arbeiten für die

Subic Naval Base bei Olongapo. Die US-Marine unterhält hier das größte schwimmende Trockendock in ganz Asien und das größte Marinedepot außerhalb der USA. 200000 Einzelteile, vor allem Waffen aller Arten, lagern dort. In Subic können Kriegsschiffe jeder Größe repariert und gewartet werden.

Doch nicht nur diese gigantischen militärtechnischen Anlagen machen den Standort Subic für die US-Navy so »unverzichtbar«. Hinzu kommen – so der offizielle US-Jargon – die »preiswerten *Rest and Recreation*-Möglichkeiten« für die Soldaten in der Stadt Olongapo, sprich: die 20000 Frauen, die in den 300 Clubs rund um den Magsaysay Drive arbeiten.

Imperial Club

Um zehn Uhr morgens bin ich als Besucher auf der US-Base angemeldet. Um zehn Uhr *American time*, nicht *Philippine time*. *American time*, das heißt auf den Philippinen: Ich muß pünktlich sein. Auf einem großen Schild neben dem Eingangstor des Marinestützpunktes steht: *This is a Philippine base* – »Dies ist ein philippinischer Stützpunkt. Bitte beachten Sie die philippinischen Gesetze!«

Doch für die »Betreuung« ausländischer Journalisten ist kein Filipino zuständig, sondern die Presseabteilung des US-Oberkommandos, konkret: Kapitänleutnant J. D. van Sickle. Der uniformierte Pressesprecher entrollt neben seinem Schreibtisch eine große Weltkarte, um mir daran die Bedeutung der US-Stützpunkte auf den Philippinen zu erklären: »Die Verantwortlichkeit der 7. Flotte reicht vom Pazifik bis zur Ostküste Afrikas und von Pol zu Pol. Unser Hauptinteresse innerhalb dieses großen geographischen Gebietes sind die Schiffahrtslinien von der Arabischen See zum Japanischen Meer und von dort natürlich zu den Vereinigten Staaten. Ein großer Teil des Handelsverkehrs folgt diesen Seewegen.« Schon 1983 hatte Robert L. Long, der damalige Oberkommandierende der US-amerikanischen Streitkräfte im Pazifik, vor dem außenpolitischen Ausschuß des US-Kongresses gesagt: »Unser Handel mit der Pazifikregion hat den mit jeder anderen Region übertroffen. Diese Region ist eine bedeutende Bezugsquelle für gefährdete Rohstoffe wie Öl, Erze und Kautschuk, um nur einige wenige zu nennen. Unsere Streitkräfte auf den Philippinen sind zudem ein lebenswichtiges Bindeglied in unserer Vorwärtsverteidigung.« Wenn Militärs »Vorwärtsverteidigung« sagen, meinen sie Krieg. Von Anfang an dienten diese Basen der US-Regierung nicht nur zur Kontrolle der philippinischen Innenpolitik, sondern auch als Ausgangspunkt für Kriegseinsätze in ganz Asien: 1900 gegen den Boxeraufstand in China, 1918 bis 1920 gegen die neugegründete Sowjetunion, 1950 bis 1953 im Korea-Krieg, 1965 bis 1975 im Vietnam-Krieg, 1971 im indisch-pakistanischen Krieg, 1980 im Iran, 1991 im Irak...

»Erst während des Vietnam-Krieges Mitte der sechziger Jahre wuchs Olongapo vom Fischerdorf zur Großstadt«, erzählt mir Jimmy Mendoza, der 1966 als einer von Zehntausenden Filipinos auf der Base Arbeit fand. »Vor allem im Nachschublager gab es damals für uns viel zu tun. Schließlich kam die meiste Munition für den Vietnam-Krieg über Subic, von 20-Millimeter-Maschinengewehr-Patronen bis zu 2000 Pfund schweren Bomben.« Als Kriegsgegner quittierte Mendoza seinen Job auf der Base, studierte und wurde später Stadtplaner von Olongapo. Er erinnert sich an diese Zeit: »Olongapo wurde zum wichtigsten Erholungszentrum der US-Soldaten, die im Vietnam-Krieg eingesetzt waren. Damals entstanden all die Bars und Hotels. Der Vietnam-Krieg war für Olongapo so etwas wie der Goldrausch für den Wilden Westen. Damals – sagte man – regnete es Dollars in Olongapo.« Doch die GIs brachten der Stadt nicht nur Dollars, sondern auch den Drogenhandel und Apartheid bis in die Puffs: »Der Vergnügungssektor der Stadt war damals noch streng in zwei Bezirke geteilt«, erzählt Jimmy Mendoza. »Die Hauptstraße, der Magsaysay Drive, war den weißen Soldaten vorbehalten. Für die schwarzen Soldaten gab es eine Nebenstraße, die ›Dschungel‹ oder ›Schokoladenplatz‹ genannt wurde. Wagte sich ein Schwarzer in den Bereich der Weißen, gab es Ärger. Ich habe oft selbst beobachtet, wie die Schwarzen Rasierklingen als Waffen einsetzten und damit ihren weißen Gegnern die Gesichter zerschnitten.«

L'Tavern

An einem Abend besuche ich einige der Clubs am Magsaysay Drive, die Stadtobere als »schön« und »freundlich« empfinden. In jedem sitzen, trinken und warten einige Dutzend, manchmal sogar Hunderte Filipinas. In Tangas, halb- oder ganz nackt, bieten sie sich auf Laufstegen und Bühnen den herumsitzenden Soldaten an. Alle Frauen tragen große, gut leserliche Nummern: 117, 230, 305. Wollen die Männer eine Frau mitnehmen, nennen sie die Nummer und zahlen beim Clubmanager an der Kasse eine Auslösesumme. Die Preise stehen auf großen Schildern an der Wand: »Barfine 300 Pesos«. Das sind etwa zwanzig Mark. Zwanzig Mark für eine numerierte Frau.

Am Eingang eines Clubs werden Billets verkauft. Das Stück für zwei Mark. Sie gelten zugleich als Lose für eine Tombola. Der Hauptpreis läuft in Stöckelschuhen über den Tresen: *Sugar Candy*, ein vielleicht sechzehn- oder siebzehnjähriges Mädchen. Sie muß diese Nacht mit dem Gewinner der Tombola im Raffle's Hotel verbringen. »Dusche und Farbfernseher sind im Preis inbegriffen.« In einem Hinterzimmer des L'Tavern-Clubs, das durch einen schmalen Gang von der Bar aus zu erreichen ist, treffe ich Larry Lim, den Club-Besitzer.

Sein Büro erinnert micht an Mafia-Filme: An der Wand hängen Poster von Pin-Up-Girls neben einer Statue der heiligen Jungfrau Maria mit dem Jesuskind. Ein paar Männer sitzen am Spieltisch, und Larry Lim, der dicke chinesische Clubbesitzer, thront hinter seinem großen Schreibtisch.

100 bis 150 Gäste habe er täglich, erzählt er. In die großen Clubs kämen allerdings 500 bis 1000. Er habe »nur einen kleinen Laden mit 80 Mädchen«. Die meisten seien zwischen 20 und 25 Jahre alt. »Die kommen aus Manila oder aus den Provinzen und bewerben sich hier. Solange sie keine Geschlechtskrankheiten haben, nehme ich sie«, sagt er.

Playboy-Room

»Christie« ist 20 Jahre alt und arbeitet im L'Tavern-Club. Sie stamme, so erzählt sie mir, aus Masbate, einer Provinz südlich der Hauptinsel Luzon. Sie sei nach Olongapo gekommen, um Arbeit zu suchen: »Ich habe Maniküre gelernt. Aber damit konnte ich nicht genug zum täglichen Leben verdienen. Deshalb habe ich versucht, in einem Club zu arbeiten. So landete ich im *Playboy-Room* als *Bunny-Girl*. Meine Familie weiß davon nichts.« Sie sei zu schüchtern, um als Gogo-Girl zu arbeiten, sagt Christie. »Aber wenn ein Soldat kommt und meine *barfine* bezahlt, gehe ich mit ihm. Das ist ja mein Job.« Christie verdient im Schnitt pro Woche 500 Pesos – etwa 50 Mark. Von diesem Geld muß sie auch ihren elf Monate alten Sohn ernähren. Der Vater, ein US-Soldat, ist seit Monaten aus Olongapo verschwunden. »Er hat mir weh getan«, erzählt Christie, »denn ich liebe ihn. Vielleicht hat er mich längst vergessen. Ich hätte gerne einen Amerikaner als Ehemann, um hier nicht mehr arbeiten zu müssen.«

Für die Arbeit in der Bar braucht Christie »eine Lizenz vom Bürgermeister«. So verdient auch die Stadtverwaltung am Prostitutionsgeschäft: »Es ist illegal, auf dem Straßenstrich zu arbeiten. Alle Frauen müssen sich mit einer Bar zusammentun. Dafür müssen sie eine Art Berufsabgabe an die Stadt zahlen.« 16000 Frauen sind auf diese Weise in Olongapo zwangsregistriert. Einige tausend andere arbeiten darüber hinaus »illegal«. Jede Woche muß sich Christie, wie alle registrierten Frauen, zur Zwangsuntersuchung beim Gesundheits-

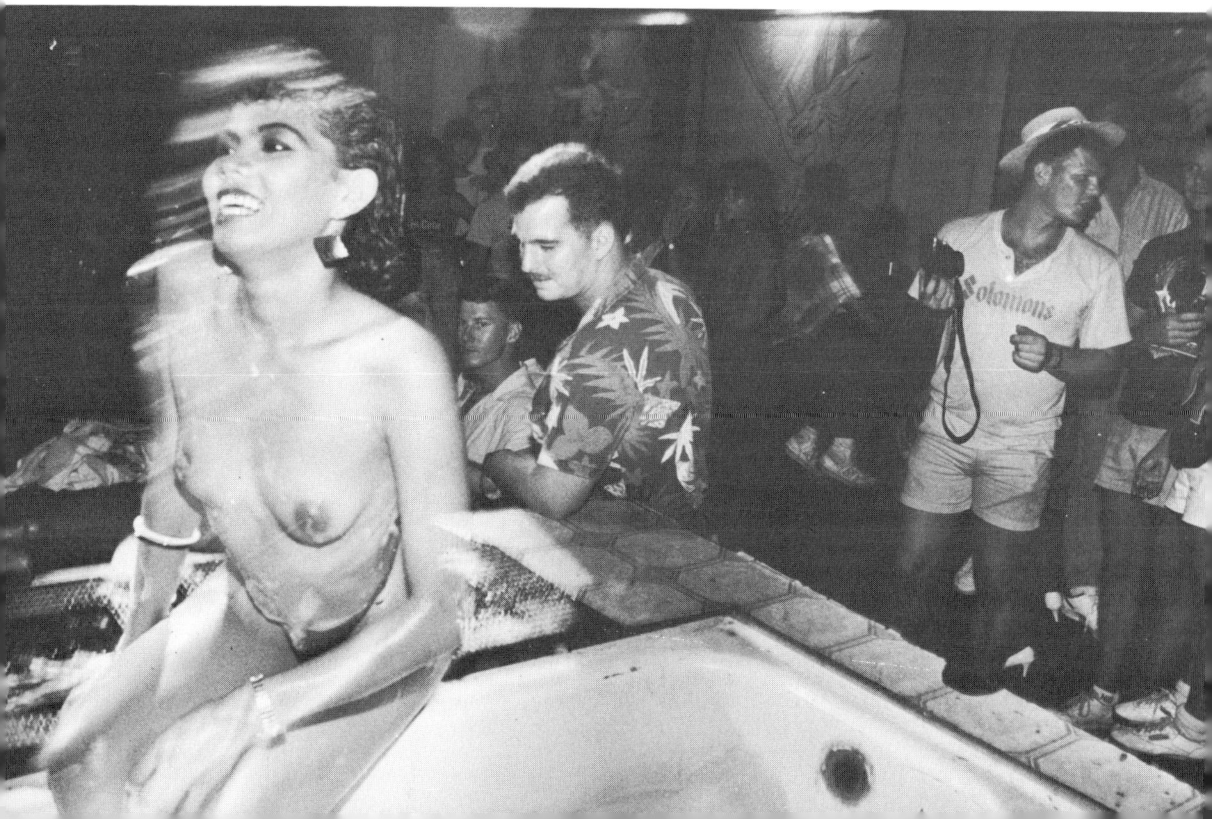

amt Olongapos melden. Auch hierfür kassiert die Stadt wieder Gebühren, obwohl die Ausrüstung, die dort gebraucht wird, um Geschlechtskrankheiten festzustellen, von der US-Navy gespendet wurde. Die US-Navy stellt auch die nötigen Arzneimittel kostenlos zur Verfügung.

Einen Beitrag der US-Behörden zur Förderung der institutionellen Prostitution will der Presseoffizier der US-Base, J. D. van Sickle, darin allerdings nicht erkennen: »Es gibt Prostitution in Olongapo, das kann ich nicht leugnen, ebensowenig wie die Tatsache, daß unsere Leute in die Stadt gehen, wenn sie frei haben. Aber es ist nicht meine Sache, über die zu reden, die die Prostitution anbieten. Es steht uns nicht zu, Aktivitäten unseres Gastlandes zu verurteilen. Das Gastland entscheidet, welchen moralischen Werten es folgen will.«

West World

Nach dem Interview mit dem US-Pressesekretär van Sickle chauffiert mich einer seiner Mitarbeiter über die Straßen der Base. Er zeigt mir das großzügige Offizierskasino, wo gerade eine *Barrio Fiesta* mit einer philippinischen Folklore-Gruppe angekündigt wird, und bringt mich ins Bungalow-Viertel, wo die dauerhaft stationierten US-Militärs zwischen Palmen, blühenden Rhododendronbüschen und Rosengärten wohnen.

Ich sehe ein Strandcafé und einen Segelhafen, einen großzügig angelegten Golfplatz mit fein geschnittenem englischen Rasen und Hallen mit Spielautomaten. Er zeigt mir ein großes Restaurant, wo man zwischen fünf verschiedenen Steaksorten und zwölf verschiedenen Hamburgern wählen kann, und weist mich auf das *Navy*-eigene Programm im Fernsehen hin.

Nur das, was ich eigentlich sehen will, zeigt mir der Presseoffizier nicht: die großen Docks und Schiffswerkstätten, in denen Tausende Filipinos arbeiten. Sie sind von hohen Mauern mit Stacheldraht umgeben: »Zutritt für Besucher verboten!«

Mein Begleiter erzählt mir, daß 39000 philippinische Männer und Frauen auf der Base beschäftigt seien, entweder als fest Angestellte, als Gelegenheitsarbeiter oder als Haushaltshilfen. Sprechen darf ich mit niemandem von ihnen. Aus Hochglanzbroschüren der US-Botschaft über die Base ist zu erfahren, daß philippinische Arbeiter hier umgerechnet mindestens 280 Mark im Monat verdienen, zum Beispiel, wenn sie als Pförtner arbeiten. Philippinische Wirtschaftswissenschaftler haben allerdings errechnet, daß eine Durchschnittsfamilie in diesem Land mindestens 400 Mark pro Monat zum Überleben braucht, will sie nicht Hunger leiden. Die Löhne der 12000 GelegenheitsarbeiterInnen, die allein auf der Subic Naval Base arbeiten, sind sogar wesentlich niedriger. Sie verdienen nur 30 bis 50 Pesos, das sind zwi-

schen zwei und vier Mark pro Tag! Für die US-Arbeiter auf den Basen gilt dagegen das US-Lohnniveau. So verdient ein nordamerikanischer Vorarbeiter in der Schiffswerkstatt 20mal mehr als sein philippinischer Kollege, und ein US-Briefträger auf der Base hat sogar 50mal mehr als ein Filipino, der die gleiche Arbeit verrichtet.

Casablanca

1986, nach dem Sturz von Diktator Marcos, gab es in Olongapo erstmals einen Streik gegen die Diskriminierung der philippinischen Beschäftigten auf der Base. 42 Filipinos wollten damals auch eine eigene kämpferische Organisation gegen die offizielle, US-freundliche Base-Gewerkschaft gründen. »Am 17. Juni 1986 holten uns US-Soldaten von unseren verschiedenen Arbeitsplätzen auf der Base, gaben uns die Papiere und warfen uns hinaus. Viele konnten nicht einmal ihre Kleider wechseln, und einige wurden mißhandelt«, erzählt einer der 42. Die entlassenen 42 Arbeiter, seit dieser Auseinandersetzung auf den Philippinen als »Subic 42« bekannt, haben heute kaum noch Chancen, in Olongapo Arbeit zu finden. Fotos von ihnen erschienen auf schwarzen Listen bei den lokalen Arbeitgebern, auch bei den Clubbesitzern. Trotzdem setzte die Gruppe ihre gewerkschaftliche Arbeit fort. Im Plaza Hotel, im Casablanca und im Quality Resort Hotel konnten drei Betriebsgewerkschaften für die Prostituierten, Kellner und Putzfrauen gegründet werden.

Fortune Teller

Wie es weitergehen wird in Olongapo und auf der *Subic Naval Base*, wenn 1991 das Stützpunkteabkommen zwischen den USA und der philippinischen Regierung ausläuft, weiß derzeit niemand. Präsidentin Corazon Aquino gibt sich in der Stützpunktfrage zwar nach außen hin unentschlossen. Hinter den Kulissen jedoch pokert sie letztlich nur um mehr US-Dollars für das hochverschuldete Land. Aber die »Koalition gegen die Basen« wächst ständig, auch wenn Sprecher der philippinischen Friedensbewegung zugeben, daß sie – käme es heute zu einem Referendum über die US-Basen – »noch nicht ganz die Mehrheit der Bevölkerung« hinter sich hätten. Aber noch bleibe Zeit zur politischen Aufklärung und Mobilisierung, und seit Michail Gorbatschow angeboten hat, die Stützpunkte im Nachbarland Vietnam nicht länger mehr zwecks Nutzung und Wartung von der sowjetischen Kriegsflotte anlaufen zu lassen, zieht auch das US-Standardargument von der »sowjetischen Bedrohung« der Philippinen nicht mehr.

Sven Hansen

Gegenmacht im Untergrund

Die Nationale Demokratische Front

Für die Nationale Demokratische Front (NDF) besteht die Alternative zum herrschenden System, das Senatspräsident Jovito Salonga einmal freimütig als »Elitedemokratie« bezeichnete, im Kampf für grundlegende soziale und politische Veränderungen. Während scheinbar demokratische Verhältnisse mächtigen Familienclans mit ausländischer Unterstützung Herrschaft und Reichtum sichern und die verarmte Masse der Bevölkerung in der Praxis rechtlos bleibt, sind die Durchführung einer umfassenden Landreform, die Herstellung vollständiger Unabhängigkeit und sozial gerechter demokratischer Verhältnisse die zentralen Elemente des NDF-Programms. Nach eigenen Angaben verfügt die als Einheitsfront organisierte NDF über rund 50000 Vollzeitkräfte, eine Million Mitglieder und eine Massenbasis von zehn Millionen Menschen. Neben der Kommunistischen Partei (CPP) als einflußreichster Organisation und der Neuen Volksarmee (NPA) als deren bewaffnetem Arm besteht die NDF heute aus zwölf Massenorganisationen von Arbeitern, Bauern, Frauen, Jugendlichen, Christen, Lehrern, ethnischen Minderheiten, Gesundheitspersonal, Künstlern und Wissenschaftlern und ist somit die stärkste politische Kraft der Linken und ernsthafteste Herausforderung, mit der die Elite je konfrontiert war.

Vorgeschichte

Die NDF knüpft an die rebellische Tradition des philippinischen Volkes an, das in zahlreichen Aufständen versucht hat, die jahrhundertelange Fremdherrschaft der Spanier, US-Amerikaner und Japaner abzuschütteln. Nach der letztlich erfolglosen Revolution von 1896 und dem verlorenen Befreiungskrieg gegen die USA Anfang dieses Jahrhunderts bildete die Huk-Rebellion in den vierziger und fünfziger Jahren einen weiteren Höhepunkt des Widerstandes, der sich gegen die mit ausländischen Mächten kollaborierende Großgrundbesitzerelite richtete. Unabhängig von den Resten der hinter dem Huk-Aufstand stehenden *Partido Komunista ng Pilipinas* (PKP), der alten kommunistischen Partei, entstand in den sechziger Jahren die nationale demokratische Bewegung als soziale Massenbewegung von Studenten, Arbeitern und Slumbewohnern. Unter dem Eindruck wachsender Verelendung und des Vietnamkrieges, in dem die amerikanischen Militärstützpunkte auf den Philippinen eine wichtige Rolle spielten, wendeten sich die Proteste gegen den politischen und wirtschaftlichen Einfluß der USA und das von ihnen gestützte korrupte Klientelregime.

Aus einer maoistischen Abspaltung der PKP ging 1968 die in der nationalen demokratischen Bewegung verankerte neue kommunistische Partei, die *Communist Party of the Philippines* (CPP), hervor. Während ihre langfristige Perspektive die sozialistische Umgestaltung der Gesellschaft ist, kämpft sie auf der Grundlage maoistischer Analyse der Gesellschaft als semikolonial und semifeudal doch vorrangig für die Vollendung der »nationalen demokratischen Revolution«, also für die Befreiung von ausländischer und feudaler Unterdrückung und Ausbeutung.

Als sich 1969 eine Einheit der Reste der Huk-Guerilla der jungen CPP anschloß, entstand die *New People's Army* (NPA) als deren bewaffneter Arm. Beginnend mit 60 Mitgliedern und nur halb so vielen Waffen kämpft die NPA seitdem in wachsendem Maße gegen das Militär und die Privatarmeen der Großgrundbesitzer. Nach dem Vorbild der chinesischen Revolution stützen sich CPP und NPA auf die Strategie des »langwierigen Volkskrieges«, der die zentrale Rolle den Bauern und dem bewaffneten Kampf im Hinterland zuweist, wobei der militärische eng mit dem politischen Kampf verknüpft wird.

Gründung der NDF

Zu Beginn der siebziger Jahre wuchs der städtische Massenprotest sprunghaft an. Das Verhalten der Regierung und das brutale Vorgehen der Sicherheitskräfte, dem mehrere Demonstranten zum Opfer fielen, führten zu einer Radikalisierung der Protestbewegung. Am 22. September 1972 verhängte Präsident Marcos das Kriegsrecht, das ihm ermöglichte, mit diktatorischen Vollmachten zu regieren und Zehntausende Oppositioneller zu verhaften. Um die Gegner der Diktatur zu einen und die Strukturen für den Untergrundkampf zu organisieren, gründete die CPP zusammen mit in den Untergrund gedrängten Organisationen wie den *Christians for National Liberation* (CNL), einem Zusammenschluß progressiver Priester und Laien, am 23. April 1973 die Nationale Demokratische Front. Die NDF rief zum bewaffneten Kampf gegen die Diktatur auf mit dem Ziel, eine demokratische Koalitionsregierung aus Vertretern der Bauern, Arbeiter und des national gesinnten Bürgertums zu bilden.

Konsolidierung und Expansion im Hinterland

Die Konzentration auf den Aufbau neuer, dezentraler Fronten hatte in der zweiten Hälfte der siebziger Jahre zunächst einen Rückgang des bewaffneten Kampfes zur Folge. Die NPA operierte zu dieser Zeit hauptsächlich in kleinen sogenannten bewaffneten Propagandaeinheiten, deren Arbeit in der Organisation der Bevölkerung und Etablierung der NDF als Gegenmacht in den Dörfern bestand. Diese Einheiten gewinnen das Vertrauen der ländlichen Bevölkerung, indem sie den Kleinbauern ihre Hilfe bei der Bewältigung konkreter Probleme anbieten, die von Alltagsproblemen bis zu Auseinandersetzungen mit Großgrundbesitzern reichen. In der Praxis fungieren die Mitglieder der NPA deshalb nicht ausschließlich als Soldaten, sondern als Sozialarbeiter, landwirtschaftliche Berater, Gesundheitsteams und Lehrer. Der Kontrast zum Verhalten der Armee, oft als korruptes und mißbräuchliches Instrument der Mächtigen empfunden, erklärt den Ruf der NPA als *nice people around* – »die netten Leute von nebenan«.

Bei taktischen Offensiven werden bewaffnete Propagandaeinheiten zu größeren Formationen zusammengefaßt und der militärische Aspekt des

Soldat der Philippinischen Armee

Kampfes in den Vordergrund gerückt. Viele Operationen sind Reaktionen auf Übergriffe staatlicher und privater Macht und demonstrativer Schutz der Bauern.

Den Abschluß des langwierigen, von Schulungskursen und Diskussionsrunden begleiteten Organisierungs- und Politisierungsprozesses in den Dörfern bildet die Gründung des jeweiligen »NDF-Dorfkomitees« – zusammengesetzt aus lokalen Vertretern der CPP, sektoraler NDF-Organisationen (vor allem der Bauern) sowie angesehenen Persönlichkeiten. Das NDF-Dorfkomitee übernimmt die Regierungsgewalt, wenn die offiziellen Dorfräte als Vertreter des Staates entmachtet sind. Andernfalls fungiert es als Parallelregierung im Untergrund. Das NDF-Dorfkomitee bildet Unterkomitees für Verteidigung, Finanzen, Justiz, Kultur, Gesundheit u. ä. und repräsentiert den Kern einer provisorischen NDF-Revolutionsregierung auf der untersten Ebene.

Kampf in den Städten

Nach Verhängung des Kriegsrechts und Unterdrückung der legalen städtischen Protestbewegung stellte sich für die nationalen demokratischen Kräfte zunächst nicht die Frage nach der Rolle und Bedeutung des Kampfes in den Städten. Es war vielmehr wichtig, auf dem Land Fuß zu fassen, wo der Gegner am schwächsten war. Während in

Ausbildungslager der NPA

der zweiten Hälfte der siebziger Jahre die Kräfte der NDF im Hinterland expandierten, wurden ab Ende der siebziger Jahre auch in den Städten zunehmend Erfolge erzielt. Dort zählt zur Basisarbeit der NDF die Unterwanderung und Beeinflussung von Organisationen und Institutionen. Gewerkschaften, Schulen, Universitäten und Slums wurden Schwerpunkte städtischer Organisierung, die sich in erfolgreichen Streiks, Protestaktionen und der Gründung legaler Organisationen mit nationaler demokratischer Programmatik äußerte.

Die Kräfte der NDF bildeten den stärksten und, mit Ausnahme der in Mindanao für die Unabhängigkeit kämpfenden moslemischen Befreiungsfront MNLF, über lange Jahre einzigen bewaffneten Widerstand gegen die Marcos-Diktatur. Die bürgerlich-gemäßigte Opposition blieb insgesamt relativ klein und schwach. Dies änderte sich erst nach der Ermordung des Oppositionspolitikers Benigno Aquino im August 1983.

Entwicklungen nach dem Aquino-Mord 1983

Dem Aquino-Mord folgte ein Sturm der Entrüstung, der sich in Demonstrationen mit bis zu einer Million Teilnehmern äußerte. Die jahrelange Organisationsarbeit der NDF begann sich auszuzahlen. Gleichzeitig wurde das Spektrum des Widerstandes vielschichtiger, da der Aquino-Mord und die sich zuspitzende Wirtschaftskrise auch zahlreiche gemäßigte Kräfte mobilisierten. Im Hinterland expandierte die NPA in schnellem Tempo und operierte zunehmend mit Einheiten in Kompaniestärke. Trotzdem war sie noch weit von der Einkreisung der Städte entfernt, in denen der Massenprotest sprunghafter als der bewaffnete Widerstand im Hinterland wuchs.

Innerhalb der NDF entzündeten sich Diskussionen an der Frage, wie durch Anpassungen der Strategie an die nach dem Aquino-Mord geänderte Situation der Sieg der Revolution beschleunigt werden könnte. Kader aus Mindanao plädierten für einen Schwenk zugunsten der in Nicaragua mit Erfolg angewandten Strategie des städtischen Aufstandes. In Mindanao, wo der revolutionäre Kampf am weitesten vorangeschritten war, hatten Stadtpartisanen bereits für die NDF gekämpft und eine philippinische Form des Generalstreiks, die sogenannten Volksstreiks, entwickelt. Es war gelungen, große Teile von Davao, der drittgrößten Stadt der Philippinen, unter Kontrolle der NDF zu bringen.

Bündnispolitik

Während sich eine Umorientierung auf die städtische Aufstandsstrategie nicht durchsetzte, bot sich im metropolitanen Manila ein Bündnis mit der bürgerlichen Opposition an. Seit Gründung der NDF waren ihr nur Organisationen beigetreten, die die nationale demokratische Orientierung teilten. Auf bürgerlicher Seite überwog das Mißtrauen gegenüber der Dominanz der CPP, die ihrerseits die Führung in der NDF für sich reklamierte.

Nach dem Aquino-Mord entstanden Bündnisse zwischen bürgerlich-liberalen Kräften und legalen nationalen demokratischen Organisationen, die nicht Mitglied der NDF sind, aber von ihr beeinflußt werden.

Diese Zusammenarbeit führte 1984 zum Boykott der Parlamentswahlen, dem große Teile der bürgerlichen Opposition gemeinsam mit nationalen demokratischen Organisationen folgten. Trotzdem blieb ein gegenseitiges Mißtrauen; die Bündnisse hielten gewöhnlich nicht lange. Als im Mai 1985 ein letzter Versuch unternommen wurde, kam es bereits auf dem Gründungskongreß zum Eklat. Die nationalen demokratischen Delegierten, die die Mehrheit stellten, wollten nicht auf ihren Führungsanspruch verzichten und sich mit dem gemeinsamen Nenner des anti-diktatorischen Kampfes begnügen, sondern bestanden gleichzeitig auf »anti-imperialistischen« und »anti-feudalen« Positionen. Der Erfolg der NDF und ihre hegemoniale Stellung im Widerstand, die zu großem Selbstbewußtsein und euphorischer Stimmung geführt hatten, waren vermutlich die Ursache, daß Selbstüberschätzung zum Scheitern der Bündnisbemühungen, mithin zur folgenschweren Isolation während der sogenannten »Februarrevolution« 1986 beitrug.

Schwere Rückschläge

Die rasche Expansion der NDF führte nicht nur aufgrund der gescheiterten Bündnispolitik zur äußeren Schwächung, sondern gründete sich auch auf innere Defizite – mit fatalen Folgen. Ab Mitte 1985 häuften sich Anzeichen, daß mit der rapiden Expansion in Mindanao schwere Fehler verbunden waren. Aufgrund sorgloser Rekrutierung und mangelnder Schulung war es dem Militär gelungen, die revolutionäre Bewegung zu infiltrieren. Sogenannten *Deep Penetration Agents* war es gelungen, höhere Kommandoebenen zu durchsetzen. Interne Untersuchungen lösten eine tödliche »Säuberungswelle« aus, die auch etliche Unschuldige traf. Panik und gegenseitiges Mißtrauen waren die Folge. Anfang 1986 begann die NPA, sich aus Davao, ihrer städtischen Hochburg, zurückzuziehen.

Im nachhinein war es unmöglich zu ermitteln, in welchem Ausmaß das Militär in der Lage war, die Ränge zu infiltrieren und inwieweit Paranoia für die blutigen »Säuberungen« verantwortlich war. Die NPA gab schwere Fehler zu. Der damalige CPP-Vorsitzende Rodolfo Salas sprach davon, daß in Davao 300 Personen gefoltert und umgebracht worden seien. Das Militär ging hingegen

Armee-Patrouille auf der Suche nach Guerilleros

von insgesamt 800 Opfern aus. Das bis dahin dunkelste Kapitel in der Geschichte der NDF fügte den revolutionären Kräften in Mindanao und dem Ruf der Bewegung insgesamt großen Schaden zu.

Die NDF und die »Februarrevolution«

Während der NDF in Mindanao die Infiltration ihrer Ränge zu schaffen machte, kündigte Marcos für den Februar 1986 vorgezogene Präsidentschaftswahlen an. Die bürgerliche Opposition, die 1984 die Wahlen noch zum Großteil boykottiert hatte, einigte sich mit Corazon Aquino als prominenter Symbolfigur des Widerstandes auf eine gemeinsame Kandidatin. Die Wahlen waren zwar ein durchsichtiges Manöver von Marcos, doch gab es auch innerhalb der NDF warnende Stimmen, die vor den möglichen Folgen einer kompromißlosen Boykottpolitik und Isolierung in der Bevölkerung warnten. Die Debatte um Wahlteilnahme oder Boykott wurde bis in höchste Gremien der CPP kontrovers geführt. Schließlich entschied das CPP-Exekutivkomitee ohne Rücksprache mit dem Politbüro oder Zentralkomitee mit 3 : 2 Stimmen den Wahlboykott, dem nahezu sämtliche nationalen demokratischen Organisationen folgten.

Die Wahlen vertieften die Polarisierung der Gesellschaft und entwickelten sich zu machtvollen Protesten. Der Boykott wurde indes von der großen Mehrheit der Bevölkerung ignoriert. Selbst Mitglieder nationaler demokratischer Organisationen beteiligten sich an den Wahlen. Die rasche Abfolge der Ereignisse – Putsch von Teilen des Militärs, der von der katholischen Kirche organisierte friedliche Volksaufstand sowie das Krisenmanagement amerikanischer Gesandter hinter den Kulissen – ließ der NDF keine Möglichkeit des Eingreifens mehr. Sie hatte sich nicht nur isoliert, sondern auch aufgrund der politischen Fehleinschätzung die Initiative eingebüßt. Darüber hinaus stellte die Art von Marcos' Sturz, der eben nicht durch einen langwierigen Volkskrieg im Hinterland zu Fall gebracht worden war, die Strategie der NDF in Frage.

Selbstkritik und interne Debatten

Der Boykottflop löste die umfangreichste Selbstkritik und interne Debatte seit Gründung der revolutionären Bewegung aus. Einige Beiträge der von der Führung ermunterten Debatte gingen über die Boykottpolitik weit hinaus und warfen grundsätzliche Fragen auf.

Im Mai 1986 erklärte das CPP-Politbüro nach ausführlicher Diskussion die Boykottpolitik als »großen taktischen Fehler«. Durch die Entscheidung des Exekutivkomitees ohne Rücksprache mit anderen Gremien war zudem gegen das Prinzip des demokratischen Zentralismus verstoßen worden, der CPP-Vorsitzende Salas und der Generalsekretär Rafael Baylosis verloren ihre Posten.

Mindanao: Militär im Dorf

Angesichts der neuen Situation galt es, die Rolle des bewaffneten Kampfes, die Möglichkeit der Teilnahme an Wahlen sowie die Bündnispolitik zu überprüfen und zu einer Einschätzung der neuen Regierung von Präsidentin Aquino zu gelangen. Vor allem war es für die Kräfte der NDF wichtig, die Isolation zu durchbrechen und die Initiative zurückzugewinnen. Dies gelang durch eine Reihe von Maßnahmen, von denen sich die Gründung einer legalen nationalen demokratischen Partei, der *Partido ng Bayan* (PnB-Volkspartei), und das Eingehen auf das Angebot der Regierung zu Waffenstillstands- und Friedensverhandlungen als wichtige Schritte erwiesen.

Kurzweiliger Waffenstillstand

Neben einer Anerkennung und Statusaufwertung boten die Verhandlungen (Herbst 1986) der NDF die Möglichkeit zu einem Bündnis mit den progressiv-liberalen Kräften innerhalb der Aquino-Regierung und waren ein Mittel, um deren Ernsthaftigkeit zu testen. Trotz der Versuche von Kreisen des Militärs, die Verhandlungen durch die Verhaftung des früheren CPP-Vorsitzenden Salas und die Ermordung des PnB-Vorsitzenden Rolando Olalia zu torpedieren, wurde Ende November 1986 ein 60tägiger Waffenstillstand unterzeichnet.

Die zweite Phase der Verhandlungen hatte eine politische Einigung zum Ziel, wobei sich der Rahmen, innerhalb dessen die Einigung stattfinden sollte, als entscheidendes Hindernis erwies. Während die Regierung auf Anerkennung der von einer überwiegend konservativ zusammengesetzten Kommission ausgearbeiteten Verfassung bestand, lehnte die NDF den Rahmen dieser Verfassung ab. Diese sollte selbst Ziel der Verhandlungen sein und wurde als Mittel gewertet, die Macht der herrschenden Klassen zu sichern.

Nachdem im Januar 1987 das Militär bei einer Demonstration vor dem Präsidentenpalast neunzehn Bauern erschossen hatte, zog sich die NDF von den Verhandlungen zurück. Beim anschließenden Verfassungsreferendum wiederholte sich für die NDF das Dilemma der Präsidentschaftswahl vom Vorjahr; sie konnte schlecht der Verfassung zustimmen, die sie zuvor als Verhandlungsrahmen abgelehnt hatte, auch wenn diese aus antidiktatorischer Sicht Vorteile enthielt und Aquinos Beliebtheit sowie ein Putschversuch für breite Zustimmung der Bevölkerung sorgten.

Parlamentswahlen, »Low-Intensity Conflict«, Stadtpartisanen

An den Parlamentswahlen im Mai 1987 beteiligte sich ein Bündnis der PnB mit zwei nationalen demokratischen Organisationen. Nach 1946 war es das zweite Mal, daß sich die philippinische Linke überhaupt direkt an Wahlen beteiligte. Doch die Ergebnisse waren enttäuschend. Die Elite hatte es erneut verstanden, das Wahlverfahren zu monopolisieren und zur Aussperrung sozialer Massenbewegungen zu nutzen. Das linke Bündnis errang keinen Sitz im Senat und nur zwei im Kongreß.

Nach dem Auslaufen des Waffenstillstandes Anfang Februar 1987 startete die Aquino-Regierung ein mit Hilfe amerikanischer Militärberater entworfenes neues Aufstandsbekämpfungsprogramm. Es beinhaltet im Sinne der sogenannten Strategie des *Low-Intensity Conflict* (LIC), des »Konfliktes niedriger Intensität«, u.a. die Aufstellung fanatischer antikommunistischer Bürgerwehren mit todesschwadronartigem Charakter. Diese rekrutieren ihre Mitglieder meist mit Zwang und bringen all jene zum Schweigen, die sie für Kommunisten und deren Sympathisanten halten. Schwere Menschenrechtsverletzungen sind die Folge.

Bis auf Davao und einige andere Gebiete Mindanaos war die Basis der NDF nach Aquinos Machtübernahme intakt geblieben. Auf dem Lande hatte sich die Lage der Bauern, die mit dem selben repressiven Militär konfrontiert blieben, unter Aquino nicht verändert. Deshalb schworen nur wenige Guerilleros ihrem Kampf ab. Während in einigen Gebieten Luzons der Untergrund seine Basis weiter ausdehnen konnte, gab es vor allem in Manila Rückschläge bei der Unterstützung durch die Mittelschichten. Die schnelle Expansion der NDF der Jahre 1984/85 ließ deutlich nach und ging mit einem Rückgang der städtischen Massenbewegung einher.

Der gescheiterte Waffenstillstand und die Wahlniederlage beendeten die internen Debatten durch die endgültige Rückkehr zur Strategie des langwierigen Volkskrieges. Seit dem Frühjahr 1987 ist der Einsatz bewaffneter Stadtpartisanen in Manila, der zugleich die Möglichkeit eines Strategiewechsels zugunsten eines städtischen Aufstandes beinhaltet, die auffälligste und umstrittenste Entwicklung des revolutionären Untergrundes.

Probleme und Perspektiven

Der revolutionäre Untergrund konnte in den letzten Jahren vor allem im Gewerkschaftsbereich Erfolge erzielen. Doch insgesamt blieben größere politische Durchbrüche der NDF aus. Die NPA, wegen ihrer weit verzweigten Unterstützungsbasen selbst nur schwer besiegbar, ist mit ihren rund 25000 Mitgliedern von einem Sieg über die besser bewaffneten und zahlenmäßig weit überlegenen Regierungstruppen noch weit entfernt.

Durch die überhastete Aufstellung großer militärischer Einheiten und die Vernachlässigung der Organisierung der Basis stagniert die Bewegung. Dem Militär gelang es, Teile des Untergrundes erneut zu infiltrieren. Große Verunsicherung und eine weitere tödliche Panik sowie Verhaftungen zahlreicher hochrangiger Führer waren die schwerwiegenden Folgen.

Bisher gelang es den Kräften der NDF nicht, ihre revolutionäre Strategie angemessen dem langfristigen Wandlungsprozeß der philippinischen Gesellschaft anzupassen. Davon aber wird ihr politischer Erfolg abhängen.

Literatur

Chapman, William: Inside the Philippine Revolution. The New People's Army and its struggle for power, Quezon City 1987.

Jones, Gregg J.: Red Revolution. Inside the Philippine Guerilla Movement, Westview Press, Boulder 1989.

Kessler, Richard J.: Rebellion and Repression in the Philippines, Yale University Press, New Haven 1989.

Nimsdorf, Udo (Hrsg.): Anatomie einer Revolution. Herrschaft, Krise und Umbruch in den Philippinen, Verlag Breitenbach Publishers, Saarbrücken 1988.

Porter, Gareth: Philippine Communism After Marcos, in: Problems of Communism, Sept.–Oct. 1987, S. 14–35.

Werning, Rainer (Hrsg.): Philippinen – ›Demokratie aus der Wundertüte‹. Analysen, Essays, Interviews, WURF Verlag, Münster 1987.

Werning, Rainer (Hrsg.): Das Projekt Befreiung. Widerstand auf den Philippinen. José Maria Sison berichtet, Pahl-Rugenstein Verlag, Köln 1988.

Rainer Werning

People Power

Epiphanie auf philippinisch

»Diese Nation raffte sich auf und mobilisierte alle Kräfte, um sich der Fesseln zu entledigen und unter meiner Führung Freiheit, Frieden und Wohlstand entgegenzumarschieren.«
Corazon C. Aquino, April 1986

Der Monat zwei Anno Domini 1986 ist für Nicht-Filipinos ein Nicht-Ereignis – allenfalls ein gewöhnlicher Monat zwei Monate vor Tschernobyl. Für Filipinos indes bedeutet der Februar 1986 eine Zäsur, eine Zeitenwende. Manila steht Kopf, sein langjähriger Boß Marcos bebend auf dem Balkon seines Palastes am trüben Pasig-Fluß. Der Magier der Macht, einst bewundert, jetzt geschmäht, hat ausgespielt. Sein Gesicht – aschfahl und aufgedunsen durch Cortison-Schübe – wirkt schlapp, als starre es, bereits in einer verstaubten Ecke von Madame Tussaud in Wachs modelliert, auf deren ausdrucksstärkere Kabinettsfiguren. »Machen Sie Schluß, einen sauberen Abgang« – hatte ihm Augenblicke zuvor Senator Paul Laxalt auf Weisung seines Dienstherren Ronald Reagan telefonisch beschieden. Der Mohr hat seine Pflicht erfüllt, nur abtreten mag er nicht sogleich. Vor ausgewählten Claqueuren kürt Marcos sich – tragikomisch – zum Sieger der vorgezogenen Präsidentschaftswahl vom 7. Februar. Desgleichen inszeniert seine Widersacherin, die Witwe des 1983 von Schergen des Diktators exekutierten Ex-Senators Benigno Aquino. Mit dem feinen Unterschied: auf »Corys« Seite ist das Volk, die Auferstehung der Demokratie und das Leben – gar in leibhaftiger Erscheinung der Heiligen Jungfrau Maria.

In Manilas Straßen zelebriert sich das Volk, geraten die Starken aus dem Tritt, verschmilzt der Polit-Machismo, demonstriert durch herangerückte Panzer, deren Besatzungen jedoch nicht schießen mögen, mit dem im insularen Katholizismus dominanten mariologischen Element. Gäbe es eine Choreographie des politischen Umsturzes, eine Ästhetik der Herrschaftsmetamorphose – sie hätte sich in jenen bewegten Februartagen nicht auratischer entfalten können.

Sakralität des Profanen

Der gleichermaßen in weltlichen wie außerirdischen Machtkuppeln heimische Erzbischof von Manila, Jaime Kardinal Sin, wähnt in den entscheidenden Stunden des Machtwechsels – vom 22. bis 25. Februar – Göttliches am Werk. Unsichtbar, doch omnipräsent sei die Gottesmutter auf Manilas ausladender Stadtautobahn, der Epifanio de los Santos Avenue (EDSA), zwischen die Kontrahenten, hie die Soldaten, dort das aufbegehrende Volk, getreten. Nonnen und Priester, vereint im Gebet, behängen die aufgepflanzten Bajonette der hypnotisierten, plötzlich domestizierbereiten Staatsmacht mit Rosenkränzen und Blumen. Der Gruß wird, zunächst tapsig zwar, erwidert, formt sich zaghaft zum Siegeszeichen der Opposition, dem zum »L« – für *Laban* (Kampf) – gespreizten Daumen und Zeigefinger. Über den katholischen Rundfunksender *Veritas*, aus den USA, vom Opus Dei und von bundesdeutscher Seite durch die CSU-nahe Hanns-Seidel-Stiftung finanziell gesegnet, ruft der cherubinisch wirkende, im Mediengeschäft geübte Kardinal die Bevölkerung zu einem Massenspaziergang auf. Treffpunkt: die sich entlang der EDSA vis-à-vis gegenüberliegenden Militär- und Nationalpolizei-Hauptquartiere Camp Crame und Camp Aguinaldo. Hier halten sich, angeführt von Verteidigungsminister Juan Ponce Enrile und dem (stellvertretenden) Generalstabschef Fidel V. Ramos, rebellierende Streitkräfte verschanzt. Rebellen? Feinde der Diktatur gar? Wendehälse par excellence, lange bevor ein solch unschönes Wort in einem mittlerweile untergegangenen Staatsbefund im Herzen Europas geprägt wurde. Enrile, jetzt publicityträchtig im Kampfanzug auftretend, seine Finger am Abzug der Maschinenpistole, war mit Marcos durch dick und dünn gegangen. Als dessen Kumpan, von 1972 bis 1981 gar oberster Kriegsrechtsverwalter, scheffelte er, der sich vom Adoptivkind zum Juristen zielstrebig nach oben drängte, Abermillionen aus einem von der Kokosnußindustrie und Holzeinschlag zusammengezimmerten Wirtschaftsimperium. Ramos, ein telegener Zigarrenraucher, Absolvent der US-Militärakademie in West Point und passionierter Fallschirmspringer, stand mit der Integrierten Nationalpolizei einer Truppe vor, die Experten im Pentagon bereits seit dem Tode Aquinos im Sommer 1983 als inkompetent gescholten hatten und aus der einige Elemente nationalen wie internationalen Menschenrechtsorganisationen als notorische Brutalos aufgestoßen waren.

Diese staatlichen Ordnungshüter, im Volksmund *buwaya* (Krokodile) gescholten, wenden sich gegen einen Staat, dessen Architekten sie sind. Das macht sie hoffähig, aber nicht satt. Ihre Fütterung empfiehlt nun der Kardinal über den Äther. Und wahrlich, so soll es sich erfüllen. Camp Crame und Camp Aguinaldo, einst – einst? – Schaltzentralen flächendeckenden Staatsterrors, verwachsen mit der auflaufenden, stündlich anschwellenden Menschenmenge zu einem gigantischen Heerlager der Friedfertigkeit. In *dieser* Situation wollen die »Rebellen« nicht schießen, und die zerbröckelnde Phalanx der Marcos-Getreuen kann nicht schießen. Was die Amerikaner *checks and balances*, Austarieren der Macht, nennen, vollzieht sich realiter und – wiewohl nicht ausschließlich – unter ihrer Ägide. Zu beiden widerstreitenden Fraktionen existiert ein »heißer Draht«, beide Lager sind trotz alledem ein und dasselbe (nach)koloniale Produkt – in Ausbildung, Erscheinungsform, Wertvorstellung und Ideologie. Letztere äußert sich in der Doktrin der »nationalen Sicherheit«, deren Gefährdung keiner riskieren will, weder der geschätzte große transpazifische Bruder noch die seinem Lebensstil zugewandten lokalen Eliten.

Die unbekannte, unberechenbare Größe bleibt das Volk. Dazu zählen die Bauern, die sich schlechter behandelt fühlen als ihre Wasserbüffel; die Arbeiter, die man mit Hungerlöhnen, unbezahlten Überstunden und Streikverboten schikaniert; die Fischer, wegsaniert von den Städteplanern einer von Grandezza und byzanthinischem Pomp getriebenen First Lady Imelda; die Straßenhändler mit ihren feilbietenden Hustenbonbons, Kaugummis, schmächtig-zähen Hühnchenflügel-Spießen und wohlriechenden Sampaguita-Kränzen; die Mittelschichten, Studenten, Krankenschwestern, gespalten und mit sich hadernd, ob sie daheim oder in Eden, das für sie im Westen liegt, ihr Glück, ihre Entwicklung und ihre Erfüllung suchen sollen; schließlich die auf Exklusivität bedachte Großgrundbesitzerklasse und vorzugsweise in Extravaganzen schwelgende Bourgeoisie, umgeben von einem Troß reputierlicher Technokraten und sprachgewaltiger Souffleure aus Wissenschaft, Kunst und Kirche.

Sie alle, die vieles trennt, finden auf der EDSA zueinander, kurz nur, aber emphatisch, um alsbald wieder in ihre abgeschotteten Welten einzutauchen. Was bleibt, musikalisch beschworen, ist ein Lied, das im Frühjahr 1986 zur Hymne wird – neben dem antikolonialen *Ang Bayan Ko* (Mein geliebtes Heimatland) und amerikanischen *Tie a yellow ribbon 'round the old oak tree* (Umkränze die alte Eiche mit einer gelben Schleife): Es heißt *Handog ng Pilipino sa Mundo* (Das Geschenk des Filipino an die Welt) und sein Komponist Jim Paredes. »Seht«, so lautet eine Strophe, »was in unserem Land geschieht; Reiche und Arme tun sich zusammen – Nonnen, Priester und Soldaten vollzieh'n den langersehnten Schulterschluß, und dieser Teil der Erde verwandelt sich in einen Himmel.« Und der Refrain: »Ein Geschenk des Filipino an die Welt – ein gewaltloser Weg zur Veränderung. Wahrheit, Freiheit, Gerechtigkeit – sie sind zu erlangen ohne Gewalt, solange wir vereint sind!«

Farbsymbole – auch sie kommen zur Geltung. Neben dem »unbefleckten« Weiß, dem Grün des Politfuchses Salvador Laurel, dessen Familie Marcos maßgeblich seine politische Karriere verdankt,

dem kräftigen Rot der Linken und Teilen des sogenannten Parlaments der Straße – das alles überdeckende Gelb, »Corys« Lieblingsfarbe, in Anlehnung an ihren Lieblingssong *Tie a yellow ribbon*... Gelbe Fahnen, gelbes Konfetti, gelbe T-Shirts, unbeschriftete, mehr noch beschriftete: ›Ich stoppte einen Panzer!‹ – »Ich war Teil einer Menschenbarrikade!« etc. bis »People Power!«

Profanierung der Massen

People Power – das Volk als Machtfaktor oder Machtfaktor Volk – liefert den Schlüsselbegriff und präzisiert hernach in Verbindung mit den Beiworten »Wunder«, »Rosenkranz« und »gewaltlos« den Charakter der »Revolution«. Geprägt wird er von Aquinos engsten Beratern – Jesuiten der exklusiven Ateneo de Manila University. Machtfaktor Volk – es stimmt, fängt die Stimmung ein, läßt es zum Agens der vielleicht gigantischsten Fiesta, die die Inseln jemals erlebten, werden. Es wird gesungen, getanzt, geteilt. Höhepunkt der Ausgelassenheit dieser politischen Novena ist die Nachricht von der Flucht des Diktators. US-Militärhubschrauber haben Marcos im Schutz der Dunkelheit aus seinem Palast, dem Malacañang, ausgeflogen. Nicht in dessen Heimatprovinz, nach Ilocos, wie zunächst angenommen, sondern in die Sicherheit des militärisch streng geschützten amerikanischen Luftwaffenstützpunktes Clark, die erste Etappe ins Exil auf Hawaii.

Unterdessen begehen die Getretenen die Zitadellen der verblaßten Macht: Für sie wird Malacañang zu einem Alice-im-Wunderland-Erlebnis – überall Marmor, Glitter, Glanz, Himmelbetten. Für viele von ihnen, die den Übergang von der Jugend zum Erwachsenen zuerst an den Füßen spüren, indem sie, anstatt barfuß zu laufen, nunmehr *Tsinelas*, Plastikschlappen, tragen, wird Imeldas hinterlassene Schuhkollektion zum Inbegriff himmlischer Fülle. Himmel zerstört man nicht, die Insignien der Macht werden mit offenen Mündern bestaunt, machen benommen. Nur wenig geht zu Bruch, Verwüstungen bleiben aus. Auch diese Szenen werden von surrenden Kameras genüßlich auf Film gebannt. Man wird sie, die Panzer, das Gelb, die Massen, den Lichtstrahl »Cory«, den in tiefe Ungnade gefallenen Finsterling Marcos, die Maschinenpistole Enriles, die Zigarre von Ramos und immer wieder die ausgelassenen Menschenmassen wochenlang vor, nach,

Corazon Aquino

mitunter während der Nachrichtensendungen in Zeitlupe auch denen, die nicht dabei waren, vorführen, aufmarschieren und siegen lassen.

Bald schon erscheinen die ersten »Revolutionsalben« – in bibliophiler Ausgabe für jene, die dafür einen halben Durchschnittsmonatslohn hinblättern können, und in erschwinglicher Heftform. Im Mittelteil, herausnehmbar, ist ein auf Pergamentpapier gedrucktes, durchnumeriertes Zertifikat eingelegt. Es bescheinigt dem Besitzer die Teilnahme an der »Wunderrevolution vom 22.–25. Februar 1986« und harrt nur noch der notariellen Beglaubigung. Wohlverstanden: Teilnahme als Statist und politische Kommunion, nicht im Sinne von Teilung dessen, was den vermeintlichen Erfolg der Revolution besiegeln soll – Demokratie. *People's Power*, Volksmacht hingegen, wie die zahlreichen Selbsthilfeorganisationen, fortschrittlichen zielgerichteten Gruppen (die sogenannten *cause-oriented groups*), linken Bündnisse und die illegalisierte NDF sie als nachdiktatoriale Koalitionsregierung buchstabieren, ist und bleibt ein Anathem.

Noch wenige Tage vor seinem Ende ward des Diktators Rolle maßlos überschätzt; er galt als Joker in einem Spiel, dessen Karten längst gemischt und neuverteilt worden seien. Mit dieser *Über*schätzung paart sich ein nachhaltiges *Unter*schätzen amerikanischer Krisenbewältigungsstrategie. Das begünstigt die Herstellung einer um Aquino gruppierten neuen politischen Machtkonstellation, welche die Zeichen der Zeit – die überragende Bedeutung des antidiktatorischen Kampfes – intuitiv erfaßt und trefflich dessen Inhalte besetzt.

Gesprengter Kokon?

Spätestens hier kündigt sich die vermeintlich »erhabene« Verabschiedung der rationalen, argumentativen Distinktion an und läßt an die Stelle kritischen Durchforstens den Rau(s)ch der Gefühle treten. Kein analoges Ereignis – eine vorgezogene Präsidentschaftswahl, dazu in einem Land der Dritten Welt – widerfuhr eine vergleichbar exaltierte Multimedia-Inszenierung. Immerhin beherrschte lange vor dem 9. November 1989 diese erste showbusinessartige »sanfte Revolution« wochenlang die Schlagzeilen der über eintausend angereisten ausländischen Medienleute.

Nun ging es in Manila nicht um Mauer-Fragmente und die Posthistoire, sondern um Panzerungen, Betonmischereien neuer Art und zutiefst Historisches. Politische Macht und wirtschaftliche Pfründe einer neuen Riege aus der alten Elite wurden alsbald mit Beton verschalt. Die Handvoll der *People's Power* sympathisch geneigten, wiewohl nur kurz amtierenden Regierungspolitiker mußte vergangenen Terror entsorgen – unterhalb strategischer Eingriffsmöglichkeiten, versteht sich. Kurz: Sie *recherchierten* Menschenrechtsverletzungen *en masse*, jene aber *regierten sans les masses*. Sämtliche Panzer, mochten sie in Manila noch so einfallsreich geschmückt worden sein, blieben intakt, um das Morden außerhalb metropolitaner Medienwirksamkeit ungeniert und auf erweiterter Stufenleiter, doch mit dem Signum des Neuen versehen (z. B. Neue Bewaffnete Streitkräfte, NAFP), fortzusetzen. Aquino und ihre siegreichen Getreuen gerierten sich als Trendsetter von Historie. Zu ihrem Verständnis eines geschichtlichen Neubeginns gehörte als zentrales Credo das Vergessen(machen) um jeden Preis, die selbsterteilte Absolution der Herrschaften. Amnesie, einmal zum Eckpfeiler politischer Programmatik erhoben, wird zur materiellen Gewalt just in dem Moment, wo Menschen auf die (Rück)Eroberung ihrer Geschichte, das politische Aufrechnen ihnen widerfahrenen Leids nicht verzichten mögen. Das geht, die Herrschenden haben es vor und nach den Februartagen des Jahres 1986 weidlich demonstriert, äußerst blutig vonstatten. Emphatisches Beschwören der »gewaltlosen«, »friedlichen«, »wundersamen« »*People Power*-Revolution« betrieben jene, die bereits den Erfolg ihres Gegenteils in tiefen Zügen ausgekostet hatten.

Die Symbole und Bildhaftes in der Sprache pflegenden Filipinos prägten im Umfeld christlicher Basisgemeinden das geflügelte Wort: »Wenn der Taifun den Kokon zerstört, wird der Schmetterling die Sonne umarmen.« Des Schmetterlings tänzelnde Schönheit – wer schickte sich an, sie in jenen bewegten Februartagen des Jahres 1986 in Abrede zu stellen? Nur versengten die Sonnenstrahlen längst seine farbenprächtigen Flügel.

Bereits in den Malacañang eingezogen, eröffnete »Cory« dem zur Evaluierung ihrer Amtszeit auf Geheiß Präsident Reagans eingeflogenen Sonderbeauftragten Philip Habib im Juli 1986: »Ihr Amerikaner habt mit mir bessere Chancen als mit Marcos.« Eben.

Renato Constantino

Schleichender Autoritarismus

Wer hätte voraussagen mögen, daß man nur wenige Jahre nach den Jubelfeiern über die Absetzung des Diktators die Endgültigkeit des Kriegsrechts vermißt? Damals lag der Autoritarismus in der Verhaftung von Oppositionellen, im Druck auf die Medien, dem Verbot von Streiks und anderen Formen von Massenprotesten, in der Abschaffung des Kongresses und in der Konstituierung eines Abklatsches von Nationalversammlung usw. ad nauseam.

Schließlich war der Feind ausgemacht. Die Menschen erkannten das Böse im Mißbrauch der Macht und in dem daraus resultierenden Niedertrampeln ihrer Rechte. Und es gab einen einzigen Brennpunkt: Marcos.

Heute sind die Dinge nicht so kategorisch. Viele von uns sind geblendet vom Image der Wahrhaftigkeit und Ernsthaftigkeit, der Pietät und Einfachheit, dem steten Verweis auf unsere wiederhergestellte Demokratie, so als ob alles, was wir erwarten, die Strukturen vor dem Kriegsrecht sind. Angesichts wachsender Ungleichheiten im sozialen Bereich beklagen wir uns über Ineffektivität, Schiebung und Korruption, doch wir schießen uns nicht so sehr auf den Machtmißbrauch ein, wie wir es unter Marcos taten.

Folgerichtig sind viele von uns unvorbereitet, erkennen nicht einmal den schleichenden Autoritarismus, der uns hinter einer sorgsam aufgebauten demokratischen Fassade bedroht. Doch die Zeichen trügen nicht. Wir haben eine Präsidentin, die es sich zur Gewohnheit gemacht hat, das Grundrecht zu verletzen, das sie selbst durch die verfassunggebende Versammlung, die sie ins Leben rief, mitgestaltete. Mitglieder ihres Kabinetts haben vielfältige Positionen inne, was der Verfassung widerspricht. Ihre Regierung hat Vigilanten- und andere paramilitärische Gruppen (die unter anderen Namen »recycled« wurden) gegen Geist und Buchstaben der Verfassung institutionalisiert. Ihre Verwaltung schloß Verschuldungsverträge ab und ordnete Schuldendienstzahlungen an, ohne die Bewilligung des Kongresses einzuholen, wie es die Verfassung vorschreibt. Ein Referendum über die Zukunft der Militärbasen noch vor dem diesbezüglich entscheidenden Votum des Senats soll möglicherweise einen weiteren Versuch darstellen, die Verfassung zu umgehen.

Vigilante

Und während des Putschversuches im Dezember 1989 flehte sie um amerikanische Intervention und gefährdete damit unseren Status als unabhängigen Staat. Wir haben demnach eine Präsidentin, die sich offenbar höher einschätzt als das Gesetz.

Immer wieder hat sie die klassische Gewaltenteilung unterminiert, die doch eigentlich die Kontrolle und den Ausgleich staatlicher Macht sichern soll. Häufig mischte sich die Präsidentin in Senatsangelegenheiten ein, indem sie den Senatoren nahelegte, ihre Komitees neu zu organisieren – wahrscheinlich die, die ihr Unannehmlichkeiten bereiteten. Sie wollte sogar, daß sie ihre eigenen Regeln mißachteten, die für jedes Komitee immerhin die Präsenz von Oppositionellen vorsieht.

Selbst die Garantie auf einen fairen Prozeß, ein grundlegendes Element der Demokratie, erhielt von unserer demokratischen Präsidentin eine Galgenfrist, indem sie sich auf einen sogenannten Grundsatz der Schuld durch Übereinstimmung berief und Urteile über Einzelpersonen – ob Zivilisten oder Militärs – präjudizierte, was allein Aufgabe eines ordentlichen Gerichts sein sollte.

Aquino-Geschöpfe

Sogar der Oberste Gerichtshof scheint in ein Aquino-Geschöpf verwandelt worden zu sein, indem er ihr in der Frage der Rückkehr von Marcos den Rücken stärkte und sich auf eine ominöse Doktrin der »residualen Macht der Präsidentin« berief. Das höchste Gericht des Landes, einst eine Zufluchtstätte für Bürgerrechtler, hat mittlerweile die Einrichtung landesweiter Kontrollstellen durch das Militär sowie die unbegrenzte Inhaftierung tatsächlicher und vermeintlicher »Aufrührer« ohne Haftbefehl gesetzlich sanktioniert. Die Präsidentin droht gewohnheitsmäßig damit, jedes in Frage stehende Gesetz vor den Obersten Gerichtshof zu bringen, und offenbart damit ihr Vertrauen, von diesem durchgängig gestützt zu werden.

Das Gespenst des Autoritarismus hat uns noch nicht voll getroffen. Das aber kann bald der Fall sein, wenn nämlich alle Scheinheiligkeit zugunsten größerer Effizienz in der Regierbarkeit einer problematischen Neokolonie wie eine Seifenblase platzt.

Der Demokratisierungsprozeß hat tatsächlich Raum für individuelle Äußerungen geschaffen. Soweit allerdings soziale Bewegungen betroffen sind, die für einen strukturellen Wandel kämpfen, war dieser Raum bisher nicht allzu offen. Stattdessen setzt sich für die Menschen auf dem Lande und für die armen Gemeinden in den Städten, die die wahren Nutznießer einer populären Demokratie sein sollten, die Unterdrückung ungebrochen fort. Ihr Handlungsspielraum wird zusehends eingeschnürt.

Nachdem sie einer Masse ihr ergebener Seilschaften am 8. Dezember 1989 verkündete, die Militär-Rebellion sei niedergeschlagen, forderte Frau Aquino vom Kongreß Sondervollmachten, deren Auswirkungen die bürgerlichen Freiheiten, die durch die Verfassung garantiert sind, aufs schwerste bedrohen. Wir sehen mit Entsetzen, daß eingeschüchterte Gesetzgeber ihr die Macht übertragen wollen, die sie fordert. Wir hoffen ernsthaft, daß sie die Implikationen solcher Schritte überdenken und den Mut finden, die demokratischen Rechte der Menschen zu verteidigen.

Es ist bittere Ironie, daß in demselben Moment, da der militärische Autoritarismus als überwunden gilt, da sich die Rebellen »in die Kasernen zurückzogen«, Frau Aquino just das einzuführen plant, was wir befürchteten; vom Kongreß verlangt sie, er solle ihr erweiterte Machtbefugnisse einräumen. Schlimmer noch: Ausführendes Organ dieser Notstandsgesetze wird der siegreiche Sektor des Militärs sein, von dem sie nunmehr vollständig abhängig ist.

Wenn der Kongreß es zuläßt, wird die Präsidentin, wie schon Marcos vor ihr, die Demokratie mit autoritären Mitteln »retten«.

Im Namen »der Demokratie« und »nationalen Interessen«

Autoritarismus unter dem Deckmantel der Demokratie ist ein bequemes Rezept für ein hochverschuldetes Land, das schikanöse IWF-Konditionen akzeptiert, die zu nichts anderem als schneller Geldentwertung, Steuererhöhungen, unverschämten Preissteigerungen von Gebrauchsgütern des Grundbedarfs und abnehmenden sozialen Leistungen führen. Die daraus entstehenden Unruhen müssen verhindert, vorzugsweise von einer Regierung im Zaum gehalten werden, die ihre eiserne Faust hinter einem gelben Rock versteckt.

Im Namen der »Demokratie« und »nationalen Interessen« – zwei Lieblingswörter in Frau Aquinos öffentlichem Vokabular – wird die Arbeiterschaft gezügelt, werden Bauern durch Terror kontrolliert, zornige Konsumenten und unterbezahlte Arbeitnehmer ruhiggestellt, werden die Medien gebändigt. Und in dieser Atmosphäre von »Frieden« und »Stabilität« bleiben die Militärbasen unter den von den USA diktierten Bedingungen erhalten.

Die Aquino-Administration wird bald das erreicht haben, wobei ihr so tatkräftig geholfen wurde: Eine Wirtschaft, die Profite für ausländische Firmen produziert und Militärbasen schützen hilft, um die politischen und strategischen Interessen der USA im Pazifik zu wahren.

Wie zuvor Marcos, wird dann Frau Aquino das zweifelhafte Vergnügen haben, Präsident Bush sagen zu hören, wie sehr er ihr Festhalten an der Demokratie bewundere.

Übersetzung: Cornelia Dernbach

Rainer Werning

Pyrrhussiege

Marcos – Aquino und retour

Am 25. Februar 1986 löste Corazon Aquino den über Nacht von einer US-amerikanischen Militärmaschine ins Hawaiier Exil ausgeflogenen Ferdinand Marcos als siebte Präsidentin der Republik der Philippinen ab. Eine bemerkenswerte – den US-Präsidenten und den Papst, philippinische »Reformmilitärs« und die Bevölkerung sowie sämtliche Bonner Parteien einschließende – Koalition bejubelte, was als »Wunder-«, gar »Rosenkranzrevolution von Manila« in die Geschichtsannalen eingehen sollte. Ein Volk, so die mediale Botschaft der etwa tausend auf den Archipel gereisten ausländischen Journalisten, hatte sich friedlich einer Despotie entledigt und mit »Cory« seinem Verlangen nach Freiheit und Demokratie, Arbeit und Reis Flügel verliehen.

Nach Vietnam, Iran und Nicaragua, wo jeweils der Sturz langjährig gestützter Diktatoren mit dem Ausscheren dieser Länder aus der Einflußsphäre Washingtons zusammengefallen war, bildeten die

Philippinen den (nach El Salvador, Sudan und Haiti) aus amerkanischer Sicht vierten erfolgreichen Versuch, durch rechtzeitiges Intervenieren in diesen Klientel-Staaten einen mit *unkalkulierbaren Risiken* behafteten Umsturz zu vereiteln. Zur Mystifizierung dieses Prozesses diente im Manila des Februar 1986 das Konstrukt *People Power* (das Volk als Machtfaktor).

Mittlerweile sind *People Power* und die sie einst idealtypisch verkörpernde Präsidentin für alle zur Bedrohung geworden, die sich weigern, die Gesellschaft als redemokratisiert zu betrachten. »Tötet für *People Power*! Tötet für Demokratie!« – lauten heute einige der weitverbreiteten Kampfslogans der etwa zweihundert zur »Abwehr des Kommunismus« operierenden Terrorgruppen in Gestalt sogenannter *Vigilantes*.

Bereits im Januar 1987 wurden Nonnen und Priester in einem von der Katholischen Bischofskonferenz der Philippinen (CBCP) herausgegebenen Pastoralschreiben bei Strafe ihres Kirchenausschlusses aufgefordert, »die Bande zu den Kommunisten zu lösen« und »keine Inkonsistenz mit den Werten der Frohen Botschaft zu dulden«. Unmißverständlicher gab sich der ansonsten diplomatisch taktierende Erzbischof von Manila, Jaime Kardinal Sin: »Scheitert das Waffenstillstandsabkommen (mit der Nationalen Demokratischen Front, NDF; R.W.), und sollte sich der harte Kern der Kommunisten nicht ergeben, so glaube ich mich der Erklärung von Präsidentin Aquino anschließen zu können, gegen sie das Kriegsschwert zu erheben.«

Neualte Herrschaft

Wie entwickelte sich die neue Regierung seit ihrem Amtsantritt, und was kennzeichnet ihre Besonderheiten im Vergleich zu Marcos' *Ancien régime*? Betrachtete man die Ära Aquino unter einem Zeitraster, so ließen sich trotz teilweiser Überlappung drei Phasen rekonstituierender staatlicher Herrschaft ausmachen:

– Die von lebhaften politischen Debatten um gesellschaftliche Alternativkonzepte begleitete Aufbruchstimmung (Februar bis Mai 1986), möglicherweise die in der jüngeren Geschichte des Landes (zumindest im Großraum Manila) freieste Atmosphäre für den Entwurf einer Kultur des Widerstandes und nationaler Besinnung, da selbst Aquino zeitweilig erwog, mit einer Revolutionsregierung und -verfassung zu regieren, endete mit der Konstituierung der verfassunggebenden Versammlung (ConCom). Deren annähernd 50 Mitglieder wurden allerdings nicht demokratisch gewählt, sondern von der Präsidentin in Marcos-Manier handverlesen. Dies hatte zur Folge, daß der berechenbare Teil von *People Power* – »neue« bzw. unter Marcos ausgegrenzte Großgrundbesitzer, Geschäftsleute und bürgerliche Oppositionelle – entscheidend an politischem Einfluß gewann. Bis auf wenige Ausnahmen (darunter der Bauernführer und KMP-Vorsitzende Jaime Tadeo) blieb das Volk außen vor.

– Bis zum November 1986 markierte die schrittweise Etablierung einer neualten, nunmehr im Aquino-, Cojuangco- und Laurel-Clan zur politischen Dominanz gelangten Elite, eine »Enrilesierung«: Zwar hatte der bis dahin amtierende Verteidigungsminister, teils wegen seiner langjährigen unrühmlichen Verbundenheit mit Marcos, teils auf amerikanischen Druck hin, demissionieren müssen. Doch dessen eigentlicher Forderung, mit dem im Februar gewonnenen Demokratiebonus im Rücken und ohne Rücksicht auf moralische Sentiments »gegen die Linke den totalen Krieg zu entfesseln«, wurde schrittweise entsprochen.

– Spätestens seit der Jahreswende 1986/87, als Militärs Schlüsselpositionen im Staatsapparat und in der Verwaltung übernahmen und, durch »Corys« Abstimmungserfolg beim Verfassungsreferendum im Februar 1987 ermuntert, den »Vernichtungsfeldzug gegen den Kommunismus« zum Kernstück ihrer politischen Programmatik machten, entwickelte sich die bürgerliche Regierung zu einem militärisch-zivilen Aufstandsbekämpfungs-Regime. Die bis dahin kaum ernstzunehmenden Putschversuche seitens innermilitärischer Fraktionen demonstrierten zum einen die Fragwürdigkeit des staatlichen Kampfes gegen »Rechts«, legitimierten indes auffällig die Eskalation des Terrors gegen alle(s) »Linke(n)«. Dies begründete, wie es Washingtons neuer Botschafter in Manila, Nicholas Platt, im Herbst 1987 formulierte, die Kalkulierbarkeit und Kontinuität der Politik Manilas. Zwischen dieser Interpretation und der Erklärung des damaligen US-Präsidenten Ronald Reagan und seines Außenministers George Shultz, die Inseln gehörten jetzt »fest zum Kreis der wiederhergestellten Demokratien«, lag ein nur kurzer Schritt. Demnach bleibt Aquino so lange unterstützungswürdig, wie sich ihr verblassendes Charisma politisch noch nutzen läßt.

Als qualitative Unterschiede gegenüber dem Marcos-Regime und als relative Stärke seiner Nachfolger lassen sich folgende Faktoren anführen: *Ideologisch* beschwor Aquino die »Macht des Volkes« und das Vergessen um jeden Preis als tugendhaft; entgegen allen Bekundungen, die Menschenrechte wiederherzustellen und zu achten, ist kaum ein Militär für Verbrechen gegen die Zivilbevölkerung während Marcos' und Aquinos Zeiten in einem ordentlichen Gerichtsverfahren zur Rechenschaft gezogen, geschweige denn abgeurteilt worden. Im Namen einer übergeordneten nationalen Aus- und Versöhnung sollte all das »vergessen« (gemacht) und die vormals hart gescholtenen Mitglieder der *Armed Forces of the Philippines* (AFP) zu »Helden der Demokratie« hochstilisiert werden.

Politisch präsentierte sich die neue Administration in Analogie zu den ersten Amtsjahren José Napoleon Duartes in El Salvador zentristisch, was im (westlichen) Ausland als Faszinosum wirkte. Bereits im Frühjahr 1986 hatte US-Präsident Reagan die Formel parat, die Vereinigten Staaten unterstützten nicht nur wie im Falle Nicaraguas eine außer Landes operierende Contra, sondern sie seien gleichsam bestrebt, wie im Falle Manilas eine Contra an der Macht zu haben. Tritt dieser erwünschte Zustand ein, wird ein direktes Flaggezeigen amerikanischer Truppen unnötig. Bewaffnete Auseinandersetzungen, nunmehr als interne Angelegenheit heruntergespielt, bewegen sich dann unterhalb der Reizschwelle »negativer« internationaler Publizität. Eine offene amerikanische Intervention ist freilich jederzeit unter dem Vorwand möglich, die eigenen Bürger, Interessen und Basen auf den Inseln sowie die regionale Sicherheit schützen zu wollen.

Ökonomisch verfolgte die Präsidentin das den Auflagen der Weltbank und des Internationalen Währungsfonds weitgehend entsprechende freie Spiel der Marktkräfte mit seinen Säulen Importliberalisierung, Privatisierung sowie die Umwandlung von Schuldtiteln in Kapitalanteile. Dies begünstigt den Prozeß einer De-Nationalisierung der Binnenökonomie mit unabsehbaren Folgen.

Militärisch wird seit Anfang 1987 ein verfeinertes Aufstandsbekämpfungs-Konzept praktiziert. Seitdem sind selbst die *grass roots* zentralstaatlicher Herrschaft, die untersten politisch-administrativen Einheiten *(barangay)*, sowie die judikativen Vollmachten zur Domäne des Militärs und/oder Vigilanten geworden. Da letztere ja offiziell als »basisnahe Verkörperung von *People Power*« (Aquino) gelten, erübrigt sich zunächst noch eine neuerliche, formelle Proklamation des Kriegsrechts.

All diese Faktoren bilden in ihrer Gesamtheit die landesspezifische Ausformung und Umsetzung der sogenannten *Low-Intensity Conflict*-Strategie, die sich u. a. durch den Verzicht auf eine massive US-Truppenpräsenz *und* die Einleitung selbst institutioneller, doch systemimmanent bleibender Reformen auszeichnet. Gegen Manilas Argument, mit der Annahme der neuen Verfassung und Durchführung von Präsidentschafts-, Kongreß-, Regional- und Gemeinderatswahlen sei die Re-Demokratisierung erfolgt, bleibt einzuwenden, daß die Propagierung, ja selbst Kodifizierung von

Demonstration in Bacolod

Rechten und Wahlen an sich kein ausreichendes Kriterium (wiederhergestellter) demokratischer Verhältnisse sind – das Südvietnam Nguyen Van Thieus, das Südkorea Chun Doo Hwans und José Napoleon Duartes El Salvador etc. hätten gleichsam als Musterdemokratien gelten müssen.

Im Wirtschaftstunnel

Anläßlich ihrer ersten tausend Tage im Amt (November 1988) unterstrich Frau Aquino insbesondere die wirtschaftlichen Erfolge ihrer Administration. 1987 sei das Bruttosozialprodukt um 6,4 und im ersten Halbjahr 1988 um 6,8 Prozent gestiegen, und das jährliche Durchschnittseinkommen des Filipinos habe sich seit ihrer Regentschaft von 10900 auf 13700 Pesos erhöht. Die Inflationsrate habe von 54 (1984) auf nunmehr 8,7 Prozent gesenkt werden können. In den nächsten tausend Tagen, so Aquino weiter, werde ihre Regierung eine Wachstumsrate von 6,5 Prozent pro Jahr anstreben und die Zahl der in Armut lebenden Familien auf landesweit 45 Prozent drücken. Schließlich würdigte sie das zurückgewonnene Vertrauen der internationalen Gemeinschaft in ihr Land, das sich unter anderem darin äußere, daß Manila seinen Zahlungsverpflichtungen zum Abbau seiner Außenschuld vollumfänglich und pünktlich nachgekommen sei. Es trifft zu, daß mit dem Bruttosozialprodukt die Reputation der Inseln gewachsen ist, die Forderungen ihrer Gläubiger zu erfüllen. Unter Berücksichtigung unterschiedlich zugrundegelegter Berechnungsmethoden leben laut Statistiken mehrerer Regierungsbehörden dennoch 65 bis 75 Prozent der Bevölkerung unterhalb bzw. an der Schwelle des Existenzminimums, was – absolut gesehen – einer größeren Armutsfrequenz als zu Marcos' Zeiten entspricht. Verantwortlich sind dafür nach Ansicht der Autoren die ungleiche Besitzverteilung, rasches Bevölkerungswachstum und ungenügende Bereitstellung von Arbeitsplätzen.

Die Weltbank gelangte in ihrem vertraulichen, der Präsidentin im Sommer 1988 zugeleiteten Bericht – *The Philippine Poor: What is to be Done?* – zu dem Fazit: »Heute gibt es auf den Philippinen mehr arme Menschen als jemals zuvor in der jüngeren Geschichte des Landes; während der vergangenen drei Jahrzehnte hat sich die Situation absolut und relativ verschlechtert.« Der Weltbank zufolge lebten im Berichtszeitraum etwa 30 der 56 Millionen Filipinos in »absoluter Armut, das heißt ihr Einkommen reicht zur Befriedigung elementarer Grundbedürfnisse nicht aus.«

Tatsächlich hat sich in den letzten Jahren die Schere zwischen dem zum Überleben notwendigen Tagesbedarf einer durchschnittlich sechsköpfigen Familie und dem in Stadt wie Land gezahlten Tageslohn noch weiter geöffnet. Nach wie vor hoch bleibt die Arbeitslosen- und Unterbeschäftigungsquote; das Arbeitsministerium (MOLE) bezifferte sie vor Beginn der letzten Krise am Golf, die u. a. etwa 100000 in Kuwait und Irak arbeitende Filipinos in Mitleidenschaft zog, auf 11,3 bzw. gut 30 Prozent. In Kraft sind noch immer die von Marcos erlassenen Dekrete zur Einschränkung der Gewerkschaftsarbeit und des Streikrechts.

Der 1987 per Exekutivorder von Frau Aquino unterzeichnete und vehement von Handels- und Industrieminister José Concepcion (selbst mit mehreren US-Firmen liiert, im Dezember 1990 seines Amtes enthoben) geforderte *Omnibus Investment Code* hofiert ausländische Kapitalinvestitionen mit seinen Vergünstigungen und geht teilweise über das unter Marcos praktizierte Maß hinaus. Danach sind Investoren aus dem Ausland in sogenannten Pionierindustrien und Unternehmen, deren Produkte zu über 70 Prozent exportiert werden, nicht den ansonsten geltenden Beschränkungen bei Kapitalbeteiligungen (40 Prozent) an philippinischen Firmen unterworfen.

Concepcion war es auch, der anläßlich des Staatsbesuchs von Frau Aquino in der Bundesrepublik (Juli 1989) vor geladenen westdeutschen Kaufleuten und Industriellen jedwede Beschränkung aufgehoben wissen wollte und dafür plädierte, daß Ausländern auch die komplette Übernahme lokaler Unternehmen gestattet sein sollte. Um nicht als »billiger Jakob« zu erscheinen, der nationale Interessen verscherbelt, schob er immerhin den relativierenden Einwand nach, all das bedürfe gesetzlicher Nachbesserungen.

Die schon 1986 anvisierte, aber erst Anfang 1988 auf »Empfehlung« des IWF und der Weltbank eingeführte Mehrwertsteuer verstößt gegen die 1987er-Verfassung, in der ausdrücklich festgelegt ist, eine einheitliche, sozialverträgliche und gerechte Besteuerung zu praktizieren sowie ein progressives Steuersystem zu schaffen.

Außenpolitische Kontinuität

Außen- und militärpolitisch steht Aquino wie all ihre Vorgänger fest im transpazifischen Bündnis mit den USA. Vergessen sind ihre flammenden vorpräsidialen Reden, in denen sie geneigt schien, sich der Interpretation des in den fünfziger Jahren bekannten nationalistischen Senators Claro M. Recto anzuschließen, der die im Land installierten amerikanischen Basen als »Dolch im Rücken unseres Volkes« bezeichnet hatte. Wenige Wochen im Amt, paßte sich die Präsidentin den »Rahmenbedingungen« an und erklärte, sich die Optionen für

1991 (wenn das amerikanisch-philippinische Militärbasenabkommen ausläuft) und die Zeit danach offenzuhalten. Möglicherweise solle eine Volksabstimmung über die Zukunft der Stützpunkte entscheiden.

Im April 1988 forderte Manila für die Übergangszeit eine »Pachtgebühr« von mindestens 2,4 Milliarden Dollar, nachdem diese in den vorangegangenen fünf Jahren (1984 bis 1988) pro Jahr 180 Millionen Dollar betragen hatte. Das klang vielversprechend und ließ in Manilas Medien zeitweilig die Hoffnung keimen, Aquino bzw. ihr verhandlungsführender Außenminister Raul Manglapus verkörpere eine neue, selbstbewußte Politik. Mit starken Worten hatte sich Manglapus an die Öffentlichkeit gewandt: Eine jährliche Kompensationszahlung von weniger als einer Milliarde Dollar bedeute den »Ausverkauf des Landes«. Gemessen an diesem Anspruch kam die von Manglapus schließlich am 17. Oktober 1988 in Washington geleistete Unterschrift unter das noch gültige Abkommen einer Sonderrabattierung gleich; 1989 und 1990 sollten Manila jeweils 481 Millionen Dollar an »Pachtgebühren« zufließen.

Schön säuberlich portioniert in Militär- und Wirtschaftshilfe, Handelskredite zur Exportfinanzierung von US-Firmen, Bürgschaften durch die amerikanische Direktinvestitionen in Übersee vor Unbill schützende *Overseas Private Investment Corporation* sowie Kaufzusagen Washingtons für auf den Inseln gefertigte Waren, fiel unter die jährliche Kompensationszahlung auch eine auf 90 Millionen US-Dollar taxierte Entwicklungs- und Nahrungsmittelhilfe. Zwar hat es in der Vergangenheit Vergleichbares gegeben, ohne allerdings von amerikanischer Seite jemals im Zusammenhang von Basenverhandlungen aufgerechnet worden zu sein. Zur Nahrungsmittelhilfe zählen Überschußprodukte wie Milchpulver, Weizen und Mais, die, auf den philippinischen Markt geworfen, die Existenzbedingungen von Kleinbauern und Pächtern zusätzlich erschweren.

Während die Pachtzahlungen großteils wieder in die USA zurückflossen, erhielt Manglapus keine weiteren Zugeständnisse. Weiterhin können u. a. straffällig gewordene GIs nicht vor ein philippinisches Zivilgericht zitiert werden. Gerade diese Form extraterritorialer Immunität für amerikanische Staatsbürger ist den auf ihre Würde bedachten Filipinos ein seit langem großer Dorn im Auge.

Faktisch außer Kraft gesetzt wurde der vielfach als Juwel gepriesene Passus der neuen Verfassung, wonach die Philippinen in Übereinstimmung mit nationalen Interessen eine atomwaffenfreie Zone anstrebten. Was aber geschieht, wenn es die nationalen Interessen zulassen, daß Besuche, Überflü-

ge/Durchreisen von mit atomaren Waffensystemen bestückten US-Kriegsschiffen bzw. -Flugzeugen nicht als Stationierung, mithin als statthaft gelten?

Setzen nicht die längst vom Hauptquartier des US-Oberbefehlshabers der Pazifikstreitkräfte in Honolulu erarbeiteten und bei Atomunfällen greifenden Notpläne zwangsläufig die Proliferation von Kernwaffen voraus, deren Lagerung auf den Philippinen Washington zwar weder zugibt noch dementiert, deren Existenz aber in nach wie vor gültigen Zusatzprotokollen zum eigentlichen Militärstützpunkte-Abkommen von 1947 in diplomatischem Wortgeflecht insinuiert ist?

Nicht zuletzt durch die chronische Finanzkrise seines Landes bedingt, unterstrich Manglapus' Einschwenken auf die amerikanischen Forderungen erneut die besondere Qualität dieses bilateralen Verhältnisses: Manilas Innenpolitik endet, wo Washingtons Außenpolitik beginnt.

Herrschaftskrise – Krisenherrschaft

Das politische Überleben des Aquino-Regimes bemißt sich an dessen Fähigkeit, den Prozeß auffälliger Zerfaserung zentralstaatlicher Macht und des eskalierenden (bewaffneten) Widerstandes durch tiefgreifende politische, soziale und wirtschaftliche Reformen aufzuhalten bzw. umzukehren. Das dürfte in dem Maße erschwert werden, wie sich die populistischen Elemente der Präsidentin verschleißen und die die Eliten heute insgesamt auszeichnenden zivilen wie militärischen Konfliktpotentiale an Sprengkraft gewinnen. (Beispielhaft dafür steht der letztlich dank US-Intervention vereitelte Putschversuch von Teilen des Militärs im Dezember 1989.) So existieren parallel zu den diversen Fraktionen innerhalb des Militärs mittlerweile mehrere (ultra-)rechte politische Blöcke – Anzeichen für die Labilität im politischen Repräsentanzgefüge der Herrschenden und ihres vergleichsweise eingeschnürten ökonomischen Handlungsspielraums.

Aufgezeigt ist hiermit das zentrale Paradoxon des philippinischen Staatsapparates, dessen einer Pol seine andauernde Herrschaftskrise und dessen anderer Pol seine zunehmend sich schwieriger gestaltende Krisenherrschaft markiert: Greift Manila aus Gründen des Machterhalts der politischen Konstellation unter Aquino zum einen auf staatsterroristische Maßnahmen, zumindest aber außerökonomische Zwänge, zurück, so unterstreicht andererseits die landesweite Proliferation bewaffneter Bürgerwehren wie Vigilante-Gruppen die Unfähigkeit und/oder Unentschlossenheit zur Ausübung seines Gewaltmonopols.

Zu fragen ist nicht, ob das Alte stirbt, sondern welches Potential sich unter Vermeidung eines eskalierenden Bürgerkrieges formieren und die zur Begründung des qualitativ Neuen – politische Demokratie, wirtschaftliche Selbstverwaltung und soziale Emanzipation – entsprechende Dynamik entfalten kann.

Autorinnen und Autoren

Frank Baier, Liedermacher aus Duisburg.

Frank Braßel ist Geschäftsführer der deutschen Sektion des FIAN-FoodFirst Informations-Aktions-Netzwerkes und Mitarbeiter der in Bochum erscheinenden Quartalszeitschrift *Südostasien Informationen.*

Leonor M. Briones ist Hochschullehrerin am College of Public Administration an der University of the Philippines und Präsidentin der Freedom from Debt Coalition.

Stefan Bub, bis Herbst 1990 Redakteur in der Pressestelle des Kinderhilfswerkes terre des hommes Bundesrepublik Deutschland e.V. in Osnabrück.

Renato Constantino, Universitätsprofessor in Manila, zählt zu den herausragendsten Sozialwissenschaftlern und Historikern seines Landes. In seinen zahlreichen Kommentaren, Zeitschriften- und Buchveröffentlichungen – darunter die Standardwerke »The Philippines – A past revisited« und »The Philippines – The Continuing Past« – setzt er sich vor allem kritisch mit den (nach)kolonialen Auswirkungen auf das Verhalten und die Anschauungswelt seiner Landsleute auseinander.

Cornelia Dernbach, Mitarbeiterin in der Geschäftsstelle des Kinderhilfswerks terre des hommes Bundesrepublik Deutschland e.V. in Osnabrück.

Hanns F. Groeschke, Fachkaufmann im Druckgewerbe, lebt in Köln. U.a. Lehrauftrag für Typographie an der Fachhochschule Düsseldorf, DED-Entwicklungshelfer. Weilte von 1977–1986 auf den Philippinen (zeitweilig im Auftrag von Dienste in Übersee) und arbeitet vor allem zu Fragen alternativer Formen des Tourismus.

Sven Hansen, Diplom-Politologe, lebt in Berlin.

Mary Lou U. Hardillo, geboren in der südlich von Manila gelegenen Reis- und Zuckerprovinz Laguna. Studium der Ethnologie, Soziologie und Anglistik in Münster. Seit einem Jahrzehnt aktiv in der deutsch-philippinischen Kulturarbeit, Mitbegründerin der 1984 entstandenen Kulturgruppe KALAYAAN.

Francisco Sionil José, aufgewachsen in Zentrallouzon, wo er unter der Dorflaterne seines Heimatortes schmökern und Bücher schätzen lernte, ist einer der bekanntesten zeitgenössischen Schriftsteller der Philippinen. Die Werke des heute 67jährigen sind in einer Gesamtauflage von über einer Million in zwölf Sprachen erschienen, darunter auf russisch und chinesisch. Als erste deutsche Übersetzung wurde der Roman »Mass« ausgewählt, der 1990 unter dem Titel »Szenen aus Manila« (Bad Honnef) erschien.

Gebhard Körte studierte nach einer Ausbildung zum Industriekaufmann und langjähriger Tätigkeit in der Jugend- und Erwachsenenbildung Soziologie, Publizistik und Ethnologie in Münster. Arbeitete während eines Philippinen-Aufenthaltes von Herbst 1988 bis Frühjahr 1991 als zeitweiliger TAZ-Korrespondent und freier (Rundfunk)Journalist in Manila.

Heinz Kotte, langjähriger Aufenthalt in den Philippinen und Vietnam. Seit Frühjahr 1990 Mitarbeiter der Südostasien Informationsstelle in Bochum.

Jörn Laue, gelernter Buchhändler, ist Autor und Übersetzer, arbeitet schwerpunktmäßig zu Fragen der Kultur und der Dritten Welt, lebt in Göttingen.

Mary John Mananzan, Studium der Theologie in Münster/Westf., ist Ordensschwester (OSB), Direktorin des St. Scholastica College, Manila, und Vorsitzende des Dachverbandes philippinischer Frauenorganisationen, GABRIELA. Als Mitglied der Ökumenischen Vereinigung von Dritte-Welt-TheologInnen war die »streitbare Nonne« Mitarbeiterin verschiedener Kirchentage.

Elizabeth P. Marcelino lehrt Psychologie an der University of the Philippines und ist Direktorin des Kinderrehabilitations-Zentrums (CRC) in Manila.

Adrian Portmann lebt in Basel/Schweiz. Studium der evangelischen Theologie in Basel und Westberlin. Mitarbeit bei der Gruppe Schweiz–Philippinen sowie bei der Regionalgruppe Philippinen des Schweizerischen Evangelischen Kirchenbundes.

Ingrid Rein, Übersetzerin für Englisch, Spanisch, Französisch. Lebt in Fürth.

Stefan Rohde-Enslin, Promotionsstudium der Politischen Wissenschaft Südostasiens und Ethnologie in Heidelberg.

Karl Rössel, arbeitet als freier Journalist mit Schwerpunkt Dritte Welt im Rheinischen Journalistenbüro, Köln. U. a. Ko-Autor (zusammen mit Werner Bahlsen) des Buches »Hoch die Internationale Solidarität! Zur Geschichte der Dritte-Welt-Bewegung in der Bundesrepublik« (Köln 1986). 1988 erster Preisträger des vom Bundesministerium für wirtschaftliche Zusammenarbeit ausgeschriebenen Journalistenpreises für Entwicklungspolitik.

Irene Sareika, Anglistin und Romanistin. Lebt in Schwerte.

Rüdiger Siebert ist Leiter des Indonesischen Programms der Deutschen Welle in Köln. U. a. zahlreiche Veröffentlichungen zu Südostasien, zuletzt »3 x Philippinen – Das andere Asien« (München 1989).

Visitación R. de la Torre ist Journalistin, Essayistin und Hochschullehrerin in Manila. U. a. Herausgeberin der mehrbändigen »Readings in Bilingual Contemporary Philippine Literature: Essays, Dramas and Short Stories« (Manila).

Nils van Well, Diplom-Politologe, lebt in Berlin.

Rainer Werning, Dr. rer. pol., Studium der Sozialwissenschaften, Philosophie und Literaturwissenschaft in Osnabrück, Manila und Tokio. Seit 1970 u. a. längere Philippinenaufenthalte, zahlreiche Zeitschriften- und Buchveröffentlichungen zur politischen und Wirtschaftsgeschichte Südost- und Ostasiens. Ist seit Sommer 1989 Geschäftsführer des Forschungsinstituts Dritte Welt/Industrieländer (FDI) in Osnabrück.